1822

LAURENTINO GOMES

1822

COMO UM HOMEM SÁBIO, UMA PRINCESA TRISTE E UM ESCOCÊS LOUCO POR DINHEIRO AJUDARAM DOM PEDRO A CRIAR O BRASIL — UM PAÍS QUE TINHA TUDO PARA DAR ERRADO

GLOBOLIVROS

Texto fixado conforme as regras do Novo Acordo Ortográfico da Língua Portuguesa
(Decreto Legislativo nº 54, de 1995).

Editora responsável: Amanda Orlando
Assistente editorial: Isis Batista
Preparação de texto: Clim Editorial e Maria Fernanda Alvares
Revisão: Jane Pessoa e Aline Canejo
Revisão técnica: Milena da Silveira Pereira
Checagem: Simone Costa
Pesquisa iconográfica: Franklin B. Nunes Neto – Globopress
Projeto gráfico: Crayon Editorial
Diagramação: Douglas Kenji Watanabe
Capa: Rafael Nobre
Imagem de capa: Shutterstock

1ª edição, 2010 [Nova Fronteira]
2ª edição, 2011 [Nova Fronteira]
3ª edição, revista e ampliada, 2015
4ª edição, 2022

CIP-BRASIL. CATALOGAÇÃO NA PUBLICAÇÃO
SINDICATO NACIONAL DOS EDITORES DE LIVROS, RJ

G615

Gomes, Laurentino, 1956-
1822 : como um homem sábio, uma princesa triste e um escocês louco por
dinheiro ajudaram Dom Pedro a criar o Brasil : um país que tinha tudo para dar errado
/Laurentino Gomes ; ensaios de Heloisa Murguel Starling, Jean Marcel Carvalho
França, Jurandir Malerba. — [4. ed.] – Rio de Janeiro : Globo, 2022.
400 p. ; 23 cm.

Inclui bibliografia e índice
Edição comemorativa do bicentenário da Independência.
ISBN 978-65-5987-051-6

1. Pedro I, Imperador do Brasil, 1798-1834. 2. Brasil — História — Independência,
1822. I. Starling, Heloisa Murguel. II. França, Jean Marcel Carvalho. III. Malerba,
Jurandir. IV. Título.

22-76685   CDD: 981
                                                                                                                      CDU: 94(81).043

Direitos de edição em língua portuguesa para o Brasil
adquiridos por Editora Globo S.A.
Rua Marquês de Pombal, 25 — 20230-240 — Rio de Janeiro — RJ
www.globolivros.com.br

*Para todos os professores de história do Brasil,
no seu trabalho anônimo de explicar as raízes
de um país sem memória*

Sumário

Alguns acontecimentos que marcaram a época da Independência do Brasil

1798   Em 12 de outubro, dom Pedro nasce no palácio de Queluz, no mesmo quarto em que haveria de morrer 35 anos mais tarde.

1801   Morre dom Antônio Pio, primogênito de dom João VI; com isso, Pedro passa à condição de herdeiro do trono português.

1808   A corte portuguesa de dom João chega ao Brasil fugindo das tropas de Napoleão Bonaparte que invadira Portugal.

       Em Viena, Ludwig van Beethoven faz a primeira apresentação de sua *Quinta sinfonia*.

1813   O México declara-se independente da Espanha.

       Simón Bolívar, o Libertador, ocupa Caracas, capital da Venezuela.

1815   Dom João promove o Brasil à condição de Reino Unido com Portugal e Algarves.

       Tropas britânicas comandadas pelo duque de Wellington derrotam Napoleão na Batalha de Waterloo.

1816   A Argentina declara sua independência da Espanha.

1817   A Revolução Republicana é sufocada por tropas de dom João VI em Pernambucano.

1819   Primeiro navio a vapor a cruzar o Atlântico, o *Savannah* viaja dos Estados Unidos à Inglaterra em 26 dias.

1820 A Revolução Liberal do Porto exige a volta do rei dom João VI a Portugal.

As cortes portuguesas são convocadas para redigir uma nova Constituição e limitar o poder do rei.

1821 O inglês Michael Faraday inventa o motor elétrico.

Dom João VI e a família real retornam a Lisboa depois de treze anos no Rio de Janeiro.

Dom Pedro é nomeado príncipe regente do Brasil.

Napoleão Bonaparte morre na ilha de Santa Helena.

As cortes portuguesas exigem a volta de dom Pedro a Portugal.

Por decreto das cortes, a administração do Brasil é dividida em juntas provinciais que se reportam diretamente a Lisboa.

Peru e Panamá se tornam independentes da Espanha.

1822 A 9 de janeiro, Dia do Fico, dom Pedro anuncia a decisão de permanecer no Brasil, contrariando ordens das cortes portuguesas.

Em fevereiro, começa a Guerra da Independência na Bahia.

A 7 de setembro, às margens do riacho Ipiranga, dom Pedro proclama a Independência do Brasil.

Em 1º de dezembro, dom Pedro I é coroado imperador do Brasil.

1823 No Piauí, entre duzentos e quatrocentos brasileiros tombam em cinco horas de combate na trágica Batalha do Jenipapo.

Em 2 de julho, os portugueses são expulsos da Bahia.

Em 12 de novembro, a Assembleia Constituinte, convocada no ano anterior, é dissolvida por dom Pedro I.

1824 Ocorre em Portugal a Abrilada, golpe contra dom João VI tramado por sua mulher, Carlota Joaquina, e seu filho dom Miguel.

Dom Pedro I outorga a primeira Constituição brasileira, uma das mais liberais do mundo na época.

A Confederação do Equador, revolução liderada por Pernambuco, é derrotada pelas tropas do império.

1825 Frei Caneca, líder da Confederação do Equador, é executado em Recife.

Inaugurado na Inglaterra o primeiro trem de passageiros.

Portugal reconhece a Independência do Brasil.

1826 Após a morte de dom João VI, o imperador dom Pedro I do Brasil assume o trono português por uma semana com o nome de dom Pedro IV.

Morre no dia 11 de dezembro, aos 29 anos, a imperatriz dona Leopoldina.

1828 Dom Miguel, irmão mais novo de dom Pedro, assume o trono português após um golpe absolutista.

A província Cisplatina se torna independente do Brasil com o nome de Uruguai.

Morre em Viena o compositor Franz Schubert.

1829 Dom Pedro casa-se em segundas núpcias com Amélia de Beauharnais, princesa da Baviera.

O francês Louis Braille desenvolve uma nova forma de escrita pela qual os cegos conseguem ler.

1830 Revolução em Paris: o rei absolutista Carlos X foge; o liberal Luís Felipe assume o trono.

O escritor francês Stendhal publica *O vermelho e o negro*, sua obra--prima.

1831 Dom Pedro I abdica ao trono brasileiro e retorna à Europa.

Charles Darwin embarca para a América do Sul a bordo do HMS *Beagle*.

1832 Dom Pedro desembarca na cidade do Porto à frente do exército liberal e é cercado pelas tropas do irmão dom Miguel.

O escritor alemão Goethe morre no ano da publicação do segundo volume de *Fausto*, sua obra-prima.

1834 A assinatura da Convenção de Évora Monte põe fim à guerra civil portuguesa, vencida pelos liberais de dom Pedro.

Dom Pedro morre no palácio de Queluz, deixando como sucessores em Portugal a filha Maria da Glória, coroada como dona Maria II, e no Brasil o filho Pedro de Alcântara, que subiria ao trono em 1841 como dom Pedro II.

"*É um impossível físico e moral Portugal governar o Brasil, ou o Brasil ser governado de Portugal. Não sou rebelde [...] são as circunstâncias.*"

DOM PEDRO, príncipe regente do Brasil, em carta ao pai, dom João VI, rei de Portugal, em 26 de julho de 1822, seis semanas antes do Grito do Ipiranga

PARA ENTENDER O BRASIL DE HOJE, é preciso olhar o passado. A história nos ajuda a compreender nossas raízes mais profundas — africanas, indígenas e portuguesas — e a jornada que nos trouxe até o presente, com suas aspirações, lutas, vitórias e seus fracassos. Uma efeméride, muito além de ocasião de festas e celebrações ufanistas, é uma preciosa oportunidade de estudo e reflexão. O Brasil chega ao Bicentenário da Independência com perguntas incômodas e desafiadoras pairando em seu horizonte. Os sonhos e promessas de 1822 eram grandiosos, porém, transcorridos duzentos anos, poucos se realizaram. Apesar de sua dimensão territorial e de seus incontáveis recursos naturais, o Brasil de 2022 é uma nação pobre e desigual. Há carências básicas em vários setores. A qualidade de vida é precária na cidade e no campo. Os índices de criminalidade são elevados. A devastação ambiental faz do país um alvo de críticas e boicotes internacionais. Na educação, na saúde e na moradia ainda há muito o que fazer. A herança da escravidão, responsável por muitos dos problemas, nunca foi devidamente enfrentada.

Por que tem sido tão difícil construir um país capaz de oferecer oportunidades para os brasileiros? O que deu certo ou errado na construção nacional? O que ainda falta alcançar? São essas algumas das questões que apareciam na primeira edição deste livro, lançada em 2010, e que insistem em nos desafiar ainda hoje. Atualizada e enriquecida com ensaios de importantes historiadores, esta edição comemorativa de *1822* pretende oferecer contribuições nessa antiga e importante busca de sentidos, respostas e soluções.

No ano de sua Independência, o Brasil tinha tudo para dar errado. De cada três brasileiros, um era escravo. A maior parte da população, incluindo homens e mulheres negros escravizados ou forros, mestiços e índios, era pobre e carente de tudo, deixada à margem de qualquer oportunidade em uma economia agrária e rudimentar, dominada pelo latifúndio e pelo tráfico negreiro. O medo de uma rebelião dos cativos assombrava a minoria branca. O analfabetismo era geral. De cada dez pessoas, só uma sabia ler e escrever. O isolamento e as rivalidades entre as províncias prenunciavam uma guerra civil, que poderia resultar na divisão do território, a exemplo do que já ocorria nas vizinhas colônias da América Espanhola. Para piorar a situação, ao voltar a Portugal, em 1821 — depois de treze anos de permanência no Rio de Janeiro —, o rei dom João VI havia raspado os cofres públicos e levado embora os poucos recursos até então disponíveis. O novo país nascia falido. Faltavam dinheiro, soldados, navios, armas e munições para sustentar a guerra contra os portugueses, que se prenunciava longa e sangrenta. As perspectivas de fracasso, portanto, pareciam bem maiores do que as de sucesso.

Este livro procura explicar como o Brasil conseguiu manter a integridade do seu território e se firmar como nação independente por uma notável combinação de sorte, acaso, improvisação e também de sabedoria de algumas lideranças incumbidas de conduzir os destinos do país naquele momento de grandes sonhos e perigos — caso do professor e mineralogista José Bonifácio de Andrada e Silva, um dos homens mais experientes e bem-preparados do seu tempo. O Brasil de hoje deve sua existência à capacidade de vencer obstáculos que pareciam insuperáveis em 1822. A Independência, finalmente consolidada após a expulsão das tropas portuguesas de Salvador, no dia 2 de julho de 1823, custou muito sangue e sacrifício a milhares de brasileiros. E isso, por si só, é uma enorme vitória, mas de modo algum significa que os problemas foram resolvidos — ao contrário. A Independência foi apenas o primeiro passo de um caminho que se revelaria difícil, longo e turbulento nos dois séculos seguintes. As dúvidas a respeito da viabilidade do Brasil como nação coesa e soberana, capaz de somar os esforços e o talento de todos os seus habitantes, aproveitar suas riquezas naturais e pavimentar seu futuro persistiram ainda muito tempo depois da Independência. E, a rigor, persistem até hoje. Um dos desafios mais recorrentes do Brasil diz respeito à cidadania, ou seja, ao direito e à possibilidade de todos os brasileiros participarem da construção nacional.

Em 1877, mais de meio século após o Grito do Ipiranga e onze anos antes da Proclamação da República, o grande abolicionista pernambucano Joaquim Nabuco, um dos brasileiros mais ilustrados de seu tempo, perguntava: "Deve ou não o povo participar da política, (...) pelas condições especiais em que nos achamos, de território, de população, de trabalho escravo e de distribuição de propriedade?".[1] Com linguagem diferente, era a mesma observação que José Bonifácio havia feito em 1812 ao analisar as perspectivas de êxito do Brasil: "Amalgamação muito difícil será a liga de tanto metal heterogêneo (...) em um corpo sólido e político", ponderava o futuro Patriarca da Independência em carta a dom Domingos de Sousa Coutinho, embaixador de Portugal na Inglaterra.[2]

As incertezas de Bonifácio e Nabuco, dois homens separados por mais de meio século na história, poderiam ser traduzidas da seguinte forma: dá para construir um país com essa matéria-prima? Em outras palavras, seria possível fazer um Brasil homogêneo, coerente e funcional com tantos escravos, pobres e analfabetos, tanto latifúndio e tanta rivalidade interna? Bonifácio e Nabuco, obviamente, não tiveram oportunidade de testar as suas dúvidas. O primeiro morreu em 1838, quando o país ainda se debatia com inúmeros conflitos regionais, como a Revolução Farroupilha do Rio Grande do Sul, que pareciam confirmar os temores da divisão territorial. O segundo faleceu em 1910, sem jamais ter tido a oportunidade de ver, como sonhava, a legião de escravos libertos duas décadas antes incorporada à sociedade brasileira com os mesmos direitos e privilégios conferidos aos brancos. Hoje, com o distanciamento oferecido pela passagem do tempo, que réplica haveria para as interrogações de Bonifácio e Nabuco? O Brasil conseguiu, afinal, fazer a "amalgamação de tanto metal heterogêneo em um corpo sólido e político"? Em resumo: o país deu certo ou errado? A resposta, como sempre, depende do ponto de vista de quem pergunta.

Se comparado aos Estados Unidos, o Brasil poderia ser apontado como um retumbante fracasso. Embora estejam situados no mesmo continente e tenham idêntico tempo de história, os dois países exibem hoje índices econômicos e sociais muito diferentes. Maior potência do planeta, os Estados Unidos têm um Produto Interno Bruto (PIB) doze vezes superior ao brasileiro (quando lancei a primeira edição de *1822*, no ano de 2010, a diferença era de oito vezes) e, entre outras conquistas, já colocou um homem na Lua há quase meio século, coleciona quase quatrocentos ganhadores do prêmio Nobel em diversas áreas e apresenta números invejáveis no IDH, o índice das Nações Unidas que mede o grau de desenvolvimento humano. Enquanto isso, o Brasil patina em níveis intoleráveis de pobreza, jamais conseguiu colocar um artefato em órbita da Terra e nunca foi premiado com o Nobel. Se, porém, a comparação for o Haiti, um país à beira da ruptura e às voltas com intermináveis conflitos políticos agravados por desastres naturais, o Brasil pode ser considerado um extraordinário caso de sucesso.

Primeiro e único país do continente americano a conquistar sua independência por meio de uma rebelião escrava, o Haiti paga até hoje um alto preço pela "suprema ousadia" de ter desafiado a força e o poderio de seus colonizadores brancos. Boicotado na Europa, onde os mercados se fecharam completamente aos seus produtos valiosos, o Haiti foi obrigado a pagar uma indenização de 150 milhões de francos aos colonizadores franceses em 1825, em troca do reconhecimento de sua independência. Desde então, mergulhou na pobreza e numa história política marcada por instabilidade e golpes de Estado. Hoje, está entre os países mais pobres do mundo.

Maior território escravista do continente, o Brasil também paga um alto preço pela escravidão, porém, de natureza diferente. Hoje, é um país segregado, desigual e violento, culpa do legado mal resolvido da escravidão entre nós. Após a Lei Áurea, de 1888, jamais se empenhou em garantir aos ex-escravos e seus descendentes os mesmos direitos e oportunidades assegurados aos demais brasileiros. Os indicadores sociais mostram um fosso enorme de desigualdade entre negros e brancos. Estatisticamente, pobreza no Brasil permanece como sinônimo de negritude. Com raras exceções, quanto mais negra a cor da pele, maior é a chance de uma pessoa ser pobre. Os descendentes de africanos ganham menos, moram em habitações mais precárias, estão mais expostos aos efeitos da violência e da criminalidade e têm menos oportunidades em todas as áreas, incluindo emprego, saúde, educação, segurança, saneamento, moradia e acesso aos postos da administração pública. Liberdade nunca significou, para os ex-escravos e seus descendentes, oportunidade de mobilidade social ou melhoria de vida. Eles nunca tiveram acesso a terras, bons empregos, moradias decentes, educação, assistência de saúde e outras oportunidades disponíveis para os brancos. Nunca foram tratados como cidadãos. O mesmo raciocínio se aplica à população indígena brasileira, ainda hoje vítima de frequentes espoliações e invasões de seus territórios por parte de grileiros, criadores de gado, garimpeiros, madeireiros, entre outras ameaças.

Essas constatações mostram que, na trajetória de um povo ou nação, sucesso ou fracasso são sempre conceitos relativos e raramente permitem comparações. Em geral, dependem da perspectiva de quem tem ou teve a prerrogativa de escrever, interpretar e dar sua versão da história. Para a população branca, descendente dos colonizadores portugueses, o processo de independência, entre 1822 e 1823, pode ser considerado um sucesso, apesar de todas as dificuldades. Ainda por essa perspectiva, o Brasil independente seria um país desprovido de preconceito e tolerante do ponto de vista racial. Essa, porém, é uma visão que não se encaixa na realidade de homens e mulheres negros. Para a população indígena e afrodescendente, a pergunta se o Brasil "deu certo ou errado" talvez nem sequer faça sentido, porque a resposta só pode ser uma, óbvia: fracassamos. Toda a luta neste início de século XXI tem a ver com a possibilidade, ainda remota, de que possa "dar certo" no futuro, ou seja, que o Brasil se torne, finalmente, um país menos desigual, menos racista, mais justo e mais generoso com todos os seus cidadãos, independentemente da origem étnica, geográfica ou cultural. Só assim será possível renovar os sonhos e as esperanças das novas gerações de brasileiros rumo aos próximos duzentos anos.

Por isso é tão importante estudar o passado. A observação das raízes do Brasil no ano de seu nascimento como nação independente ajuda a explicar o país de hoje. Convicções e projetos grandiosos, que ainda hoje fariam sentido na construção do país, deixaram de se realizar em 1822 por força das circunstâncias. José Bonifácio defendia o fim do tráfico negreiro e a abolição da escravatura, a reforma agrária pela distribuição de terras improdutivas e o estímulo à agricultura familiar, a tolerância política e religiosa, educação para todos, proteção das florestas e o tratamento respeitoso aos índios. Também já achava ser necessária a transferência da capital do Rio de Janeiro para algum ponto da região Centro-Oeste, como forma de estimular a integração nacional. O próprio imperador Pedro I tinha ideias que poderiam, na época, ser consideradas avançadas a respeito da forma de organizar e governar a sociedade brasileira. A Constituição que outorgou em 1824 era uma das mais liberais e inovadoras do seu tempo, embora tivesse nascido de um gesto autoritário — a dissolução da Assembleia Constituinte no ano anterior.

Nem todas essas ideias saíram do papel, em especial aquelas que diziam respeito à melhor distribuição de riquezas e oportunidades em uma sociedade absolutamente desigual. O Brasil se separou de Portugal sem romper a ordem social vigente. Viciada no tráfico negreiro durante os mais de três séculos da colonização, a economia brasileira estava de tal forma dependente da mão de obra escrava que sua abolição na Independência se revelou impraticável. Só viria 66 anos mais tarde, já no finalzinho do Segundo Reinado. Com a cumplicidade das autoridades imperiais, a aristocracia rural escravista resistiria a todos os esforços para acabar com o regime do cativeiro. O Brasil seria o último país do continente americano a acabar com o tráfico negreiro, pela Lei Eusébio de Queirós de 1850, e também o último a acabar com a própria escravidão, pela Lei Áurea de 1888.

É curioso observar como todo o cenário da Independência brasileira foi construído pelos portugueses, justamente aqueles que mais tinham a perder com a autonomia da colônia. O Grito do Ipiranga foi consequência direta da fuga da corte portuguesa para o Rio de Janeiro, em 1808. Ao transformar o Brasil de forma profunda e acelerada nos treze anos seguintes, dom João tornou a separação inevitável. Ao contrário do que se imagina, porém, a ruptura se produziu menos da vontade dos brasileiros do que das divergências entre os próprios portugueses. Segundo uma tese do historiador Sérgio Buarque de Holanda, já mencionada de passagem nos capítulos finais de *1808*, foi resultado de "uma guerra civil entre portugueses", desencadeada pela Revolução Liberal do Porto de 1820 e pelos ressentimentos acumulados na antiga metrópole pelas decisões favoráveis ao Brasil adotadas por dom João.

Como mostra o capítulo "As cortes", até as vésperas do Grito do Ipiranga, eram raras as vozes entre os brasileiros que apoiavam a separação completa entre os dois países. A maioria defendia ainda a manutenção do Reino Unido de Portugal, Brasil e Algarve, na forma criada por dom João em 1815. Foram o radicalismo e a falta de sensibilidade política das cortes constituintes portuguesas, pomposamente intituladas de "Congresso Soberano", que precipitaram a ruptura. Portanto, os brasileiros apenas se aproveitaram das fissuras abertas na antiga metrópole para executar um projeto que, a rigor, ainda não estava maduro. De forma irônica e imprevista, Portugal completou o ciclo de sua criação nos trópicos: "descoberto" em 1500 graças ao espírito de aventura do povo lusitano, o Brasil passou por transformações profundas a partir de 1808 em razão das fragilidades da Coroa portuguesa, obrigada a abandonar sua metrópole para não cair refém de Napoleão Bonaparte; e, finalmente, tornou-se independente em 1822 pelas divergências entre os próprios portugueses. "A revolução foi concebida por completo com um sentido português e unicamente por fatores portugueses", escreveu o diplomata britânico Edward Thornton ainda no século XIX. "Portugueses e só portugueses continuariam ainda em cena nos primeiros tempos da regência de dom Pedro", acrescentou o historiador brasileiro Octávio Tarquínio de Sousa.[3]

Uma segunda tese de Sérgio Buarque de Holanda, aprofundada pela professora Maria Odila Leite da Silva Dias em *A interiorização da metrópole e outros estudos*, afirma que foi o sentimento de medo, fomentado pela constante ameaça de uma rebelião escrava, que fez com que a elite colonial brasileira nas diversas províncias se mantivesse unida em torno da Coroa. Como se verá no capítulo "Os órfãos", no Brasil de 1822 havia muitos grupos com opiniões diferentes a respeito da forma de organizar o jovem país independente, mas todos entravam em acordo diante do perigo de uma insurreição dos cativos — esta, sim, a grande preocupação que pairava no horizonte.

Dessa forma, o Brasil de 1822 triunfou mais pelas suas fragilidades do que pelas suas virtudes. Os riscos do processo de ruptura com Portugal eram tantos que a elite brasileira, constituída por traficantes de escravos, fazendeiros, senhores de engenho, pecuaristas, charqueadores, comerciantes, padres e advogados, se congregou em torno do imperador Pedro I como forma de evitar o caos de uma guerra civil ou étnica que, em alguns momentos, parecia inevitável. Conseguiu, dessa forma, preservar os seus interesses e viabilizar um projeto único de país no continente americano. Cercado de repúblicas por todos os lados, o Brasil se manteve como uma monarquia por mais de meio século — "uma flor exótica na América", segundo uma definição usada com frequência pelos historiadores.[4]

Como resultado, o país foi edificado de cima para baixo. Coube à pequena elite imperial, educada em Coimbra e outros centros europeus de formação, conduzir o processo de construção nacional, de modo a evitar que a ampliação da participação para o restante da sociedade resultasse em caos e rupturas traumáticas. Alternativas democráticas, republicanas e federalistas, defendidas em 1822 por homens como Joaquim Gonçalves Ledo, Cipriano Barata e o frei Joaquim do Amor Divino Caneca — líder e mártir da Confederação do Equador — foram reprimidas e adiadas de forma sistemática.

Pesquisar e escrever este livro envolveu um intenso trabalho de reportagem, no qual procurei construir um mosaico do Brasil e de Portugal entre 1821, ano da volta de dom João vi a Lisboa, e 1834, data da morte do imperador Pedro i. Durante três anos, pesquisei mais de 170 livros, artigos, teses de mestrado e doutorado, entre outros documentos a respeito do tema. Também visitei os locais mais emblemáticos dos acontecimentos de dois séculos atrás nesses dois países. Como se trata de um livro-reportagem, vali-me da técnica jornalística para observar o presente e constatar que, apesar da grande distância no tempo, esses locais contêm ainda hoje informações relevantes.

No Piauí, encontrei as sepulturas dos mortos da Batalha do Jenipapo, uma das mais trágicas no enfrentamento entre brasileiros e portugueses, abandonadas no meio do denso matagal que cobre as margens do rio que lhe dá nome. Na cidade do Porto, observei que uma placa na Praça da Liberdade, onde hoje dom Pedro i do Brasil (Pedro iv de Portugal) é homenageado com uma estátua, foi alvo de pichação. Alguém acrescentou uma interrogação no nome da praça: "da Liberdade?". Em Salvador, surpreendi-me com a festa do Dois de Julho, data da expulsão das tropas portuguesas da Bahia, em 1823. É uma explosão de alegria e comemoração cívica sem paralelo no Brasil. Contudo, por uma estranha contradição, o aeroporto de Salvador, que homenageava a data histórica, mudou de nome recentemente. Agora, chama-se Luís Eduardo Magalhães em memória do deputado morto em 1998.

Tudo isso ajuda a entender como os portugueses e brasileiros de hoje julgam e tratam o seu passado.

A Independência do Brasil é um acontecimento repleto de personagens fascinantes em que os papéis de heróis e vilões se confundem ou se sobrepõem o tempo todo — dependendo de quem os avalia. É o caso do escocês Alexander Thomas Cochrane. Fundador e primeiro almirante da Marinha de guerra do Brasil, lorde Cochrane teve uma participação decisiva na Guerra da Independência ao expulsar as tropas portuguesas no Norte e Nordeste. De forma inescrupulosa, no entanto, saqueou a cidade de São Luís do Maranhão e, por fim, sequestrou um navio brasileiro. Tudo isso o transformou em um herói maldito da história brasileira. Outro exemplo é o próprio José Bonifácio, celebrado no Sul como o Patriarca da Independência, mas às vezes apontado no Norte e no Nordeste como um homem autoritário e manipulador, que prejudicou essas regiões em favor das oligarquias paulista, fluminense e mineira, além de ter sufocado os sonhos democráticos e republicanos do período.

De todos eles, no entanto, o mais controvertido é de fato dom Pedro I. O príncipe romântico e aventureiro, que fez a Independência do Brasil com apenas 23 anos, aparece em algumas obras como um herói marcial, sem vacilações ou defeitos. Em outras, como um homem inculto, mulherengo, boêmio e arbitrário. Seria possível traçar um perfil mais equilibrado do primeiro imperador brasileiro? Tentar decifrar o ser humano por trás do mito é uma tarefa encantadora no trabalho jornalístico.

Nas minhas viagens de pesquisa pelo Brasil também pude constatar que a história da Independência tem sido contada excessivamente pela perspectiva das margens do Ipiranga. É como se o restante do país não existisse ou todos os demais brasileiros fossem meros coadjuvantes de acontecimentos limitados à região compreendida pelas províncias de São Paulo, Rio de Janeiro e Minas Gerais. É uma visão desfocada. O processo de separação de Portugal envolveu todo o Brasil e custou muito sangue e sacrifício nas regiões Norte e Nordeste, onde milhares de pessoas pegaram em armas e morreram na Guerra da Independência. Historiadores importantes, como Francisco de Adolfo Varnhagen, o Visconde de Porto Seguro, trataram rebeliões e divergências regionais do período de forma preconceituosa, como se fossem produto de mentes doentias e irresponsáveis. Na verdade, eram diferentes projetos de país, que espelhavam o que estava acontecendo no resto do mundo naquele momento e só fracassaram porque foram sufocados à custa de perseguições, prisões, exílios e enforcamentos.

Frei Caneca, líder da Confederação do Equador de 1824 em Pernambuco, tinha um projeto de Brasil republicano e federalista, muito parecido com o dos Estados Unidos da época. Passou para a história oficial como um inconsequente porque perdeu. O projeto triunfante foi o de José Bonifácio, que previa um país integrado, monárquico e constitucional, sob a liderança de Pedro I. Frei Caneca acabou seus dias diante de um pelotão de fuzilamento, encostado no muro do Forte das Cinco Pontas, no Recife. Uma década mais tarde, seria a vez do próprio Bonifácio acabar também os seus dias em exílio voluntário na Ilha de Paquetá, esquecido e magoado com os rumos da política no país que ajudara a criar. Como faces opostas de uma mesma moeda tirada de circulação, Caneca e Bonifácio são exemplos do lado trágico da vida e suas limitações impostas pelas circunstâncias da história. É o que se verá nos 22 capítulos desta obra.

Por fim, quero registrar meus agradecimentos a três historiadores que, generosamente, aceitaram meu convite para participar desta edição comemorativa de *1822*. São da autoria deles os pequenos, embora profundos, ensaios que encerram esta obra, na forma de posfácios, e nos quais procuram iluminar e aprofundar alguns importantes aspectos do processo de Independência do Brasil. Heloisa Murgel Starling, professora da Universidade Federal de Minas Gerais (UFMG) e autora, entre outras obras de referência, de *Brasil: uma biografia* (em parceria com Lilia Moritz Schwarcz), escreve sobre o desafio, sempre renovado, de consolidação da democracia no Brasil, da Independência aos dias de hoje. Jean Marcel Carvalho França, professor da Universidade Estadual Júlio de Mesquita (Unesp), mostra como alguns viajantes estrangeiros — tema de sua especialidade — testemunharam os acontecimentos do Brasil do Grito do Ipiranga. A terceira contribuição é de Jurandir Malerba, meu conterrâneo paranaense, professor da Universidade Federal do Rio Grande do Sul (UFRGS) e autor de *A corte no exílio*, obra que me serviu de inspiração para a escrita de meu primeiro livro, *1808*. Em seu ensaio, Jurandir mostra como as ideias em circulação na época da Independência, de certa forma, faziam antever o país que temos hoje. Sempre fui um apaixonado admirador desses três grandes intelectuais brasileiros, cuja obra utilizei intensamente como fonte e referência bibliográfica nas minhas pesquisas. Para mim, é uma honra e um privilégio inestimáveis compartilhar com eles as páginas deste livro.

Laurentino Gomes
Viana do Castelo, Portugal, março de 2022

"Ensopai a terra no sangue dos tiranos portugueses. [...] Rasgai de uma vez as entranhas desses monstros."

CIPRIANO BARATA, deputado, médico e jornalista, no jornal *Sentinela da Liberdade*, de 5 de abril de 1823, conclamando os baianos a resistir às tropas portuguesas

1. O GRITO

O DESTINO CRUZOU O CAMINHO de dom Pedro em situação de desconforto e nenhuma elegância. Ao se aproximar do riacho do Ipiranga, às 16h30 do dia 7 de setembro de 1822, o príncipe regente, futuro imperador do Brasil e rei de Portugal, estava com dor de barriga. A causa dos distúrbios intestinais é desconhecida. Acredita-se que tenha sido algum alimento malconservado ingerido no dia anterior em Santos, no litoral paulista, ou a água contaminada das bicas e dos chafarizes que abasteciam as tropas de mula na serra do Mar. Testemunha dos acontecimentos, o coronel Manuel Marcondes de Oliveira Melo, subcomandante da guarda de honra e futuro barão de Pindamonhangaba, usou em suas memórias um eufemismo para descrever a situação do príncipe. Segundo ele, a intervalos regulares, dom Pedro se via obrigado a apear do animal que o transportava para "prover-se" no denso matagal que cobria as margens da estrada.[1]

A montaria usada por dom Pedro nem de longe lembrava o fogoso cavalo alazão que, meio século mais tarde, o pintor Pedro Américo colocaria no quadro *Independência ou morte*, a mais conhecida cena da Independência do Brasil. O coronel Marcondes se refere a uma "baia gateada". Outra testemunha, o padre mineiro Belchior Pinheiro de Oliveira, cita uma "bela besta baia".[2] Em outras palavras, um animal sem nenhum charme, porém forte e confiável para subir a serra do Mar naquela época de caminhos íngremes, enlameados e esburacados.

Foi, portanto, como um simples tropeiro, coberto pela lama e pela poeira do caminho, às voltas com as dificuldades naturais do corpo e de seu tempo, que dom Pedro proclamou a Independência do Brasil. A cena real é bucólica e prosaica, mais brasileira e menos épica do que a retratada no quadro de Pedro Américo. E, ainda assim, importantíssima. Ela marca o início da história do Brasil como nação independente.

O dia 7 de setembro amanheceu claro e luminoso nos arredores de São Paulo.[3] O litoral paulista, porém, estava frio, úmido e tomado pelo nevoeiro. Faltava ainda uma hora para o nascer do sol quando dom Pedro saiu de Santos, cidadezinha de 4.781 habitantes, onde passara o dia anterior inspecionando as sete fortalezas que guarneciam as entradas pelo mar e visitando a família do ministro José Bonifácio de Andrada e Silva. Sua comitiva era relativamente modesta para a importância da jornada que iria empreender. Além da guarda de honra, organizada nos dias anteriores de forma improvisada nas cidades do Vale do Paraíba, enquanto viajava do Rio de Janeiro para São Paulo, acompanhavam dom Pedro o coronel Marcondes, o padre Belchior, o secretário itinerante Luís Saldanha da Gama, futuro marquês de Taubaté, o ajudante Francisco Gomes da Silva e os criados particulares João Carlota e João Carvalho Raposo.

Eram todos muito jovens, a começar pelo próprio dom Pedro, que completaria 24 anos um mês depois, no dia 12 de outubro. Saldanha da Gama, de 21 anos, exercia as funções de secretário itinerante, camareiro e estribeiro-mor do príncipe. Tinha o privilégio de ajudá-lo a se vestir e a montar o cavalo. Com 31 anos, Francisco Gomes da Silva, também chamado de "o Chalaça" — palavra que significa zombeteiro, gozador ou piadista —, acumulava as atribuições de "fiel amigo e secretário, recadista e alcoviteiro" de dom Pedro, segundo o historiador Octávio Tarquínio de Sousa.[4] Ou seja, era um faz-tudo, encarregado de arranjar mulheres para o príncipe, proteger seus negócios e segredos pessoais e defendê-lo em qualquer circunstância, por mais difícil e escusa que fosse. Marcondes tinha 42 anos. Padre Belchior Pinheiro de Oliveira, o mais velho de todos, nascera em Diamantina em data incerta, entre 1775 e 1779. Portanto, teria entre 43 e 47 anos. Virou testemunha do Grito do Ipiranga por acaso. Vigário da cidade mineira de Pitangui, maçom e sobrinho de José Bonifácio, fora eleito deputado por Minas Gerais para as cortes constituintes portuguesas, convocadas no ano anterior. Nessa condição, deveria estar em Lisboa participando dos debates. A delegação mineira, porém, foi a única a permanecer no Brasil devido às divergências internas e às incertezas a respeito do que se passava em Portugal.

Nas primeiras duas horas, ainda sob a luz difusa do amanhecer, a comitiva percorreu de barco os canais e rios de água escura dos manguezais entre Santos e o porto fluvial de Cubatão, vilarejo com menos de duzentos habitantes ao pé da serra do Mar. Nesse local, dom Pedro encontrou os animais selados e o restante da guarda que o acompanharia até São Paulo. A subida da serra, porém, teve de ser retardada. Prostrado pelos problemas intestinais, o príncipe refugiou-se na modesta estalagem situada à beira do porto. Maria do Couto, responsável pelo estabelecimento, preparou-lhe um chá de folhas de goiabeira, remédio ancestral usado no Brasil contra diarreia.[5]

A ação do chá aliviou temporariamente as dores do príncipe, mas deu-lhe ânimo para prosseguir a viagem. No meio da manhã, a comitiva começou a lenta subida pela calçada do Lorena. Era uma das mais sinuosas e pitorescas estradas do Brasil. Batizada com o nome do capitão general Bernardo José de Lorena, que a mandara construir em 1790 seguindo uma antiga trilha dos padres jesuítas, suportava o incessante tráfego das tropas de mulas que desciam ou subiam a serra com mercadorias do porto de Santos. Tinha oito quilômetros de extensão, três metros de largura e mais de 180 curvas em zigue-zagues debruçadas sobre o precipício. A declividade do terreno era tão íngreme e perigosa que os viajantes levavam pelo menos duas horas para chegar ao topo da serra. Ao passar por ali dezessete anos mais tarde, o missionário metodista norte-americano Daniel P. Kidder anotou:

> Ouvia-se primeiro a voz áspera dos tropeiros, tocando seus animais, a ecoar tão acima de nossas cabeças que parecia sair das nuvens. Depois, ouvia-se o clac-clac das patas ferradas dos animais nas pedras e avistavam-se as mulas no esforço de se segurarem na ladeira, parecendo arrastadas pelos pesados fardos que carregavam. Era preciso afastar-se para um lado da estrada e deixar passar os diversos lotes das tropas. Logo o tropel das mulas ia desaparecendo e também as vozes dos tropeiros e dos camaradas perdiam-se abaixo na floresta.[6]

O francês Hércules Florence, que também percorreria a calçada do Lorena em 1825, três anos depois da Independência, registrou que Cubatão era um entreposto comercial muito frequentado, embora não passasse de "uma povoação com vinte ou trinta casas". Nos oito dias em que permaneceria no local, viu chegar todos os dias três ou quatro tropas. Eram, segundo ele, comboios bem organizados, compostos de quarenta a oitenta mulas e divididos em lotes menores de oito animais, que ficavam sob a responsabilidade de um tropeiro. "Desciam de São Paulo carregadas de açúcar bruto, aguardente e toucinho, e retornavam com sal, vinhos portugueses, vidros e ferragens", relatou Florence. Achou a subida da serra péssima devido à pavimentação ruim, feita de grandes lajes que se deslocavam facilmente sob o peso das tropas e tornava a jornada muito cansativa. "Galgamos a metade do caminho a pé, a fim de poupar os nossos animais", relatou. "A cada passo, as bestas paravam ofegantes de cansaço."[7]

Do alto da serra levavam-se mais seis horas para atravessar o trecho do planalto em direção à capital paulista, incluindo parada de uma hora para almoço e descanso.[8] Por isso, só ao cair da tarde daquele 7 de setembro a comitiva chegou à colina do Ipiranga. Por ordem do príncipe, que mais uma vez se vira compelido a interromper sua jornada devido às cólicas intestinais, a guarda de honra se adiantara e o esperava em uma venda situada seiscentos metros mais à frente, junto do riacho que ficaria famoso antes do anoitecer.[9]

Em tupi-guarani, Ipiranga significa "rio vermelho" devido às águas barrentas do riacho. Naquela época, apesar da tonalidade escura, era um arroio de águas limpas em meio às roças e pastagens salpicadas por cupinzeiros de chácaras e sítios que se estendiam por um local ermo, de população rarefeita. Das margens do Ipiranga até a cidade de São Paulo havia apenas oito casas, onde moravam 42 pessoas.[10] Hoje, o riacho é um canal de esgotos encaixotado sob o asfalto e o concreto de uma das maiores metrópoles do planeta. Das 24 nascentes originais, situadas dentro do Parque Estadual das Fontes do Ipiranga, quatro desapareceram pela redução do lençol freático na região. Alguns quilômetros adiante, após receber uma quantidade monumental de lixo e descargas domésticas e industriais, deságua no rio Tamanduateí. Ali, o índice de poluição é altíssimo. A taxa de oxigênio, próxima de zero nos meses sem chuvas, faz dele um riacho morto, incapaz de abrigar peixes ou qualquer outra forma de vida.[11]

Em 1822, dom Pedro ainda estava no alto da colina quando chegou a galope, vindo de São Paulo, o alferes Francisco de Castro Canto e Melo. Ajudante de ordens, amigo de dom Pedro e irmão de Domitila de Castro Canto e Melo, a futura marquesa de Santos, o alferes era parte da comitiva que havia saído do Rio de Janeiro com o príncipe três semanas antes em direção a São Paulo. Também tinha descido a serra do Mar no dia 5 de setembro, mas em Cubatão fora despachado de volta por dom Pedro, com ordens para avisá-lo de qualquer novidade vinda do Rio de Janeiro — sinal de que, por intuição ou informação, dom Pedro estava consciente de que algum acontecimento muito grave o aguardava naqueles dias. E foi exatamente isso que ocorreu ali na colina do Ipiranga.

Ao se encontrar com a comitiva real, Canto e Melo trazia notícias inquietantes, mas nem sequer teve tempo de transmiti-las a dom Pedro. Logo atrás dele chegaram dois mensageiros da corte do Rio de Janeiro. Exaustos e esbaforidos, Paulo Bregaro, oficial do Supremo Tribunal Militar, e o major Antônio Ramos Cordeiro tinham percorrido a cavalo cerca de quinhentos quilômetros em cinco dias praticamente sem dormir. Eram portadores de mensagens urgentes enviadas por José Bonifácio e pela princesa Leopoldina, mulher de dom Pedro e encarregada de presidir as reuniões do Ministério na ausência do marido. Antes de partir do Rio de Janeiro, Bregaro havia recebido de Bonifácio instruções categóricas a respeito da urgência da viagem: "Se não arrebentar uma dúzia de cavalos no caminho, nunca mais será correio. Veja o que faz!".[12]

Os meses anteriores tinham sido de grande tensão e confronto entre portugueses e brasileiros. Havia ressentimentos e desconfianças acumulados dos dois lados do Atlântico. Em Portugal, conspirava-se para que o Brasil voltasse à condição de colônia, situação que perdurara durante mais de três séculos até a chegada da família real portuguesa ao Rio de Janeiro, em 1808, fugindo das tropas do imperador francês Napoleão Bonaparte. O rei dom João vi retornara a Portugal em abril de 1821, depois de nomear o filho dom Pedro príncipe regente do Brasil. Para trás, ficava um país transformado. Entre as muitas mudanças ocorridas nesses treze anos, o Brasil tinha sido promovido, em 1815, a Reino Unido com Portugal e Algarves. Por isso, em 1822 todo esforço dos brasileiros estava concentrado em assegurar a autonomia e os benefícios já conquistados com dom João. Também por essa razão as notícias recebidas por dom Pedro naquele 7 de setembro eram tão ruins.

No dia 28 de agosto, o brigue *Três Corações* atracara no porto do Rio de Janeiro trazendo as últimas novidades de Portugal. Eram papéis explosivos. Incluíam os decretos em que as cortes constituintes portuguesas na prática destituíam dom Pedro do papel de príncipe regente e o reduziam à condição de mero delegado das autoridades de Lisboa. Suas decisões tomadas até então estavam anuladas. A partir daquele momento, seus ministros seriam nomeados em Portugal e sua autoridade não mais se estenderia a todo o Brasil. Ficaria limitada ao Rio de Janeiro e regiões vizinhas. As demais províncias passariam a se reportar diretamente a Lisboa. As cortes também determinavam a abertura de processo contra todos os brasileiros que houvessem contrariado as ordens do governo português. O alvo principal era o ministro José Bonifácio, defensor da Independência e grande aliado de dom Pedro.

Convocadas à revelia de dom João vi, as cortes vinham tomando decisões contrárias aos interesses do Brasil desde o ano anterior. No final de 1821, tinham ordenado a volta de dom Pedro a Portugal, de onde passaria a viajar incógnito pela Europa com o objetivo de "se educar". O príncipe decidira ficar no Rio de Janeiro, mas desde então seu poder vinha sendo reduzido.

Tribunais e repartições em funcionamento no Brasil durante a permanência da corte haviam sido extintos ou transferidos para a antiga metrópole. As províncias receberam ordens para eleger cada uma sua própria junta de governo, que se reportaria diretamente a Lisboa e não ao príncipe no Rio de Janeiro. Em outra tentativa de isolar dom Pedro, as cortes tinham nomeado governadores de armas, ou seja, interventores militares, encarregados de manter a ordem em cada província e que só obedeciam a comandos da metrópole. A radicalização se expressava no tom dos discursos em Lisboa. O deputado português Borges Carneiro havia chamado dom Pedro de "desgraçado e miserável rapaz" ou simplesmente de "o rapazinho".

A correspondência entregue pelos dois mensageiros a dom Pedro na colina do Ipiranga refletia esse momento máximo de confronto entre Brasil e Portugal. Uma carta da princesa Leopoldina recomendava ao marido prudência e que ouvisse com atenção os conselhos de José Bonifácio. A mensagem do ministro dizia que informações vindas de Lisboa davam conta do embarque de 7.100 soldados que, somados aos seiscentos que já tinham chegado à Bahia, tentariam atacar o Rio de Janeiro e esmagar os partidários da independência. Diante disso, Bonifácio afirmava que só haveria dois caminhos para dom Pedro. O primeiro seria partir imediatamente para Portugal e lá ficar prisioneiro das cortes, condição na qual já se encontrava seu pai, dom João VI. O segundo era ficar e proclamar a Independência do Brasil, "fazendo-se seu imperador ou rei".

"Senhor, o dado está lançado e de Portugal não temos a esperar senão escravidão e horrores", escrevia Bonifácio. "Venha Vossa Alteza Real o quanto antes, e decida-se, porque irresolução e medidas de água morna [...] para nada servem, e um momento perdido é uma desgraça."[13] Uma terceira carta, do cônsul britânico no Rio de Janeiro, Henry Chamberlain, mostrava como a Inglaterra analisava a situação política em Portugal. Segundo ele, já se falava em Lisboa em afastar dom Pedro da condição de príncipe herdeiro como punição pelos seus repetidos atos de rebeldia contra as cortes constituintes. A carta de Leopoldina, a mais enfática de todas, terminava com uma frase que não deixava dúvida sobre a decisão a ser tomada: "Senhor, o pomo está maduro, colhe-o já!".[14]

Quatro anos mais tarde, em depoimento por escrito, o padre Belchior registrou o que havia testemunhado a seguir:

> *Dom Pedro, tremendo de raiva, arrancou de minhas mãos os papéis e, amarrotando-os, pisou-os e deixou-os na relva. Eu os apanhei e guardei. Depois, virou-se para mim e disse:*
> *— E agora, padre Belchior?*
> *Eu respondi prontamente:*
> *— Se Vossa Alteza não se faz rei do Brasil será prisioneiro das cortes e, talvez, deserdado por elas. Não há outro caminho senão a independência e a separação.*
> *Dom Pedro caminhou alguns passos, silenciosamente, acompanhado por mim, Cordeiro, Bregaro, Carlota e outros, em direção aos animais que se achavam à beira do caminho. De repente, estacou já no meio da estrada, dizendo-me:*
> *— Padre Belchior, eles o querem, eles terão a sua conta. As cortes me perseguem, chamam-me com desprezo de rapazinho e de brasileiro. Pois verão agora quanto vale o rapazinho. De hoje em diante estão quebradas as nossas relações. Nada mais quero com o governo português e proclamo o Brasil, para sempre, separado de Portugal.*
> *Respondemos imediatamente, com entusiasmo:*
> *— Viva a Liberdade! Viva o Brasil separado! Viva dom Pedro!*
> *O príncipe virou-se para seu ajudante de ordens e falou:*
> *— Diga à minha guarda que eu acabo de fazer a Independência do Brasil. Estamos separados de Portugal.*

O tenente Canto e Melo cavalgou em direção a uma venda, onde se achavam quase todos os dragões da guarda.

Pela descrição do padre Belchior não houve sobre a colina do Ipiranga o brado "Independência ou morte", celebrizado um século e meio depois pelo ator Tarcísio Meira, no papel de dom Pedro em filme de 1972. O famoso grito aparece em outro relato, do alferes Canto e Melo, registrado bem mais tarde, quando o acontecimento já havia entrado para o panteão dos momentos épicos nacionais. A versão do alferes, de tom obviamente militar, mostra um príncipe resoluto e determinado. Por ela, dom Pedro teria lido a correspondência e, "após um momento de reflexão", teria explodido, sem pestanejar: "É tempo! Independência ou morte! Estamos separados de Portugal!".

A terceira testemunha, o coronel Marcondes, infelizmente não estava no alto da colina do Ipiranga, em condições de esclarecer as contradições entre os depoimentos do padre Belchior e do alferes Canto e Melo. Marcondes, como se viu antes, recebera ordens de dom Pedro para se adiantar com a guarda de honra e naquele momento descansava com seus soldados numa venda próxima do riacho, local hoje conhecido como "Casa do Grito". Por precaução, no entanto, havia destacado um vigia para avisá-lo da eventual aproximação do príncipe. Foi desse ponto de observação que Marcondes primeiro viu Bregaro e Ramos Cordeiro, os dois mensageiros da corte, cruzarem a galope rumo à colina. Passados alguns instantes, notou que a sentinela vinha no sentido contrário, em direção à guarda de honra. Avisava da chegada de dom Pedro, também a galope.

O depoimento do coronel:

Poucos minutos poderiam ter se passado depois da retirada dos referidos viajantes (Bregaro e Cordeiro), eis que percebe-

mos que o guarda, que estava de vigia, vinha apressadamente em direção ao ponto em que nos achávamos. Compreendi o que aquilo queria dizer e, imediatamente, mandei formar a guarda para receber dom Pedro, que devia entrar na cidade entre duas alas. Mas tão apressado vinha o príncipe, que chegou antes que alguns soldados tivessem tempo de alcançar as selas. Havia de ser quatro horas da tarde, mais ou menos. Vinha o príncipe na frente. Vendo-o voltar-se para o nosso lado, saímos ao seu encontro. Diante da guarda, que descrevia um semicírculo, estacou o seu animal e, de espada desembainhada, bradou:

— Amigos! Estão, para sempre, quebrados os laços que nos ligavam ao governo português! E quanto aos topes daquela nação, convido-os a fazer assim!

E arrancando do chapéu que ali trazia a fita azul e branca, a arrojou no chão, sendo nisto acompanhado por toda a guarda que, tirando dos braços o mesmo distintivo, lhe deu igual destino.

— E viva o Brasil livre e independente! — gritou dom Pedro.

Ao que, desembainhando também nossas espadas, respondemos:

— Viva o Brasil livre e independente! Viva dom Pedro, seu defensor perpétuo!

E bradou ainda o príncipe:

— Será nossa divisa de ora em diante: Independência ou morte!

Por nossa parte, e com o mais vivo entusiasmo, repetimos:

— Independência ou morte!

A proclamação de dom Pedro descrita pelo coronel Marcondes é chamada por alguns historiadores de "Segundo Brado do Ipiranga". Aconteceu alguns minutos depois do primeiro, já na meia encosta da colina, a cerca de quatrocentos metros do riacho. É interessante observar as sutilezas entre os dois gritos do Ipiranga. O primeiro ocorreu de forma mais simples, na presença de um grupo restrito, e revela traços de indecisão na atitude de dom Pedro. O segundo, solene e convicto, perante a guarda de honra, é o que ficou registrado na memória nacional. O relato do padre a respeito desse segundo grito confirma a versão de Marcondes, embora com palavras diferentes. Por ele, diante da guarda, o príncipe repetiu, agora em tom mais enfático, a declaração que fizera momentos antes:

> — Amigos, as cortes portuguesas querem mesmo escravizar-nos e perseguem-nos. De hoje em diante, nossas relações estão quebradas. Nenhum laço nos une mais.
>
> E, arrancando do chapéu o laço azul e branco, decretado pelas cortes como símbolo da nação portuguesa, atirou-o ao chão, dizendo:
>
> — Laço fora, soldados! Viva a Independência e a liberdade do Brasil.
>
> Respondemos com um viva ao Brasil independente e a dom Pedro.
>
> O príncipe desembainhou a espada, no que foi acompanhado pelos militares. Os acompanhantes civis tiraram os chapéus. E dom Pedro disse:
>
> — Pelo meu sangue, pela minha honra, pelo meu Deus, juro fazer a liberdade do Brasil.
>
> — Juramos, respondemos todos.
>
> Dom Pedro embainhou novamente a espada, no que foi imitado pela guarda, pôs-se à frente da comitiva e voltou-se ficando em pé nos estribos:
>
> — Brasileiros, a nossa divisa de hoje em diante será Independência ou morte; e as nossas cores, verde e amarelo, em substituição às das cortes.[15]

Embora tenha passado para a história como o marco decisivo do rompimento dos vínculos coloniais entre Brasil e Portugal, o lema "Independência ou morte" nunca foi exclusivo dos brasileiros. Cunhado dentro das lojas maçônicas no final do século XVIII, era usado na época nas diversas lutas de libertação nacional ao redor do mundo. Ainda hoje aparece, por exemplo, na letra do Hino Nacional da Romênia, em verso que diz:

No braço armado a fogo dos vossos paladinos,
Independência ou morte! bradamos veementes

Naquele fim de tarde de setembro de 1822, acompanhado pela guarda de honra, depois rebatizada com o pomposo nome de "Dragões da Independência", dom Pedro chicoteou a sua "baia gateada" para vencer os últimos cinco quilômetros do total de setenta que percorreu naquele dia. Faltava uma hora para o pôr do sol quando entrou em São Paulo saudado pelos sinos das igrejas e pelos escassos moradores que se aglomeravam nas ruas de terra batida. Exausto, empoeirado e ainda debilitado pelos problemas intestinais, recolheu-se ao Palácio dos Governadores, o mesmo que o havia hospedado dias antes ao chegar do Rio de Janeiro.

As notícias dos extraordinários acontecimentos daquela tarde às margens do Ipiranga se espalharam rapidamente. Na frente do acanhado teatrinho do Pátio do Colégio um grupo de partidários da Independência ligado à Igreja e à maçonaria reuniu-se para decidir o que fazer. Era preciso homenagear o príncipe, mas ninguém sabia como proceder. Obviamente, não havia tempo de preparar um Te Deum ou uma recepção de gala, como a circunstância pedia. Era necessário improvisar. Por isso, decidiu-se aproveitar a encenação da peça *O convidado de pedra*, marcada para aquela noite. Dom Pedro gostava de teatro, e sua presença no camarote principal já estava confirmada.[16]

"Disseram que era necessário declarar-se um monarca e formar uma monarquia brasileira", relatou quarenta anos mais tarde o padre Ildefonso Xavier Ferreira, integrante do grupo. "Ninguém merecia mais do que o ínclito príncipe de Portugal, que nos acabava de dar a Independência." O próprio Ildefonso foi encarregado de fazer a aclamação.

Dom Pedro entrou no teatro às 21h30 e, como previsto, dirigiu-se ao camarote principal sem saber da homenagem que lhe prestariam em seguida. Antes que o espetáculo começasse, padre Ildefonso levantou-se do camarote número 11, onde se reunia o grupo de maçons, e se dirigiu à plateia. Ali, pôs-se de pé na terceira bancada, bem em frente ao lugar ocupado pelo príncipe, respirou fundo e se preparou para cumprir seu papel. Na hora de fazer a aclamação, porém, ficou inseguro e relutou por alguns segundos. "Temia que o príncipe não aceitasse", contou depois. "Então, eu seria preso como revolucionário." Por fim, criou coragem e soltou o vozeirão: "Viva o primeiro rei brasileiro!".

Para seu alívio, dom Pedro inclinou-se em sinal de aprovação e agradecimento. Era a senha para que todo o teatro viesse abaixo e repetisse o brado do padre Ildefonso: "Viva o primeiro rei brasileiro!", explodiu a multidão.

Animado com a repercussão, padre Ildefonso repetiu o grito três vezes. "Virou o herói da noite diante daquele que havia sido o herói do dia", na inspirada definição de Octávio Tarquínio de Sousa.[17]

2. O VENDAVAL

DEZ QUILÔMETROS AO NORTE DO centro de Paris há um tesouro geralmente ignorado pelos milhões de turistas que todos os anos invadem a capital francesa. É a basílica de São Dionísio (Saint-Denis, em francês), monumento gótico do século XII localizado nas proximidades do Estádio da França, no qual a seleção brasileira de futebol perdeu de forma humilhante a final da Copa do Mundo de 1998. No subterrâneo dessa catedral, existem duas grandes caixas de pedra escondidas em um corredor mal iluminado e cobertas por lápides de mármore nas quais estão gravadas dezenas de nomes e datas. Elas guardam os ossos dos reis da França e são um testemunho assustador da tempestade política que varreu o mundo nas décadas que precederam a Independência do Brasil.

Padroeiro da França, São Dionísio é personagem de uma história insólita. Segundo a tradição, ele saiu da Itália no ano 250 na companhia de outros seis missionários com o objetivo de evangelizar a Gália, região sob domínio romano habitada pelos gauleses, o povo bárbaro celebrizado pelas tiras em quadrinhos de Asterix e Obelix. Perseguido pelas autoridades romanas, acabou decapitado na colina de Montmartre, hoje local de outra igreja famosa, a de Sacré Coeur (Sagrado Coração), mas seu martírio teve um desfecho inesperado. Reza a lenda que, mal o carrasco desfechou o golpe mortal, o santo levantou-se, pegou a própria cabeça, que, separada do pescoço, se esvaía em sangue no chão, e com ela entre as mãos caminhou cerca de seis quilômetros até um antigo cemitério galo-romano, onde finalmente tombou e foi sepultado. Sobre seu túmulo, transformado em centro de peregrinação na Idade Média, o rei Dagoberto I mandou erguer uma igreja sobre a qual depois seria construída a catedral destinada a ser a necrópole real da França. Ali seriam enterrados durante mil anos todos os reis franceses, com exceção de três.[1]

Essa prática milenar foi interrompida de forma violenta pela Revolução Francesa. Em 1793, os revolucionários invadiram a catedral, saquearam os túmulos reais e jogaram todos os ossos num terreno baldio das vizinhanças. Durante um quarto de século, os restos mortais dos homens e das mulheres mais poderosos da França permaneceriam abandonados em meio à lama e ao matagal. Em 1817, após a restauração da monarquia, o rei Luís XVIII ordenou que fossem devolvidos à basílica. O problema é que, àquela altura, seria impossível saber que osso pertencia a qual rei ou rainha. A solução foi lacrá-los todos juntos nas duas caixas de pedra, onde hoje costelas e fêmures medievais se misturam de forma indistinta a crânios renascentistas e clavículas modernas.

O ossuário de São Dionísio de Paris é um exemplo do embaralhamento da história entre o fim do século XVIII e o começo do XIX. Foi nesse clima que se deu a Independência do Brasil. Se até os ossos dos reis podiam ser atirados numa vala comum, que limite haveria para a fúria das ideias revolucionárias que assolavam o mundo naquele período? E não eram reis quaisquer. Nos túmulos profanados jaziam os restos de Clóvis I, que se tornara o primeiro rei dos francos depois de derrotar no ano 486 Afrânio Siágrio, o último grande general romano no norte da Gália. Sua conversão ao cristianismo foi um passo decisivo para a consolidação da nova religião nos territórios que hoje compõem a França. Em tumba vizinha estavam os ossos de Carlos Martel, o homem que, ao vencer a Batalha de Poitiers, em 732, impedira que os mouros, já detentores da península Ibérica, ocupassem o restante da Europa e varressem do continente os últimos vestígios da civilização ocidental estabelecida pelos romanos. Seu neto, Carlos Magno, é considerado hoje o "pai da Europa". Como imperador do Sacro Império Romano-Germânico, assegurou a reunificação do continente devastado pelas guerras entre os senhores feudais na Idade Média. Ali também estava sepultado o fulgurante Luís XIV, chamado de "Rei Sol" e autor da frase "O Estado sou eu", símbolo do poder absoluto dos monarcas no século XVII. Em resumo, eram os homens que haviam criado a própria ordem que os revolucionários franceses se encarregavam de botar abaixo.

A Revolução Francesa varreu o mundo com o ímpeto de um vendaval. Deflagrada em 1789 com a queda da Bastilha — prisão parisiense onde eram desterrados criminosos comuns e dissidentes políticos —, levou milhares de condenados à guilhotina, a máquina de decepar cabeças inventada pelo médico Joseph-Ignace Guillotin. Estima-se que mais de 17 mil pessoas tenham sido executadas em praça pública. Outras 23 mil teriam morrido sem julgamento ou direito a defesa. Entre as vítimas, estavam ninguém menos que o rei Luís XVI e a rainha Maria Antonieta, decapitados em 1793. As execuções eram uma tentativa de purgar os vícios do velho regime monárquico, que a revolução buscava derrubar. O furor dessa tempestade foi tão grande que, à primeira vista, ninguém conseguiria controlá-la;

nem mesmo suas próprias lideranças. Transformou-se logo em "revolução autofágica", ou seja, um movimento que devorava as suas forças internas. Na fase mais aguda do terror, vários líderes importantes da revolução, como os advogados Maximilien de Robespierre e George-Jacques Danton também acabaram mortos na guilhotina. Outra vítima famosa foi o cientista Antoine-Laurent de Lavoisier, considerado o "pai da química moderna" e autor da frase "Na natureza nada se perde, nada se cria, tudo se transforma".

Mergulhada no caos político, a França se viu ameaçada de invasão pelos seus vizinhos. Eram todos países dominados pelo regime monárquico, cujos soberanos não se conformavam com a novidade em pleno coração da Europa nem pretendiam que se transformasse em exemplo para o resto do continente. É nesse momento que entra em cena um jovem oficial chamado Napoleão Bonaparte. Nos anos seguintes, Napoleão se revelaria o maior gênio militar que a humanidade havia conhecido desde o Império Romano. Numa série de vitórias fulminantes, coube a ele impor pela força dos canhões as ideias que a Revolução fracassara em colocar em prática nos acalorados debates das assembleias gerais. Imbuído dos ideais revolucionários de 1789, mas consciente de que eram necessárias ordem e força para executá-los, Napoleão destronou, prendeu, exilou e humilhou os monarcas do continente. Em 1804, sagrou-se imperador dos franceses e passou a pôr seus próprios parentes nos tronos dos reinos que havia subjugado. Também passou a implementar um programa de reformas que redesenharia o mapa político da Europa e criaria novos padrões de organização e governo das sociedades a partir de então.

Em meados do século XIX, o efeito da revolução havia se espraiado como uma onda sísmica pelo mundo. Todos os governos europeus tinham sido afetados por convulsões políticas, incluindo a conservadora Inglaterra. As únicas exceções eram os dois grandes impérios situados na franja oriental do continente, a Rússia e o Império Otomano, mas estes também cairiam de forma ruidosa nas décadas seguintes. Os demais haviam sido obrigados pela pressão das ruas a fazer concessões até então consideradas inadmissíveis. A Igreja, sólido pilar da velha ordem, foi perseguida e expropriada em vários países. Só na França, entre 2 mil e 3 mil padres e freiras foram executados.[2] A exemplo da basílica de São Dionísio, centenas de templos, conventos e mosteiros foram profanados. O próprio papa seria feito prisioneiro. "Tudo o que é sólido se desmancha no ar", proclamaria o pensador alemão Karl Marx, pai da ideologia comunista que haveria de radicalizar ainda mais as mudanças no decorrer do século XX. "A grande lição da Revolução Francesa foi que", depois dela, "nenhum regime seria legítimo sem participação popular", escreveu T. C. W. Blanning, professor da Universidade de Cambridge, na Inglaterra.[3]

Outro acontecimento, igualmente decisivo, havia precedido o vendaval francês. Foi a Independência dos Estados Unidos, que resultou na criação da primeira democracia republicana da história moderna. Ao se separar da monarquista e conservadora Inglaterra, em 1776, treze anos antes da Queda da Bastilha, os norte-americanos criaram o laboratório onde seriam testadas com sucesso as ideias que os filósofos iluministas haviam desenvolvido nas décadas anteriores. É preciso lembrar que, até então, todo o poder emanava do rei e em seu nome era exercido. Era assim que os países haviam sido governados desde sempre. Pensadores como o escocês David Hume, o inglês John Locke, o suíço Jean-Jacques Rousseau e os franceses Montesquieu, Denis Diderot e Voltaire sustentavam, no entanto, que era possível limitar o poder dos reis ou até mesmo governar sem eles. O Iluminismo preconizava uma nova era, em que a razão, a liberdade de expressão e de culto e os direitos individuais predominariam sobre os direitos divinos invocados pelos reis e pela nobreza para manter seus privilégios.

Durante muito tempo tudo isso funcionou apenas como teoria, intensamente discutida nos salões e cafés parisienses. Até então, democracia e república eram conceitos testados por breves períodos na Antiguidade, especialmente na Grécia e em Roma, em cidades ou territórios muito pequenos. Seria possível aplicar essa teoria ao mundo moderno para governar sociedades maiores e mais complexas? Coube aos norte-americanos demonstrar que, sim, era possível inverter a pirâmide do poder. A partir dali, todo poder emanaria do povo (por meio de eleições diretas) e em seu nome seria exercido (por seus representantes no parlamento ou na presidência da República). A figura do rei se tornava desnecessária.

O paradigma da nova era aparecia logo na certidão de nascimento dos Estados Unidos. Redigida pelo advogado, fazendeiro e futuro presidente Thomas Jefferson, a Declaração de Independência americana anunciava que "todos os homens nascem iguais" e com alguns direitos inalienáveis, incluindo a vida, a liberdade e a busca da felicidade. A afirmação mudava tudo porque, até então, esses direitos eram sempre concedidos por alguém — o rei, o imperador, o papa —, e da mesma forma poderiam ser tomados ou comprados, dependendo da circunstância. O texto de Jefferson serviria de inspiração para que, treze anos depois, o marquês de La Fayette, nobre francês que havia lutado ao lado dos norte-americanos na Guerra da Independência contra a Inglaterra, escrevesse a famosa Declaração dos Direitos do Homem e do Cidadão. Proclamada pelos revolucionários franceses, seria adotada um século e meio mais tarde, com algumas adaptações, como a carta de princípios das Nações Unidas: "Todos os seres humanos nascem livres e iguais em dignidade e direitos".

A Revolução Francesa e a Independência Americana são as mais conhecidas, porém não as únicas, transformações deflagradas pelo poder corrosivo das ideias nas décadas que antecederam a Independência brasileira. Praticamente todas as áreas de atuação humana foram afetadas por elas, incluindo as artes, a ciência e a tecnologia.

Na música, Ludwig van Beethoven, considerado o maior compositor de todos os tempos, surpreendia o mundo em Viena com os acordes da *Quinta sinfonia* e da *Eroica*. Na literatura, o alemão Johann Wolfgang von Goethe escrevia os dois volumes de *Fausto*, sua obra-prima, na qual o protagonista, Mefistófeles, se debate entre um mundo harmônico (porém monótono e previsível) de paz, beleza e segurança e as tentações de outro mundo instigante e desafiador — o das transformações aceleradas num cenário repleto de medo, morte e incerteza a respeito do futuro. Em Madri, o pintor Francisco de Goya também revolucionava a arte pintando figuras e ambientes sombrios, que incluíam os fuzilamentos em massa executados pelas tropas de Napoleão ao invadir a Espanha, em 1808. A obra desses três artistas tem em comum a peculiaridade de retratar em tons épicos os tempos tenebrosos que a humanidade vivia naquele momento.

Tudo mudou também no saneamento e na medicina. A criação das primeiras polícias sanitárias na Europa e a descoberta da vacina contra a varíola conseguiram controlar as epidemias que até então dizimavam grande parte da população. A redução da mortalidade pelo controle das doenças, combinada com novas técnicas agrícolas, que aumentaram a oferta de alimentos na Europa durante o século XVIII, produziu uma revolução democrática no continente. A população de alguns países mais do que dobrou; na França, saltou de 20 milhões para 30 milhões de habitantes. Tudo isso significava mais gente para os levantes revolucionários nas ruas e também mais carne para os canhões das guerras e dos conflitos daquele período. Calcula-se que mais de 3 milhões de pessoas tenham morrido durante as guerras napoleônicas, entre 1792 e 1815, o que representava cerca de 2% do total da população da Europa na época.

Havia ainda mudanças profundas na tecnologia. No fim do século XVIII, os ingleses reinventaram os meios de produção com as máquinas a vapor. Até então, toda a capacidade de produção estava limitada à força física do corpo humano, de alguns animais de carga empregados nessas atividades (como bois, cavalos e camelos) ou precários engenhos mecânicos, como rodas-d'água, roldanas e moinhos de vento. Com o uso da tecnologia do vapor, os ingleses conseguiram multiplicar essa produção em escala exponencial nos primeiros anos. Em menos de um século, o volume de comércio nos portos de Londres triplicou. Entre 1800 e 1830, o consumo de algodão pelas indústrias têxteis na região de Liverpool saltou de 5 milhões para 220 milhões de libras, aumentando 44 vezes em apenas três décadas. Essa nova escala, até então nunca vista, exigia novos consumidores. Por essa razão, os ingleses defendiam o liberalismo econômico, doutrina que prega liberdade de comércio sem restrições de fronteiras nacionais. Suas fábricas produziam quantidades monumentais de tecidos, ferragens e máquinas e queriam vendê-los onde houvesse consumidores interessados em comprá-los.[4]

Além de mudar a escala mundial de produção de bens e mercadorias, a Revolução teve impactos gigantescos nos transportes e nas comunicações. Uma viagem entre a Inglaterra e a Austrália, que demorava seis meses na época dos barcos a vela, foi reduzida para cinco semanas com a introdução dos navios a vapor. Entre Portugal e Brasil, a redução foi de dois meses para quinze dias. Até 1810, um pombo-correio demorava uma semana para levar uma carta de Londres a Paris. Com os navios a vapor, o tempo diminuiu para dois dias. Com a invenção do telégrafo, em 1832, a mesma mensagem poderia ser transmitida em uma fração de hora. Máquinas de produzir papel e impressoras movidas a vapor também reduziram o custo de livros e jornais de forma a transformá-los em produtos acessíveis às camadas mais pobres da população. Eram os veículos das novas ideias que estavam transformando o mundo. No começo do século xix, já havia 278 jornais editados em Londres.

A maré das inovações na Europa e nos Estados Unidos chegaria com algum atraso ao Brasil, mas teria efeito igualmente devastador. Situada do outro lado do mundo, a América portuguesa fora mantida até 1808 como uma colônia analfabeta, isolada e controlada com rigor. A proibição de manufaturas incluía a indústria gráfica e a publicação de jornais. A circulação de livros estava submetida a três instâncias de censura. O direito de reunião era vigiado. A educação limitava-se aos níveis mais básicos e a uma minoria muito restrita da população. De cada dez brasileiros, só um sabia ler e escrever.[5] As primeiras universidades só apareceriam no começo do século xx. Em um discurso nas cortes de Lisboa, em 2 de setembro de 1822, o deputado piauiense Domingos da Conceição reclamava do estado de ignorância em que viviam mergulhados os 70 mil habitantes de sua província, todos analfabetos. "São 70 mil cegos que desejam a luz da instrução pública", afirmou. Nessa época, o Piauí tinha apenas três escolas de ensino elementar, situadas a 340 quilômetros (setenta léguas, segundo o deputado) uma da outra. O salário de um professor, de 60 mil-réis anuais, equivalia a um terço do que se pagava a um feitor de escravos nas fazendas.[6]

Era uma situação bem diferente dos Estados Unidos, onde a cultura protestante havia criado uma colônia alfabetizada, empreendedora, habituada a participar das decisões comunitárias e a se manter bem informada sobre as novidades que chegavam da Europa. Em 1776, o ano da Independência, o padrão de vida nos Estados Unidos já era superior ao de sua própria metrópole, a Inglaterra. A circulação de jornais chegava a 3 milhões de exemplares por ano, marca que o Brasil só atingiria dois séculos depois. Como a prática religiosa incluía ler a Bíblia em casa e nos cultos dominicais, até os escravos eram alfabetizados. O índice de analfabetismo aproximava-se de zero. Havia nove universidades, incluindo a prestigiada Harvard, fundada em 1636. O espírito empreendedor fizera florescer uma próspera indústria naval, forte o suficiente para que em 1801 o novo país já tivesse uma Marinha de guerra em condições de bloquear e bombardear Trípoli, a capital da Líbia, em represália aos ataques de piratas que seus navios sofriam na costa desse país.[7]

Apesar do isolamento e do atraso, as ideias revolucionárias chegavam ao Brasil, mas geralmente de forma clandestina, em publicações contrabandeadas ou reuniões de sociedades secretas, como a maçonaria. Viajavam também na bagagem da pequena elite brasileira que tivera oportunidade de estudar em Coimbra e outras universidades europeias no fim do período colonial. Em 1787, quando ainda era embaixador em Paris, Thomas Jefferson foi abordado pelo carioca José Joaquim da Maia, o Vendek, estudante da universidade de Montpellier. Queria ajuda dos Estados Unidos para fazer uma revolução no Brasil. Jefferson, que tinha outras preocupações mais urgentes, recusou, mas fez questão de reportar o caso ao Departamento de Estado americano.[8] Vendek morreu no ano seguinte, antes de voltar ao Brasil. Essas ideias estariam por trás da Inconfidência Mineira, da Revolta dos Alfaiates na Bahia, da Revolução Pernambucana de 1817, da própria Independência em 1822 e de inúmeros outros movimentos de rebelião regional, como a Confederação do Equador, em 1824. "As revoluções se pegam como a sarna", escreveria em 1823 um assustado Francisco Sierra y Mariscal, rico armador na Bahia, dono de navios que faziam o comércio entre Lisboa e a América do Sul.[9]

Os Autos de Devassa da Inconfidência Mineira registram a apreensão de uma grande coleção de livros proibidos na casa de um dos conspiradores, o cônego Luís Vieira da Silva, da cidade de Mariana. Abrangia a íntegra da *Enciclopédia*, escritos de Montesquieu e inúmeras obras de história, geografia e ciências naturais — todas em língua francesa e vetadas pela censura da Coroa portuguesa. Em 1794, o conde de Resende, então vice-rei do Brasil, ordenou uma devassa para apurar as atividades da Sociedade Literária do Rio de Janeiro, grupo que se reunia periodicamente para discutir as novidades que chegavam de fora da colônia. O inquérito apontou vários entusiastas da Revolução Francesa. O mais surpreendente é que na lista de acusados não havia só intelectuais, como professores, médicos, padres, poetas e advogados. Incluía também um marceneiro, um sapateiro, um ourives e um entalhador. Como testemunhas, foram arrolados alfaiates, gravadores e torneiros.

Alguns anos mais tarde, em 1798, a chamada Revolta dos Alfaiates (também conhecida como Conjuração Baiana), em Salvador, envolveu igualmente pessoas de origem humilde que, na devassa ordenada pela Coroa portuguesa, foram acusadas de "francesia", ou seja, defender as noções e os princípios políticos da Revolução Francesa e imitar os revolucionários até na forma de se vestir. Um dos líderes da revolta, João de Deus Nascimento, pardo livre e alfaiate, preconizava que "todos se fizessem franceses para viverem em igualdade e abundância". Foi executado e esquartejado em uma praça do centro da capital. Sua cabeça ficou exposta em frente à casa em que morava. Os outros pedaços do corpo, deixados ao relento em vários pontos da cidade para serem consumidos pelo tempo.[10]

O acesso a essas novidades pelas camadas mais pobres da população era a prova de que a colônia brasileira, sem universidades, sem livros, sem jornais ou comunicações regulares, acompanhava atentamente os acontecimentos na Europa. E isso seria decisivo ao chegar o momento de romper os laços com Portugal. Habituada a três séculos de letargia, a antiga América portuguesa seria sacudida pelo vendaval das novas ideias que varria o mundo. Um novo país nasceria da tempestade.

3. UM PAÍS IMPROVÁVEL

OS SONHOS DOS BRASILEIROS DE 1822 eram grandiosos. Queriam libertar-se de três séculos de dependência de Portugal e erguer na América um vasto império — um dos maiores que a humanidade havia conhecido até então. O novo país que pretendiam organizar desdobrava-se das profundezas da floresta Amazônica, quase nas franjas da cordilheira dos Andes, até as planícies dos pampas no Sul, desenhando no caminho uma linha de quase 10 mil quilômetros de litoral, trinta vezes a distância entre Paris e Londres, as duas grandes capitais europeias da época. Com mais de 8 milhões de quilômetros quadrados de superfície, tinha quase o tamanho do território europeu e era maior do que a área continental dos Estados Unidos. Dentro dele a diminuta metrópole portuguesa caberia 93 vezes. Os problemas, porém, eram proporcionais ao tamanho desses sonhos.

Quem observasse o Brasil nessa época teria razões de sobra para duvidar de sua viabilidade como país. Às vésperas do Grito do Ipiranga, o Brasil tinha tudo para dar errado. De cada três brasileiros, dois eram escravos, negros forros, mulatos, índios ou mestiços. Era uma população pobre e carente de tudo. O medo de uma rebelião escrava pairava como um pesadelo para a minoria branca. Os analfabetos somavam mais de 90% dos habitantes. Os ricos, embora muito ricos, eram poucos e, em sua maioria, ignorantes. Havia uma pequena elite intelectual, bem preparada na Universidade de Coimbra, mas também ela estava dividida por divergências políticas entre monarquistas absolutos e constitucionais, conservadores e liberais, republicanos e federalistas, entre outras correntes. O isolamento e as rivalidades entre as províncias prenunciavam uma guerra civil que poderia resultar na fragmentação territorial, a exemplo do que ocorria nas colônias vizinhas da antiga América Espanhola.

À beira da falência, o novo país não tinha exércitos, navios, oficiais, armas ou munições para sustentar a guerra por sua independência, que se prenunciava longa, cara e desgastante. Na Bahia, campo de batalha decisivo nessa guerra, em 1822 o pagamento do soldo dos oficiais e soldados estava atrasado dois meses por falta de dinheiro nos cofres da província.[1] Os canhões, decrépitos e sem munição, não funcionavam. Os soldados andavam descalços e portavam espingardas de matar passarinho. Em Portugal, a situação também era de dificuldades, mas de lá a cada dia chegavam notícias de novas providências destinadas a esmagar os dispersos partidários da independência brasileira. A metrópole mobilizava recursos para proteger seus interesses na América. Suas tropas já existentes no Brasil eram mais bem treinadas e organizadas do que as precárias e, a rigor, ainda inexistentes forças armadas locais.

"À primeira vista, as possibilidades de sucesso pareciam muito remotas: o tesouro estava vazio e o país, dividido, enquanto Portugal contraía empréstimos e aumentava suas forças com navios e homens", escreveu o historiador britânico Brian Vale no livro *Independence or Death*, sobre a Guerra da Independência brasileira. "Seria uma questão de tempo até os brasileiros serem subjugados. Apenas assumindo o comando dos mares eles poderiam cortar as rotas de suprimentos portuguesas, expulsar as suas tropas e assegurar a independência do território. Mas como? O Brasil não tinha Marinha de guerra, navios ou suprimentos nem oficiais ou marinheiros confiáveis."[2]

Ao regressar a Lisboa em abril de 1821, o rei dom João VI deixara para trás um Brasil profundamente transformado pelas decisões que havia tomado nos seus treze anos de permanência no Rio de Janeiro, como se verá em mais detalhes no próximo capítulo. Sua última providência antes de partir, no entanto, tinha sido desastrosa para o Brasil, que tentava dar os primeiros passos como nação independente. O rei mandara raspar os cofres do Banco do Brasil e encaixotar às pressas o ouro, os diamantes e outras pedras preciosas estocadas no tesouro. Criado em 1808 para financiar as despesas da corte, o banco já vinha mal das pernas. Seu patrimônio cobria apenas um quinto dos títulos e papéis que emitira nesse período. Sem reservas, quebrou três meses depois da partida do rei. Entre julho de 1821, data em que deixou de honrar seus compromissos, e 1829, ano em que finalmente foi liquidado por dom Pedro I, funcionou como massa falida sem crédito algum na praça.[3]

Por isso, ao assumir o governo na condição de príncipe regente nomeado pelo pai, dom Pedro encontrou os cofres vazios. As despesas públicas somavam 5.600 contos de réis, cerca de 300 milhões de reais em valores de hoje,[4] o que representava mais do que o dobro da arrecadação de impostos nas províncias que reconheciam sua autoridade. Ou seja, para cada real de receita, dom Pedro gastava dois. Para pagar a dívida seriam necessários, portanto, dois anos de arrecadação de impostos, sem gastar mais nada, o que obviamente era impossível, porque o novo país tinha tudo por fazer e estava cercado de ameaças por todos os lados. Como resultado, em dezembro de 1821, a dívida nacional atingia 9.800 contos de réis, cerca de 1,9 milhão de libras esterlinas ou 600 milhões de reais atuais, valor que triplicaria nos cinco anos seguintes à medida que um governo frágil e desesperado ordenava despesas sem ter de onde tirar.[5]

"De parte nenhuma vem nada", queixava-se dom Pedro a dom João VI, em 21 de setembro de 1821. "Todos os estabelecimentos e repartições ficaram; os que comem da nação são sem--número [...], não há dinheiro [...], não sei o que hei de fazer." O príncipe também reclamava da corrupção e dos desmandos na administração do dinheiro público. Acusava os diretores do falido Banco do Brasil de terem contribuído para quebrar a instituição. "O banco, desacreditaram-no os seus dilapidadores, que eram os mesmos que o administravam."[6] Em carta de 17 de julho, havia dito: "Não há maior desgraça do que esta em que me vejo, que é de desejar fazer o bem e arranjar tudo e não haver com quê".

Em outra carta, escrita em 24 de junho de 1821, o jovem príncipe, de apenas 22 anos, mostrava-se assustado com os desafios que a história lhe impunha. Implorava ao pai para que o dispensasse do cargo e o chamasse de volta a Portugal: "Peço a Vossa Majestade que o quanto antes me faça partir".[7] Três meses depois, em 21 de setembro de 1821, portanto um ano antes do Grito do Ipiranga, repetia a súplica: "Peço a Vossa Majestade, por tudo quanto há de mais sagrado, me queira dispensar deste emprego que seguramente me matará pelos contínuos e horrorosos painéis que tenho, uns já à vista, e outros muito piores para o futuro".[8]

No esforço de comprar navios, contratar oficiais e marinheiros mercenários e manter acesa a esperança de vencer Portugal na guerra pela independência, o governo tomou duas providências. Uma delas foi, a exemplo da metrópole, recorrer aos empréstimos internacionais. Os dois primeiros, contraídos em

1824 e 1825, totalizaram 3.685.000 libras esterlinas, aproxima-
damente 1,2 bilhão de reais em valores de hoje, mas só 3 milhões
de libras entraram de fato nos cofres nacionais. O restante foi
retido pelos bancos como taxa de risco e pagamento de juros
antecipados.[9] O novo país já nascia endividado e assim permaneceria pelos dois séculos seguintes.

A segunda providência envolveu uma prática também co-
nhecidíssima dos brasileiros até alguns anos atrás: a inflação. O
tesouro comprava folhas de cobre por 500 a 660 réis a libra
(pouco menos de meio quilo) e cunhava moedas com valor de
face de 1.280 réis, mais do que o dobro do custo original da
matéria-prima. Ou seja, era dinheiro podre, sem lastro, mas
ajudava o governo a pagar suas despesas e dívidas de curto prazo. Dom Pedro havia aprendido a esperteza com o pai, dom
João, que também recorrera à fabricação de dinheiro em 1814
ao perceber que os recursos públicos seriam insuficientes para
cobrir os gastos da perdulária corte que havia cruzado o Atlântico em 1808.

Nessa época, o padrão monetário internacional eram as
moedas de prata do peso espanhol, também conhecidas como
silver dollar (dólar de prata). Até a chegada da corte portuguesa,
uma moeda de prata valia no Brasil 750 réis portugueses. Em
1814, no entanto, dom João mandou derreter todas as moedas
estocadas no Rio de Janeiro e cunhá-las novamente com valor
de face de 960 réis. Ou seja, de um dia para o outro a mesma
moeda passou a valer mais 28%. Com esse dinheiro milagrosa-
mente valorizado, dom João pagou suas despesas, mas o truque
foi logo percebido pelo mercado de câmbio, que rapidamente
reajustou o valor da moeda para refletir a desvalorização. A libra
esterlina, que até então era trocada por 4 mil-réis, passou a ser
cotada a 5 mil-réis. Os preços dos produtos em geral subiram na
mesma proporção.[10]

Às dificuldades financeiras somavam-se os problemas econômicos. A Independência do Brasil ocorreu no meio de uma transformação importante na economia brasileira. A produção de açúcar e a mineração de ouro e diamantes estavam em decadência. Eram as duas grandes riquezas que haviam sustentado a prosperidade da colônia e sua metrópole nos séculos anteriores. Muito dependente da mão de obra escrava, a produção açucareira entrara em declínio devido ao crescente combate ao tráfico negreiro pela Inglaterra e à mudança de tecnologia nos mercados competidores. Mais próxima dos mercados consumidores dos Estados Unidos e da Europa, a ilha de Cuba havia adotado engenhos movidos a vapor, o que tornara sua produção mais eficiente e barata em relação à brasileira. A novidade, no lugar do açúcar, era a produção de algodão, destinada a abastecer os novíssimos teares mecânicos da Revolução Industrial inglesa. As estatísticas revelam uma drástica mudança no perfil da economia pernambucana nesse período. O valor das saídas de algodão pelo porto do Recife saltou de 37% do total das exportações em 1796 para 83% em 1816. Enquanto isso, o açúcar declinara de 54% para minguados 15% no mesmo período.[11]

Nas antigas regiões produtoras de ouro e diamante, a prosperidade dera lugar à incerteza. Minas Gerais ainda era a província mais populosa do Brasil, com cerca de 500 mil habitantes, mas o eixo da economia começava a se deslocar rapidamente para o sul, em direção ao Vale do Paraíba, região das lavouras de café. Cultivado em hortas e jardins botânicos até o começo do século XIX, esse produto se tornaria rapidamente a nova estrela da pauta de exportações. As vendas anuais pelo porto do Rio de Janeiro aumentaram de meia tonelada, em 1800, para 6.723 toneladas, em 1820.[12] Vinte anos mais tarde, em 1840, já responderiam por 44% das exportações brasileiras.

Como resultado da abertura dos portos e da liberdade de comércio concedida por dom João em 1808, havia surgido um crescente mercado brasileiro exportador e um próspero sistema de trocas internas entre as províncias, que já não dependiam do monopólio nem da intermediação da metrópole portuguesa. O Rio Grande do Sul vendia carne de charque para a Europa, os Estados Unidos, a África e também para o Rio de Janeiro, Salvador e Recife. Recebia em troca produtos industrializados do exterior e açúcar, cachaça, farinha de mandioca e outras mercadorias do próprio mercado brasileiro. Minas Gerais e o Vale do Paraíba abasteciam a capital de carne de gado, queijos e produtos agrícolas. Com o dinheiro, seus fazendeiros compravam sal, açúcar, tecidos, ferros, máquinas e instrumentos que, pelo porto do Rio de Janeiro, chegavam de outras províncias ou da Inglaterra. No interior do Ceará, do Piauí e do Maranhão produzia-se gado, vendido para as províncias vizinhas como carne-seca, banha e couro curtido ou em boiadas que atravessavam o sertão, abrindo novas rotas de comunicação pelo interior do país.

Esse novo mercado interno, que contribuiria para aproximar os interesses entre os brasileiros das diferentes províncias, era prejudicado, no entanto, pela excessiva carga tributária. Eram impostos existentes desde a época da colônia para favorecer o monopólio português ou criados por dom João depois de 1808 para sustentar as despesas da corte no Rio de Janeiro. Na tentativa de reanimar a economia, já no primeiro mês após a partida de dom João para Portugal, dom Pedro aboliu o imposto do sal e sobre a navegação de cabotagem, duas barreiras que até então encareciam a produção de charque e o comércio regional.[13] Mas só isso não bastava para enfrentar as grandes emergências daquela época.

O Brasil precisava economizar cada centavo de suas combalidas economias e, para dar exemplo, o príncipe tomou medidas drásticas de contenção das despesas domésticas. Cortou seu próprio salário, concentrou as repartições públicas no Paço Real, onde morava, e transferiu-se para o Palácio da Quinta da Boa Vista, antiga residência de dom João VI, onde hoje funciona o Museu Nacional e o zoológico do Rio de Janeiro. Também vendeu 1.134 dos 1.290 animais das cavalarias reais, apontadas pelo cônsul inglês James Henderson, na época de dom João, como uma das mais onerosas do mundo.[14] Para reduzir as despesas na compra de milho, os escravos da Real Fazenda de Santa Cruz, situada nos arredores da cidade, foram incumbidos de produzir no quintal do próprio palácio o capim que serviria de ração para os 156 cavalos e mulas restantes, além de lavar as roupas de dom Pedro, sua família e seus empregados. "Comecei a fazer bastantes economias, principiando por mim", explicou, orgulhoso, ao pai na carta de 17 de julho de 1821. "Essas mudanças se fizeram quase de graça, porque os escravos [...] são os trabalhadores."[15]

Os empréstimos internacionais, a fabricação artificial de dinheiro, o pacote de estímulos às atividades econômicas e o corte nas despesas domésticas da corte eram, todas, medidas paliativas. Apenas adiaram a solução dos problemas financeiros. Mas havia outros, ainda mais graves, a conspirar contra o sucesso do novo Brasil. De todos eles, o maior eram as divergências internas. Nem de longe os brasileiros estavam de acordo a respeito dos rumos a seguir.

Em setembro de 1822, apenas Rio de Janeiro, São Paulo e Minas Gerais aderiram à Independência proclamada por dom Pedro às margens do Ipiranga. As demais províncias ou ainda estavam sob controle das tropas portuguesas, caso da Bahia, ou discordavam da ideia de trocar a tutela até então exercida por Lisboa pelo poder centralizado no Rio de Janeiro, caso de Pernambuco, que reivindicava maior autonomia regional. No Norte, Pará e Maranhão se mantiveram fiéis aos portugueses. Por alguns meses, obedecendo às ordens das cortes de Lisboa, ambas as províncias chegaram a se declarar separadas do restante do Brasil e ligadas diretamente a Portugal. No Sul, as forças estavam divididas entre os interesses brasileiros e portugueses. Na província Cisplatina (atual Uruguai), o comandante do regimento português, Álvaro da Costa de Souza Macedo, anunciou que só acataria as orientações das cortes e encastelou suas forças em Montevidéu. Foi sitiado pelas tropas brasileiras comandadas por Carlos Frederico Lecor, barão e futuro visconde de Laguna, numa guerra que se prolongaria por quase dois anos.

Em 17 de novembro de 1822, mais de dois meses depois da Proclamação da Independência, a Junta Provisória do Maranhão anunciou que se manteria fiel a Portugal, sem aderir à causa de dom Pedro I:

> O dever e o interesse ligam esta província a Portugal. Nem interesse nem dever a une ao continente brasileiro que de fato se desunir da maior parte da monarquia portuguesa. A divergência de votos e interesses entre as províncias setentrionais e austrais do Brasil dissolve os vínculos sociais que as uniam [...] em Portugal tem consumo para nossas produções territoriais; no sul do Brasil não tem mercado.[16]

O historiador Marco Morel comparou a situação brasileira nos dois anos que se seguiram ao Grito do Ipiranga à de um grande quebra-cabeça. Cada peça no tabuleiro representaria uma província, que seria retirada do jogo caso tivessem vingado naquele período as ameaças de separação territorial. Primeiro sairia a Bahia, ocupada militarmente desde fevereiro de 1822 pelas tropas do general português Ignácio Luiz Madeira de Melo, fiel às cortes de Lisboa. Depois, o Maranhão, o Piauí, o Pará e o Amazonas, região a essa altura ainda fiel à metrópole. Por fim, deixariam o jogo Pernambuco, Ceará, Alagoas, Paraíba e Rio Grande do Norte. Eram as cinco províncias da área de influência da Confederação do Equador, movimento separatista deflagrado em 1824 em reação à decisão de dom Pedro I de dissolver a primeira Constituinte brasileira. As peças que restassem no tabuleiro seriam hoje o Brasil, com o agravante de que um país assim debilitado não só perderia o Uruguai, proclamado independente em 1828, mas provavelmente também o Rio Grande do Sul na Revolução Farroupilha de 1835-1845. Ou seja, sobraria uma fração do país atual, com território inferior ao da Argentina. "O quebra-cabeça nacional, para ser recomposto, custou muitas vidas que ficaram pelas plantações, matos, mares, rios e ruas", escreveu Morel.[17] "O quadro que se apresentava era o do Brasil dividido em regiões marcadas pelas distâncias e pelos interesses locais", completou o historiador baiano Luís Henrique Dias Tavares.

A chegada da família real portuguesa ao Rio de Janeiro, em 1808, havia funcionado, pela primeira vez, como um centro aglutinador dos interesses das diferentes províncias e grupos regionais. No entender do historiador pernambucano Manuel de Oliveira Lima, ao fugir de Napoleão Bonaparte, que invadira Portugal, e transferir a corte para o Brasil, dom João VI se tornara "o verdadeiro fundador da nacionalidade brasileira". Tinha dado o primeiro passo capaz de assegurar a integridade do território, que até então funcionara como uma constelação de províncias isoladas, dispersas e rivais. Mas tudo isso era muito recente em comparação com os três longos séculos de colonização, nos quais essas províncias haviam se reportado diretamente à metrópole portuguesa. Por essa razão, em 1822 a noção de identidade nacional plantada por dom João VI era ainda muito tênue.

Uma prova da fragilidade regional pode ser medida na delegação brasileira enviada a Portugal para participar das votações das cortes entre 1821 e 1822. O Brasil tinha direito a 65 deputados, mas só 46 comparecem às sessões em Lisboa, o que os deixava em minoria frente à representação portuguesa, composta de cem delegados.[18] Apesar da inferioridade numérica, os brasileiros se dividiram nas votações. Com raras exceções, os delegados das províncias de Pará, Maranhão, Piauí e Bahia se alinharam aos interesses portugueses e votaram sistematicamente contra as propostas brasileiras das demais regiões. "Não somos deputados do Brasil [...] porque cada província se governa hoje independentemente", constatou, desolado, o padre Diogo Antônio Feijó, representante paulista e futuro regente do Império.[19] "Nós estamos, sim, independentes, mas não constituídos", escrevia algum tempo depois o frei pernambucano Joaquim do Amor Divino Caneca, líder e mártir da Confederação do Equador que passaria à história como Frei Caneca. "Ainda não formamos sociedade imperial, senão no nome."[20]

Além das divisões regionais, havia as divergências políticas. Como se viu no capítulo anterior, essa era uma época revolucionária, em que no mundo inteiro se debatia intensamente qual seria a forma ideal de organizar e governar as sociedades. O poder dos reis estava sendo contestado, mas havia muitas dúvidas a respeito de como substituí-lo por outro mais legítimo e eficaz. No Brasil, o projeto de Independência tinha ampla aceitação, mas poucos concordavam a respeito do que fazer com o novo país depois de conquistada a autonomia. Na falta de partidos políticos organizados, essas noções eram debatidas e defendidas em igrejas, clubes e sociedade secretas, como a maçonaria. Ali se agrupavam, de um lado, monarquistas constitucionais, e, de outro, os republicanos.

Esses grupos tinham visões bem diferentes sobre o futuro do Brasil. O primeiro defendia a continuidade da monarquia, ficando dom Pedro como soberano. Seu poder, no entanto, seria limitado por uma Constituição, que definiria os direitos das pessoas e a organização do governo no novo país. O segundo grupo defendia uma ruptura mais radical com o passado. Na República, em lugar de um rei ou imperador, o Brasil teria um presidente eleito pela população, com mandato temporário e também limitado pela Constituição. Mesmo entre esses grupos havia ainda os defensores da continuidade do Reino Unido Brasil, Portugal e Algarves, criado em 1815 por dom João VI, e aqueles que propunham a completa Independência da antiga metrópole.

A república era, obviamente, a proposta que mais assustava quem tinha interesses estabelecidos. Ao romper com a ordem vigente e ampliar a participação nas decisões do poder, deixava o futuro muito mais incerto e ameaçador, especialmente para aqueles que tinham muito a perder. Um panfleto de autoria de José António de Miranda, publicado no Rio de Janeiro em 1821, perguntava:

> Como é possível fazer uma república de um país vastíssimo, desconhecido ainda em grande parte, cheio de florestas, infinitas, sem população livre, sem civilização, sem artes, sem estradas, sem relações mutuamente necessárias, com interesses opostos e com uma multidão de escravos, sem costumes, sem educação, nem civil nem religiosa e hábitos antissociais?[21]

Além disso, como se viu no capítulo anterior, a república era uma fórmula relativamente nova na história da humanidade, pouco testada na prática. O exemplo mais bem-sucedido era o dos Estados Unidos, que haviam se tornado independentes na forma republicana menos de meio século antes. Outras experiências, mais desanimadoras, vinham dos países vizinhos, as antigas colônias espanholas às voltas com intermináveis guerras civis, nas quais já despontavam os primeiros caudilhos que haveriam de marcar a história da América Latina independente.

Às vésperas de embarcar de volta para Lisboa, em 1821, dom João VI dera um sábio conselho ao filho dom Pedro, nomeado príncipe regente: "Pedro, se o Brasil tiver de se separar, antes seja para ti, que me hás de respeitar, do que para qualquer um desses aventureiros".

Nessa frase havia três mensagens. A primeira: depois de todas as transformações ocorridas desde 1808, a Independência brasileira parecia inevitável. A segunda: o processo de separação tinha de ser controlado pela monarquia portuguesa e pela real família de Bragança. A terceira e última mensagem dizia que dom Pedro precisava evitar a todo custo que o novo país caísse nas mãos dos republicanos. Nas palavras cifradas de dom João, eram esses os "aventureiros" que estavam fazendo a independência da vizinha América espanhola.

Caberia ao ministro José Bonifácio de Andrada e Silva colocar em prática o projeto de dom João. Como líder dos monarquistas constitucionais, Bonifácio sustentava que, na hipótese de república, o Brasil mergulharia numa guerra civil e se fragmentaria em pequenas repúblicas rivais — exatamente como vinha ocorrendo na América espanhola. Nesse caso, talvez o sonho da independência nem sequer se realizasse, porque ficaria mais fácil para Portugal controlar as diferentes regiões rivais e impedir que ganhassem autonomia. Só a permanência do príncipe regente no Rio de Janeiro garantiria a integridade territorial brasileira e o sucesso na luta contra os portugueses. "Será possível que Vossa Alteza Real ignore que um partido republicano, mais ou menos forte, existe semeado aqui e ali, em muitas das províncias do Brasil, para não dizer em todas elas?", perguntava a dom Pedro o presidente da Câmara do Rio de Janeiro, José Clemente Pereira. "Senhor, se Vossa Alteza Real nos deixa, a desunião é certa. O partido da Independência, que não dorme, levantará o seu império, e em tal desgraça, oh! que de horrores e de sangue, que terrível cena aos olhos de todos se levanta."[22]

No final, prevaleceu o projeto dos monarquistas constitucionais liderados por José Bonifácio. Era o que oferecia menos riscos naquele momento. O Brasil se manteve unido sob o governo do imperador Pedro I, cujos poderes, ao menos teoricamente, foram limitados por uma Constituição liberal. As divergências regionais e as tensões sociais foram sufocadas à custa de guerras, prisões, exílios e perseguições. Foi esse o caminho longo e penoso, repleto de incertezas, sangue e sofrimento, que o Brasil trilhou para assegurar sua independência.

4. OS BRASIS DE DOM JOÃO

AO VOLTAR PARA LISBOA, EM abril de 1821, o rei dom João VI deixou para trás dois Brasis inteiramente diferentes.[1] De um lado, havia um país transformado pela permanência da corte nos trópicos, já com os pés firmes no turbulento século XIX, bem informado das novidades que redesenhavam o mundo na época e às voltas com dilemas muito semelhantes aos conflitos que agitavam a nascente opinião pública na Europa e nos Estados Unidos. Esse era um Brasil muito pequeno, de apenas alguns milhares de pessoas, que tinha seu epicentro no Rio de Janeiro, o modesto vilarejo colonial de 1807 convertido numa cidade com traços e refinamentos de capital europeia nos treze anos seguintes. De outro, um território vasto, isolado e ignorante, não muito diferente do lugar selvagem e escassamente povoado que Pedro Álvares Cabral havia encontrado trezentos anos antes ao aportar na Bahia. Esses dois Brasis conviviam de forma precária e se ignoravam mutuamente. Caberia ao príncipe dom Pedro e a seu braço direito, José Bonifácio de Andrada e Silva, a tarefa de fazê-los caminhar juntos rumo à Independência.

O Brasil transformado tinha compositores, maestros, dançarinos, cantores, arquitetos, pintores, cientistas, professores, escolas de ensino superior, livros e jornais, fábricas de ferro, pólvora e tecidos, moinhos de farinha de trigo, lojas que vendiam as últimas novidades vindas de Londres e Paris, e navios que já usavam a novíssima tecnologia da navegação a vapor. Era o Brasil que no Rio de Janeiro se exibia nos concertos do Real Teatro de São João, nas missas e *Te Deum* da Capela Real, nas cerimônias do beija-mão no Palácio da Quinta da Boa Vista e nos salões frequentados pelo corpo diplomático, pelos oficiais e comerciantes estrangeiros e pela nova corte criada por dom João depois da chegada ao Brasil, constituída por barões do açúcar, viscondes do café, marqueses da pecuária, condes das minas de ouro e diamantes e gentis homens do tráfico de escravos, então ainda o grande negócio brasileiro.

Era uma nobreza inflacionada pelo regime de toma lá dá cá que se estabelecera entre a riqueza colonial e a destituída corte portuguesa refugiada no Brasil depois da invasão de Portugal pelas tropas do imperador Napoleão Bonaparte. O jornal *Aurora Fluminense*, dirigido pelo poeta, livreiro e futuro deputado liberal Evaristo da Veiga, escreveu que a monarquia portuguesa, depois de 736 anos de existência, tinha dezesseis marqueses, oito viscondes, quatro barões e 26 condes, enquanto a brasileira, com apenas oito anos, já ostentava 28 marqueses, dezesseis viscondes, 21 barões e oito condes.[2] O também liberal padre Diogo Antônio Feijó descrevia essa nova corte como "uma aristocracia fantástica", à qual "faltava dinheiro, grandes ações, vasto saber e prestígio".

Localizada no centro do Rio de Janeiro, repleta de lojas com artigos franceses, a rua do Ouvidor seria na época o equivalente hoje à rua Oscar Freire, centro do comércio de grifes de luxo em São Paulo. Ao passear por ela, o aventureiro alemão Carl

Seidler registrou: "As classes superiores se vestem pelo último figurino parisiense e não raro exageram ridiculamente as modas importadas".[3] Outro viajante, o francês Jacques Arago, ficou surpreso ao visitar a Biblioteca Real trazida de Portugal por dom João. Com 60 mil volumes e obras raras, era uma das maiores do mundo. Situada, porém, num país de gente analfabeta, vivia às moscas. "Grande e bela e enriquecida das melhores obras literárias, científicas e filosóficas das nações civilizadas, ela é perfeitamente deserta e desconhecida pelos brasileiros", lamentou Arago. "Visitei-a duas vezes, e duas me encontrei aí sozinho com o diretor."[4]

O outro Brasil de dom João — pobre, descalço e atrasado — ainda caçava e escravizava índios arredios que atacavam fazendas no interior do país, viajava a pé, em canoas ou no lombo de mulas que atravessavam estradas enlameadas e esburacadas, vivia em choupanas de pau a pique, chão de terra batida e cobertura de palha, alimentava-se da pesca e de uma agricultura rudimentar, não sabia ler e escrever nem tinha acesso a qualquer informação sobre o que se passava alguns quilômetros além de suas comunidades isoladas. Ao visitar esse pedaço do Brasil, entre 1816 e 1822, o botânico francês Auguste de Saint-Hilaire ficou chocado com o que viu. "Ali não se cuida senão de assuntos ligados à criação de gado; a ignorância é extrema", afirmou ao descrever os habitantes da região dos Campos Gerais, no interior do Paraná. "Encontrei por toda parte gente hospitaleira, excelente, à qual não faltava inteligência, mas cujas ideias eram tão limitadas que na maioria das vezes eu não conseguia conversar mais do que quinze minutos."[5]

Pouco mais adiante, ao passar pela cidade de Paranaguá e pela vizinha vila de Guaratuba, Saint-Hilaire encontrou pessoas em estado de desnutrição tão profunda que adquiriam o hábito de comer terra na tentativa de repor vitaminas e sais minerais.

Essa prática condenável se transforma comumente numa paixão incontrolável, e às vezes veem-se negros com mordaça na boca rolando na terra para poderem aspirar um pouco de pó. Os comedores de terra preferem a que é tirada dos formigueiros dos cupins, e há pessoas que mandam escravos buscarem um torrão desses formigueiros para com eles se regalarem.

A prática se tornou tão disseminada que o pároco local abriu uma campanha contra ela e contou a Saint-Hilaire que não dava confissão a um escravo ou qualquer outra pessoa sem antes lhe perguntar se comia terra.[6]

Esses dois Brasis tinham alguns traços em comum. Um deles era a aversão ao trabalho e a total dependência da mão de obra escrava. Seidler faz um retrato devastador da relação entre escravos e senhores no Rio de Janeiro, uma sociedade que se pretendia desenvolvida e cosmopolita, mas era, no entender do viajante alemão, marcada por "excessiva preguiça e indolência":

Madame tem suas escravas, duas, três, seis ou oito, conforme o infeliz esposo abrir a bolsa, e essas criadas negras nunca podem arredar-se da imediata proximidade da sua severa dona, devem entender-lhe e até interpretar-lhe o olhar. Seria demais exigir que a senhora, fosse ela mulher de um simples vendeiro, se sirva ela mesma de um copo d'água, ainda que o jarro esteja junto dela sobre a mesa. É tão doce poder tiranizar. De cozinhar e lavar, então, nem se fale: para semelhante trabalho de escravos Deus criou os negros...[7]

Saint-Hilaire também fala da aversão ao trabalho ao passar pelos Campos Gerais do Paraná: "Como no resto do Brasil, todo mundo trabalha o menos possível. A vida dos homens muito pobres difere pouco da dos índios selvagens. Eles só plantam o estritamente necessário para o sustento da família e passam meses inteiros embrenhados na mata".[8] Em Curitiba, então um vilarejo de 11.014 habitantes, achou a população diferente, mais branca e europeia, muito educada e hospitaleira. Apesar disso, surpreendeu-se com a indolência: "O capitão-mor era obrigado a demarcar a quantidade de terra que cada um devia semear, colocando de vez em quando alguns preguiçosos na cadeia, a fim de intimidar os outros".[9]

Outro traço em comum era a esperteza e a falta de transparência nas relações comerciais — o famoso "jeitinho brasileiro", que já assustava os viajantes estrangeiros aqui chegados pela primeira vez depois da abertura dos portos. Ao descrever o comportamento dos comerciantes baianos, o inglês Thomas Lindley afirmou:

> *Em seus negócios, prevalece a astúcia mesquinha e velhaca, principalmente quando efetuadas as transações com estrangeiros, aos quais pedem o dobro do preço que acabarão aceitando por sua mercadoria, ao passo que procuram desvalorizar o que terão de obter em troca, utilizando-se de todos os artifícios ao seu alcance. Numa palavra: salvo algumas exceções, são pessoas inteiramente destituídas do sentimento de honra, não possuindo aquele senso geral de retidão que deve presidir a toda e qualquer transação entre os homens.*[10]

Em 1822, o Brasil tinha cerca de 4,5 milhões de habitantes — menos de 3% de sua população atual — divididos em 800 mil índios, 1 milhão de brancos, 1,2 milhão de escravos (africanos ou seus descendentes) e 1,5 milhão de mulatos, pardos, caboclos e mestiços.[11] Resultado de três séculos de miscigenação racial entre portugueses, negros e índios, esta última parcela da população compunha um grupo semilivre, que se espalhava pelas zonas interiores e vivia submisso às leis e às vontades dos coronéis locais.

A mancha do povoamento ainda se concentrava na faixa litorânea entre a cidade gaúcha do Rio Grande e a baía de Marajó, no estuário do rio Amazonas, mas o mapa do Brasil já tinha mais ou menos seus contornos atuais, com duas exceções: a província Cisplatina, que ganharia sua independência como Uruguai em 1828, e o estado do Acre, que na época fazia parte da Bolívia e seria comprado pelo barão do Rio Branco e incorporado ao território brasileiro no começo do século xx.

Uma novidade tinha sido a chegada dos suíços à futura Nova Friburgo, na serra fluminense, em 1818, dando início à imigração estrangeira no Brasil. Dos primeiros 2 mil imigrantes, 531 morreram de fome, doenças e maus-tratos — 26,5% do total —, mas a colônia vingou e hoje é uma agradável estação de veraneio. Fazia parte de um projeto antigo de "branqueamento" da população, defendido por diferentes ministros e conselheiros da Coroa, em Portugal e no Brasil. Coube a uma das colonas suíças de Nova Friburgo, Maria Catarina Equey, a honra de amamentar o príncipe Pedro de Alcântara, futuro imperador Pedro ii, nascido em 2 de dezembro de 1825.[12] A família imperial acreditava ser mais saudável empregar nessa tarefa uma mulher branca, europeia e católica do que as negras amas de leite tão comuns nas casas dos senhores de escravos do Brasil colonial.

Nenhum outro período da história brasileira testemunhou mudanças tão profundas, decisivas e aceleradas quanto os treze anos de permanência da corte portuguesa no Rio de Janeiro. No espaço de menos de uma década e meia, o Brasil deixou de ser uma colônia fechada e atrasada e começou a pavimentar seu caminho rumo à Independência. Pressionado pelas circunstâncias, durante esse período dom João tomou inúmeras decisões que resultaram em um surto de prosperidade sem precedentes na história da América portuguesa. A providência mais importante tinha sido a abertura dos portos, anunciada em Salvador no dia 28 de janeiro de 1808, uma semana após a família real atracar na Bahia. Combinada com outras duas medidas — o fim da proibição de manufaturas e a concessão de liberdade de comércio —, representava na prática o fim do período colonial brasileiro. Pela primeira vez, em mais de três séculos, o país estava livre do regime de monopólio português para se integrar ao sistema internacional de produção e comércio.

Principal beneficiária da abertura dos portos, a Inglaterra da Revolução Industrial inundaria o Brasil com seus produtos. Eram tecidos de algodão, linho e lã, peças de vidro, botas e sapatos, armas de fogo e munições, barbantes, pregos e cordas, serrotes, martelos, pás e machados, utensílios de toda natureza que chegavam a preços muito acessíveis e praticamente sem concorrentes. Em 1822, metade dos 434 navios estrangeiros atracados no Rio de Janeiro era inglesa. As exportações britânicas para o Brasil atingiam 2 milhões de libras anuais, quatro vezes o que o governo conseguia arrecadar em taxas e impostos no país inteiro naquele ano.[13]

Dom João mandou melhorar a comunicação entre as diversas regiões e estimular o povoamento e o aproveitamento das riquezas da colônia. A abertura de novas estradas ajudou a romper o isolamento que até então vigorava entre as províncias. Sua construção estava oficialmente proibida por lei desde 1733. As áreas mais remotas foram exploradas e mapeadas. A navegação fluvial também foi estimulada. O primeiro barco a vapor, comprado na Inglaterra em 1818 por Felisberto Caldeira Brant Pontes de Oliveira e Horta, rico senhor de engenho e futuro marquês de Barbacena, começou a navegar um ano mais tarde nas águas do Recôncavo Baiano.[14] As cidades mais próximas da corte cresceram em tamanho e riqueza. Convertido em capital do império colonial português, o Rio de Janeiro passou por transformações drásticas. A população, que, em 1808, era de apenas 60 mil habitantes, saltou para 112.695 em 1821, incluindo a área rural, agora repleta de chácaras e casas de campo habitadas por nobres e estrangeiros. O número de escravos triplicou.

A criação de uma escola de medicina em Salvador e outra no Rio de Janeiro inaugurou o ensino superior no Brasil. Vieram logo em seguida uma escola de técnicas agrícolas, um laboratório de estudos e análises químicas e a Academia Real Militar, cujas funções incluíam o ensino de engenharia civil e mineração. Uma nova estrutura do Estado, que até então funcionava em Portugal, se transferiu para o Brasil com a organização do Supremo Conselho Militar e de Justiça, da Casa de Suplicação (que seria o equivalente hoje ao Supremo Tribunal Federal), da Intendência Geral de Polícia da Corte (mistura de prefeitura com secretaria de segurança pública), do Erário Régio, do Banco do Brasil, do Conselho de Fazenda e do Corpo da Guarda Real. No Real Teatro de São João apresentavam-se cantores, compositores, dançarinos e companhias teatrais vindas da Europa.

Uma mudança de grande impacto foi o surgimento da imprensa, proibida no Brasil até 1808. Ela mudou o ambiente intelectual e político do país e passou a disseminar e a debater as ideias políticas que chegavam da Europa e dos Estados Unidos. Em seus primeiros treze anos de funcionamento, a imprensa era submetida a três instâncias de censura. "Quem quisesse, no Brasil, publicar alguma coisa, percorria um longo caminho", escreveu a historiadora Isabel Lustosa, autora de um excelente estudo sobre o tema. Todo original deveria, inicialmente, ser enviado ao ministro dos Negócios Estrangeiros e da Guerra. Dali, se aprovado, seguia para o Desembargo do Paço e, finalmente, para a Real Mesa Censória. Com a criação da Imprensa Régia, começou a circular, no dia 10 de setembro de 1808, a *Gazeta do Rio de Janeiro*, primeiro jornal publicado em território nacional. Só imprimia notícias de interesse do governo. No mesmo ano foi lançado em Londres, para fugir à censura, o *Correio Braziliense*, do jornalista Hipólito José da Costa. A censura caiu, finalmente, com decreto de 2 de março de 1821. A partir dali, todo cidadão poderia manifestar suas opiniões sem censura prévia.[15]

Livres da censura, os jornais se transformaram rapidamente no palco em que se travaram os principais debates durante a Independência e o Primeiro Reinado. No ano da Independência já havia 53 jornais em circulação em todo o Império. Os nomes eram reveladores das ideias que defendiam: *O República*, *O Tribuno do Povo*, *A Nova Luz Brasileira*, *Aurora Fluminense*, *Sentinela da Liberdade*. Alguns defendiam a deportação e a proscrição de todos os nascidos em Portugal. Outros eram francamente republicanos. Foi este "o laboratório onde tiveram lugar embrionárias e imprevisíveis formas de competição política", segundo Isabel Lustosa.

Como resultado, o país viveu "um momento extremamente vibrante, onde se assistiu a um processo de liberalização política sem precedentes na nossa história", na avaliação da historiadora. "Cada um escrevia e assinava o que bem entendia." Os artigos, às vezes publicados em jornais manuscritos, cuja tiragem não ia além de algumas dezenas de exemplares distribuídos de mão em mão, incluíam "o insulto, o palavrão, os ataques pessoais, as descrições deturpadas de aspectos morais ou físicos" e muitas vezes resultavam em agressões corporais.[16] Curiosamente, como se verá no capítulo 7, até o príncipe regente e futuro imperador participava dos debates impressos escrevendo artigos assinados com pseudônimos.

Um exemplo desse novo ambiente intelectual pode ser observado em um anúncio publicado no jornal *O Volantim*, de 5 de outubro de 1822. Oferecia livros de pensadores franceses até então proibidos:

Na loja de Paulo Martim, novamente se acha a obra Contrato
social, ou Princípios do Direito Público, *traduzida do original
francês de Rousseau, em português, a 2$880 a brochura; e en-
cadernado 3$600; assim como o original em francês, um volu-
me em encadernação dourada por 4$000 rs. Esta obra, outrora
proibida, hoje deve ser uma obra que todos devem ler.*[17]

A música era, de longe, a arte preferida pela corte portuguesa no Rio de Janeiro. O pintor Jean-Baptiste Debret, que
chegou ao Brasil com a Missão Artística Francesa de 1816, esti-
mou que dom João gastava 300 mil francos anuais, uma fortuna
para a época, na manutenção da Capela Real e de seu corpo de
artistas, que incluíam "cinquenta cantores, entre eles magníficos
virtuosi italianos, dos quais alguns famosos *castrati*, e cem exe-
cutantes excelentes, dirigidos por dois mestres de capela".[18] Em
1811, tinha chegado ao Rio de Janeiro o mais renomado músico
português, o maestro Marcos António da Fonseca Portugal. Até
a partida da corte, em 1821, ele comporia inúmeras peças e mú-
sicas sacras em homenagem aos grandes eventos da Coroa. Em
1816, foi a vez do compositor e maestro austríaco Sigismund
Neukomm chegar ao Brasil.

Um dos maiores organistas de sua época, nascido em Salz-
burgo, na Áustria, em 1778, Neukomm foi aluno de Joseph Haydn
e colega de estudos de Ludwig van Beethoven, em Viena. No
Brasil, compôs 71 obras, que até hoje surpreendem os especialistas pelo refinamento e pela complexidade. Incluem a *Marcha
triunfal à grande orquestra*, uma orquestração de seis valsas do
príncipe dom Pedro, de quem foi professor, além de uma marcha
sinfônica, uma missa e um *Te Deum* para a cerimônia de aclamação de dom João VI, em 1818. Outra grande contribuição sua foi o
registro de modinhas do violonista e compositor Joaquim Manuel Gago da Câmara.

No Rio de Janeiro, onde morou por cinco anos, Neukomm frequentava a casa do barão Von Langsdorff, cônsul-geral da Rússia, cuja mulher era sua aluna. Era um ponto de encontro de músicos, compositores e cantores da corte, que ali se reuniam para conhecer e executar novidades chegadas da Europa. Entre os frequentadores estavam a princesa e futura imperatriz Leopoldina e seu marido, dom Pedro. Os dois eram amigos do padre José Maurício Nunes Garcia, também professor de música de dom Pedro ao lado de Marcos António Portugal e Neukomm. Mulato e pai de seis filhos, o padre é considerado hoje o mais importante compositor brasileiro da corte de dom João. Neukomm tinha por ele grande admiração e amizade. Depois de vê--lo reger a primeira execução do *Réquiem*, de Mozart, em solo brasileiro, escreveu, em 1820, um artigo deslumbrado para o jornal *Allgemeine Musikalische Zeitung*, de Leipzig, elogiando o desempenho do amigo brasileiro.

A obra musical de Neukomm é relativamente bem conhecida. Sua trajetória pessoal, ao contrário, permanece cercada de mistérios. Um enigma diz respeito a sua atividade política. Alguns historiadores levantam a suspeita de que teria sido um espião a serviço de Charles-Maurice de Talleyrand-Périgord, o mais poderoso ministro da França do começo do século XIX. Como a corte portuguesa adorava música e Neukomm era um dos mestres mais promissores da época, isso teria facilitado seu acesso ao círculo próximo de dom João VI, com o objetivo de informar Talleyrand das alianças e conspirações em andamento no Rio de Janeiro. Um segundo enigma tem a ver com sua vida privada. Bonito, famoso, solteiro e sem filhos, Neukomm tem seu nome numa lista de quatro homossexuais não assumidos da corte de dom João, elaborada pelo antropólogo Luiz Mott, fundador e ex-presidente do Grupo Gay da Bahia. Os outros três seriam dom João de Almeida de Melo e Castro, o conde das Galveias; Francisco José Rufino de Sousa Lobato, visconde de Vila Nova da Rainha; e o próprio dom João.

Nos treze anos de dom João nos trópicos, o Brasil foi redescoberto pelos estrangeiros, autorizados pela primeira vez a visitar a até então misteriosa e proibida colônia portuguesa. Missões artísticas, científicas e culturais esquadrinharam seu território documentando paisagens, riquezas e tipos humanos. O pintor Debret, principal nome da Missão Artística Francesa de 1816, se tornaria um grande amigo de dom Pedro I. Ao lado de Nicolas-Antoine Taunay, deixou o registro mais precioso daquele momento de grande transformação na realidade brasileira.[19]

As mudanças teriam seu ponto culminante em 16 de dezembro de 1815. Nesse dia, véspera da comemoração do aniversário de 81 anos de dona Maria I, "a rainha louca", dom João promoveu o Brasil à condição de Reino Unido com Portugal e Algarves, ficando o Rio de Janeiro como sede oficial da Coroa. Havia dois objetivos na medida. O primeiro era homenagear os brasileiros que o haviam acolhido em 1808. O outro era reforçar o papel da monarquia portuguesa nas negociações do Congresso de Viena, no qual as potências vitoriosas na guerra contra Napoleão discutiam o futuro da Europa. Com a elevação do Brasil à categoria de Reino Unido, sugerida pelo ministro francês Talleyrand, a corte portuguesa demonstrava ao mundo que não estava apenas refugiada nos trópicos e ganhava pleno direito de voz e voto no congresso, embora estivesse a milhares de quilômetros de Lisboa, a capital até então reconhecida pelos demais governos europeus.

Enquanto o Brasil prosperava, sua antiga metrópole vivia uma crise sem precedentes. Os treze anos em que dom João VI permaneceu no Rio de Janeiro foram de grandes sofrimentos para o povo português. Entre 1807 e 1814 Portugal perdeu meio milhão de habitantes. Um sexto da população pereceu de fome ou nos campos de batalha ou simplesmente fugiu do país. Nunca, em toda a sua história, o país havia perdido um número tão grande de habitantes em tão pouco tempo. A abertura dos portos da antiga colônia, em 1808, e o tratado especial de comércio com os ingleses, em 1810, haviam sido golpes duríssimos para os comerciantes portugueses, que até então intermediavam todas as trocas do Brasil com a metrópole e o resto do mundo. Prejudicado pela concorrência britânica, o comércio de Portugal com o Brasil despencou. As exportações para a colônia, que eram de 94 milhões de cruzados entre 1796 e 1807, caíram para apenas 2 milhões de cruzados nos dez anos seguintes. No sentido contrário, as exportações do Brasil para Portugal se reduziram de 353 milhões de cruzados para a metade, 189 milhões. Em 1810, um total de 1.214 navios portugueses tinha entrado no porto do Rio de Janeiro. Dez anos mais tarde, em 1820, não passaram de 212, sendo que, desses, somente 57 vinham de Lisboa.

Em Portugal, alimentava-se a esperança de que, terminada a guerra contra Napoleão, o tratado com a Inglaterra seria revogado e a corte voltaria a Lisboa. Não aconteceu uma coisa nem outra. O tratado continuaria em vigor ainda por muito tempo. E dom João simplesmente não queria voltar. Os ressentimentos explodiram na manhã de 24 de agosto de 1820, quando tropas rebeladas se reuniram no campo de Santo Ovídio, na cidade do Porto, e se declararam contra o domínio inglês. Três semanas depois, no dia 15 de setembro, a revolta chegou a Lisboa, onde se registraram várias manifestações populares pedindo o fim do absolutismo monárquico. No dia 27 foi constituída na cidade de Alcobaça a Junta Provisional Preparatória das Cortes, que ficaria encarregada de redigir uma nova Constituição liberal. As cortes eram um conselho de Estado previsto no regime monárquico português, que havia se reunido pela última vez em 1698, mais de 120 anos antes. Sua simples convocação, depois de tanto tempo ausente do cenário político português, indicava quanto o poder do rei estava ameaçado. Pela decisão dos revoltosos, a dinastia de Bragança seria poupada, mas o regresso do rei a Portugal virava uma questão de honra.

Em abril de 1821, dom João vi embarcou de volta para Lisboa. Antes de partir, recebeu do ministro Tomás António de Vila Nova Portugal uma carta em tom profético:

> *A união de Portugal com o Brasil não pode durar muito. Se V. M. tem saudades do berço de seus avós, regresse a Portugal; mas se quer ter a glória de fundar um grande Império e fazer da Nação brasileira uma das maiores potências do globo, fique no Brasil. Aonde Vossa Majestade ficar, é seu; a outra parte há de perder.*[20]

A profecia haveria de se realizar mais rápido do que o ministro talvez imaginasse. A elevação do Brasil à condição de Reino Unido, seis anos antes, era a confirmação de uma realidade nova e irreversível. O espírito da Independência pairava sobre os brasileiros. O novo país enfrentava grandes dificuldades, mas nada disso parecia assustar os destemidos brasileiros de 1822 diante da perspectiva de conduzir seu próprio destino depois de mais de três séculos de submissão a Portugal. A confusão política reinante na metrópole daria uma contribuição decisiva para que os acontecimentos seguissem nessa direção.

5. AS CORTES

PORTUGAL FEZ A INDEPENDÊNCIA DO Brasil. Até as vésperas do Grito do Ipiranga, eram raras as vozes entre os brasileiros que apoiavam a separação completa dos dois países. A maioria defendia ainda a manutenção do Reino Unido de Portugal, Brasil e Algarves, na forma criada por dom João em 1815. Esse era o tom das proclamações do príncipe regente dom Pedro, dos discursos dos deputados brasileiros em Lisboa e também a linha dos editoriais do jornalista Hipólito José da Costa no *Correio Braziliense*, o principal formador de opinião da imprensa brasileira na época, publicado em Londres para fugir à censura no país.[1] Foram o radicalismo e a falta de sensibilidade política das cortes constitucionais portuguesas, pomposamente intituladas de "Congresso Soberano", que precipitaram a ruptura.

Convocadas em setembro de 1820, um mês após a eclosão da Revolução Liberal do Porto, as cortes só começaram a se reunir em Lisboa no dia 24 de janeiro do ano seguinte. Antes foi necessário proceder às eleições dos deputados, que viriam de todos os confins do império português. O número de representantes seria proporcional à população de cada região, mas os escravos estavam excluídos. Por essa razão, embora contasse com 4,5 milhões de habitantes, população superior à da metrópole, o Brasil teve direito a ocupar somente 65 das 181 cadeiras, cabendo a Portugal cem deputados. As demais províncias ultramarinas — caso de Angola, Moçambique e os arquipélagos da Madeira e dos Açores — ficaram com as dezesseis cadeiras restantes. Mesmo assim, só 46 brasileiros tomaram posse em Lisboa, já na segunda metade de 1821. Os demais permaneceram no Brasil por dificuldades de locomoção ou por divergências dentro da própria delegação, caso da província de Minas Gerais, que não enviou nenhum dos seus treze deputados. Isso deixou os brasileiros em minoria na proporção de dois por um perante os portugueses.

Apesar da diferença numérica, o clima no início chegou a ser de confraternização entre os "portugueses do continente e do além-mar", como se definiam os habitantes de Portugal metropolitano, do Brasil e de outros territórios ultramarinos. "Qual será o português europeu que não preze como seu bom irmão o português da América?", perguntava o deputado baiano Luís Paulino Pinto da França.[2] "A voz da independência, senhores, desapareceu no Brasil logo que raiou no horizonte de Portugal o novo astro", afirmava o pernambucano Muniz Tavares, em outubro de 1821.[3] Referia-se às ideias defendidas pela Revolução Liberal do Porto. Na sessão de 21 de maio de 1822, ou seja, menos de quatro meses antes da proclamação de Sete de Setembro, o deputado paulista Antônio Carlos Ribeiro de Andrada Machado e Silva, irmão do ministro José Bonifácio, chegou a negar a existência de um partido da Independência no Brasil. "Que haja um ou outro doido que pense nisso, pode ser, mas digo que não existe um partido da Independência", afirmou. "Estou plenamente convencido de que Portugal ganha com a união do Brasil, e o Brasil com a de Portugal, por isso pugno pela união."[4]

Caso tivesse prevalecido a proposta brasileira, o Império lusitano se converteria numa entidade semelhante à Commonwealth, a comunidade dos países que antigamente compunham o Império britânico e que concordaram em manter a rainha da Inglaterra como símbolo dos seus vínculos mesmo depois de conquistar a autonomia — caso da Austrália, da Nova Zelândia e do Canadá. O Brasil tinha interesse na manutenção do Reino Unido por razões econômicas. Antes mesmo da fuga da família real para o Rio de Janeiro, a colônia já havia se tornado a mais rica e influente porção dos domínios portugueses. Os grandes traficantes de escravos, então maior negócio do Império, e os principais comerciantes de açúcar, tabaco, algodão, ouro, diamantes e outras riquezas estavam estabelecidos no Brasil, em especial em Salvador e Rio de Janeiro. Em alguns casos, mantinham poucas relações com a metrópole. A continuidade do Reino Unido dava a esses comerciantes acesso privilegiado às outras partes do Império e também ao rico mercado europeu. Os portugueses metropolitanos pensavam de forma diferente, mas as divergências demoraram algum tempo a ficar claras.

As notícias da Revolução Liberal do Porto, ocorrida em agosto de 1820, tinham sido recebidas com entusiasmo no Brasil e alastraram-se rapidamente pelo país. O Grão-Pará foi a primeira província a aderir à causa constitucional. A novidade chegou a Belém a bordo do navio *Novo Amazonas* no dia 10 de dezembro de 1820. Seu portador era um jovem estudante de direito da Universidade de Coimbra, Filippe Alberto Patroni Martins Maciel Parente. Dono de caráter "ardente e atrevido",[5] Patroni ficou tão entusiasmado com as notícias da Revolução Liberal do Porto que, sem pensar duas vezes, abandonou os estudos em Coimbra, onde estava prestes a concluir seu curso, e embarcou imediatamente para Belém a fim de transmitir a boa-nova aos seus conterrâneos. Trazia na bagagem uma tipografia que daria origem ao primeiro jornal editado no Pará, *O Paraense*, lançado um ano e cinco meses mais tarde.[6]

As três semanas seguintes foram de grande agitação em Belém, cidade de 12.471 habitantes, dos quais 5.719 eram escravos.[7] Uma conspiração, liderada por Patroni e tramada em reuniões secretas, explodiu no dia 1º de janeiro de 1821, durante a parada militar de celebração do ano-novo, no centro da cidade. O alferes de milícias Domingos Simões da Cunha, que naquele dia estava de folga, adiantou-se do lugar em que estava e, perante o coronel João Pereira Vilaça, comandante do 1º Regimento de Infantaria de Linha, disparou três "vivas". Nos dois primeiros não havia novidade alguma. O terceiro mudava tudo: "Viva a religião católica! Viva El-Rei! Viva a Constituição!".

Para surpresa geral, em vez de mandar prendê-lo, o coronel repetiu o brado do alferes, no que foi seguido por toda a tropa. Era parte da conjuração arquitetada nas reuniões secretas. Testemunha da manifestação enquanto se dirigia à catedral para celebrar a missa, o cônego Romualdo Antônio de Seixas, vigário capitular e futuro governador do bispado do Grão-Pará, relatou ter sido intimado por um oficial rebelde a mandar repicar os sinos em sinal de júbilo pela revolução constitucionalista de Portugal. Chegou a contestar, mas obedeceu.[8] Mais tarde, seria nomeado arcebispo da Bahia, marquês de Santa Cruz, e presidiria a solenidade de sagração de dom Pedro II como imperador do Brasil.

O estudante Patroni e o alferes Simões da Cunha eram os profetas da boa-nova que nos meses seguintes haveria de se espraiar pelo Brasil e resultar na Independência. No dia 10 de fevereiro de 1821 foi a vez de a Bahia aderir à causa constitucional após uma rápida troca de tiros entre tropas leais ao governador, o conde de Palma, e oficiais rebeldes aquartelados no Forte de São Pedro, em Salvador. A cabeça do Império, o Rio de Janeiro, caiu duas semanas depois. Pressionado pelos revoltosos, um assustado dom João VI apareceu no dia 26 de fevereiro nas janelas do Paço Imperial, no centro da cidade, e balbuciou as palavras com as quais jurou as bases da futura Constituição a serem elaboradas pelas cortes.

Pela primeira vez em sete séculos de monarquia portuguesa, um soberano aceitava abrir mão de parte de sua autoridade a favor de um congresso que, convocado à sua revelia, iria delimitar dali para a frente os seus poderes. Com quase meio século de atraso, Brasil e Portugal eram finalmente capturados pelos ventos soprados nos Estados Unidos, em 1776, e na França, em 1789. Dom João também acatou as ordens de embarcar de volta para Lisboa, deixando o filho dom Pedro como príncipe regente do Brasil. Quando o ministro Silvestre Pinheiro Ferreira ainda tentou convencê-lo a ficar, o rei limitou-se a responder em tom de desânimo: "Que remédio, Silvestre Pinheiro! Fomos vencidos!".[9]

Diante de tantas novidades, o clima era de euforia. Aparentemente, todos — brasileiros e portugueses — lutavam pela mesma causa. "Acreditou-se que, sem a ruptura dos vínculos que ligavam os dois reinos, iria inaugurar-se uma era de liberdade, de governo representativo, de franquias constitucionais nos dois lados do Atlântico", afirmou o historiador Octávio Tarquínio de Sousa.[10] Aos poucos, no entanto, as divergências foram ficando mais claras. As cortes se revelariam liberais em relação aos seus próprios interesses em Portugal, mas reacionárias naquilo que dizia respeito ao Brasil. Havia contas a ajustar entre os dois lados do Atlântico. "A verdade é que a revolução portuguesa, debaixo de sua capa liberal, de defensora dos direitos do homem, escondia rancores e ressentimentos contra a colônia que se transformara em centro da monarquia", escreveu Tarquínio.[11]

As cortes eram uma assembleia na qual tradicionalmente os reis e a nobreza de Portugal pactuavam as suas relações. Desde a criação do reino, no século XII, eram convocadas sempre que houvesse dúvidas a respeito dos limites e da legitimidade do poder real. Durante o reinado de Afonso v, entre 1438 e 1481, tinham sido convocadas treze vezes porque esse era um período em que o poder do rei ainda estava se consolidando em Portugal. Nessas assembleias o soberano ouvia a grande nobreza da terra, os chefes militares e a alta hierarquia da Igreja sobre a aplicação das leis e o papel que ele próprio desempenharia à frente do governo. Foram caindo em desuso à medida que o poder do rei se fortaleceu. Em 1820, já fazia 122 anos que as cortes não eram convocadas. Esse foi o período do absolutismo, em que o poder do rei esteve no auge. O soberano decidia sozinho, sem ouvir ninguém, ou delegava essa tarefa a ministros poderosos, que governavam em seu nome, como tinha acontecido com o marquês de Pombal durante o reinado de dom José i, entre 1750 e 1777.[12]

Batizada de "Cortes Gerais, Extraordinárias e Constituintes da Nação Portuguesa", a assembleia convocada em 1820, além de quebrar o longo jejum dessas reuniões no século anterior, tinha uma diferença importante em relação a todas as que a haviam precedido. Eram cortes liberais, profundamente influenciadas pelas noções da Revolução Francesa, que defendia o fim ou a drástica redução do poder dos reis. Caberia a essas cortes a difícil tarefa de construir um novo e desconhecido sistema político, o de monarquia constitucional, até então nunca tentado em Portugal. Embora inspirada nas ideias francesas, era uma revolução no escuro, sujeita mais a erros do que acertos e cercada por um forte clima de radicalização política.

A composição dessas cortes também se diferenciava das demais. Em lugar da grande nobreza da terra, da alta hierarquia militar e eclesiástica, era integrada, em sua maioria, por padres, professores, advogados e comerciantes — representantes de uma nova elite política e intelectual que havia emergido no país durante a permanência da família real no Rio de Janeiro. Eram homens como o ex-seminarista Manuel Fernandes Tomás, filho de comerciantes da cidade de Figueira da Foz, herói da guerra contra as tropas de Napoleão Bonaparte, juiz na cidade do Porto e fundador do Sinédrio, organização secreta de inspiração maçônica em que foi tramada a Revolução Liberal de 1820. Um dos expoentes das cortes constituintes, morreu aos 51 anos em novembro de 1822, dois meses depois da Independência do Brasil. Estava tão pobre que não tinha dinheiro para comer. Seus amigos e correligionários tiveram de promover uma lista nacional de doação para custear as despesas fúnebres. "Um cidadão extremado, um homem único, um benemérito da Pátria, um libertador de um povo escravo", escreveu sobre ele o poeta português Almeida Garrett, que uma década mais tarde serviria como soldado nas tropas liberais de dom Pedro I (Pedro IV de Portugal) na guerra civil contra os absolutistas de dom Miguel.[13] Outro líder das cortes, o também ex-seminarista e advogado José da Silva Carvalho, vinha de modesta família de agricultores da aldeia de Viseu, região de Beiras. Com Fernandes Tomás, ajudou a fundar o Sinédrio e a deflagrar a revolução que colocaria a quase milenar monarquia portuguesa de joelhos.

Do Brasil também seguiram alguns dos homens mais revolucionários de sua época. A lista incluía diversos republicanos, participantes da Revolução Pernambucana de 1817, caso de José Martiniano de Alencar, deputado pelo Ceará, do vigário Virgínio Rodrigues Campelo, representante da Paraíba, do monsenhor Francisco Muniz Tavares, da delegação de Pernambuco, e de Antônio Carlos Ribeiro de Andrada e Silva (o irmão de José Bonifácio), eleito por São Paulo. Todos tinham acabado de sair da cadeia, depois de cumprir penas que variavam de três a quatro anos em regime fechado. Pela Bahia foram o médico e jornalista Cipriano José Barata de Almeida, o "Baratinha", agitador político que passaria boa parte da vida atrás das grades, e o padre

Francisco Agostinho Gomes, suspeito de envolvimento na Conjuração Baiana de 1798, também conhecida como Revolta dos Alfaiates. Pelo Rio de Janeiro, o advogado Joaquim Gonçalves Ledo, líder da maçonaria, em cujas lojas seriam tramados os eventos mais cruciais do ano da Independência. Na delegação de Minas Gerais, que não chegou a embarcar, havia o deputado José de Rezende Costa, o filho, participante da Inconfidência Mineira, punido com a pena de dez anos de degredo em Cabo Verde, na África.

É curiosa a alta proporção de padres na delegação brasileira, 30% do total entre deputados e suplentes, prova de que a Igreja se constituía como um dos pilares da revolução em andamento na colônia. Fazendeiros, advogados e médicos compunham outros 30%. Os magistrados, 20%; os militares, 10%; cabendo aos funcionários públicos e professores os 10% restantes.[14] Só a representação de São Paulo levou instruções à Constituinte portuguesa. Elaborado por José Bonifácio, com o título de "Lembranças e Apontamentos do Governo Provisório para os Senhores Deputados da Província de São Paulo", o documento, entre outras propostas, defendia "a integridade e a indivisibilidade do Reino Unido" e a igualdade de direitos entre brasileiros e portugueses. No Brasil haveria um governo centralizado ao qual se submeteriam todas as províncias.[15]

Ao desembarcar em Lisboa, já na segunda metade de 1821, no entanto, os deputados brasileiros foram surpreendidos por diversas decisões tomadas pelas cortes na sua ausência. Todas tinham o objetivo de recolonizar o Brasil cassando os privilégios e benefícios concedidos por dom João VI nos anos anteriores. Ao agir dessa forma, os representantes portugueses haviam quebrado a promessa, contida no edital de convocação, de não tocar em assuntos de interesse do Brasil antes da chegada de seus representantes.

Em um esforço deliberado de fragmentar o território brasileiro como forma de mais facilmente controlá-lo, no dia 24 de abril de 1821 as cortes haviam decidido dividir o Brasil em províncias autônomas. Cada uma delas elegeria sua própria junta provisória de governo, que responderia diretamente a Lisboa, sem dar satisfações ao príncipe regente dom Pedro. Ao saber que o Pará aderira à revolução constitucionalista, o deputado Fernandes Tomás propôs que aquela parte do território passasse a ser chamada de província de Portugal, sem nenhum vínculo com o restante do Brasil. O projeto fora aprovado no dia 5 de abril de 1821, antes que os deputados brasileiros chegassem a Lisboa em condições de contestá-lo.[16] "Realizava-se assim o plano aos poucos revelado de dividir o Brasil, de anulá-lo e de fragmentá-lo em meras províncias ultramarinas de Portugal", anotou Octávio Tarquínio de Sousa.[17] No Rio de Janeiro, dom Pedro sentia-se cada vez mais isolado. "Fiquei regente, e hoje sou capitão-general, porque governo só a província (do Rio de Janeiro)", iria queixar-se meses mais tarde em carta ao pai, dom João vi.[18]

As medidas mais drásticas saíram no dia 29 de setembro. Anulavam os tribunais de Justiça e outras instituições criadas por dom João no Rio de Janeiro, restabeleciam o antigo sistema de monopólio comercial português sobre os produtos comprados ou vendidos pelos brasileiros e, por fim, determinavam que o príncipe regente dom Pedro voltasse imediatamente a Lisboa e dali passasse a viajar incógnito por Espanha, França e Inglaterra. Para assegurar que suas resoluções fossem cumpridas, em outubro as cortes nomearam novos governadores de armas para cada província, na prática interventores militares encarregados de preservar a ordem e sufocar qualquer tentativa de autonomia, que, igualmente, só obedeceriam a ordens de Lisboa. A soma de todas essas decisões devolvia o Brasil à condição de colônia de Portugal, que vigorava até a chegada da corte, em 1808.

O tom dos discursos entre os deputados portugueses era incendiário. Ao pedir mais tropas para a Bahia na sessão de 21 de maio de 1822, José Joaquim Ferreira de Moura afirmou que a população brasileira era "composta de negros, e de mulatos, e de crioulos e de europeus de diferentes caracteres",[19] ou seja, gente de segunda classe, a ser tratada a pau e chicote. Pouco mais de um mês depois, Xavier Monteiro chamava dom Pedro de "um mancebo vazio de experiência, arrebatado pelo amor da novidade e por um insaciável desejo de figurar, vacilante em princípio, incoerente em ação, contraditório em palavras".[20] Com um tom ainda mais duro, outro representante português, Barreto Feio, se referia ao herdeiro da Coroa como "um mancebo ambicioso e alucinado à testa de um punhado de facciosos".[21] No dia da discussão do decreto que determinava a volta de dom Pedro a Lisboa, Fernandes Tomás alertou que "o Soberano Congresso não dá ao príncipe opiniões, mas ordens". E arrematava de forma insolente: "Não és digno de governar, vai-te!".[22]

Nessa época, as comunicações entre Brasil e Portugal eram muito lentas. Uma viagem de Salvador a Lisboa demorava 65 dias. Do Rio de Janeiro, setenta dias. Por isso, é natural que os deputados brasileiros demorassem meses a tomar posse e, uma vez instalados em Lisboa, tivessem dificuldades em saber das novidades políticas no Brasil. O mesmo acontecia com as decisões das cortes que afetavam os interesses brasileiros. Por essa razão, só no dia 9 de dezembro de 1821 o navio *Infante Dom Sebastião* atracou no Rio de Janeiro com as notícias de que as repartições governamentais no Brasil seriam fechadas e que dom Pedro deveria embarcar para Lisboa.

A reação dos brasileiros ao tomar conhecimento de notícias tão humilhantes e contrárias aos seus interesses foi de revolta. Manifestos e abaixo-assinados contra as cortes e pedindo a permanência de dom Pedro no Brasil começaram a ser organizados em São Paulo, Minas Gerais e na própria capital. "O Rio de Janeiro fervilhava com panfletos, jornais, clubes, sociedades pregando a separação", apontou o historiador Hernâni Donato.[23] Encarregado de negócios da Áustria no Brasil, o barão Wenzel de Mareschal registrou em suas anotações de 24 de outubro de 1821: "É incrível como as medidas das cortes lograram em tão pouco tempo desorganizar inteiramente este país e criar um ódio profundo contra o nome português, de par com um espírito de independência impossível de comprimir mais longamente".[24]

No Rio de Janeiro, o centro da conspiração era uma modesta cela no Convento de Santo Antônio, situado no largo da Carioca. Seu ocupante, frei Francisco de Santa Teresa de Jesus Sampaio, era ligado à maçonaria e foi o autor da representação que, em nome dos habitantes da cidade, seria entregue ao príncipe pedindo que ficasse no Brasil. Ao todo, o abaixo-assinado tinha 8 mil assinaturas — número espantoso para uma cidade de apenas 120 mil habitantes. A data escolhida, 9 de janeiro de 1822, passaria para a história como o Dia do Fico. Ao receber o documento das mãos do presidente do Senado da Câmara, José Clemente Pereira, dom Pedro anunciou a decisão de permanecer no Brasil, contrariando as ordens das cortes.

A famosa declaração do Fico envolve um mistério. Segundo o historiador Tobias Monteiro, ao receber o abaixo-assinado, dom Pedro teria dito: "Convencido de que a presença de minha pessoa no Brasil interessa ao bem de toda a nação portuguesa, e conhecido que a vontade de algumas províncias assim o requer, demorarei a minha saída até que as cortes e o meu Augusto Pai e Senhor deliberem a este respeito, com perfeito conhecimento das circunstâncias que têm ocorrido". Essa é a versão constante dos autos da vereação e do edital publicados no mesmo dia — uma resposta prudente, sem rompimentos, na qual invocava "o bem de toda a nação portuguesa". Misteriosamente, no dia seguinte um novo edital foi publicado com palavras mais enérgicas. "Como é para bem de todos e felicidade geral da nação, estou pronto: diga ao povo que fico!", teria sido a resposta de dom Pedro. Não se sabe quem mudou, mas a nova versão estava mais de acordo com as expectativas dos maçons do Rio de Janeiro, mentores do abaixo-assinado.[25]

Os brasileiros mal tiveram tempo de comemorar o Fico. Na tentativa de forçar o príncipe a recuar e obedecer às ordens das cortes, o general Jorge de Avilez Juzarte de Sousa Tavares, comandante da Divisão Auxiliadora, principal guarnição militar portuguesa no Rio de Janeiro, ocupou o morro do Castelo, elevação que antigamente dominava o centro e a zona portuária da cidade. Na porta do Teatro de São João, onde dom Pedro compareceu na noite do dia 11, o tenente-coronel português José Maria da Costa lançou um desafio: "Havemos de levá-lo pelas orelhas", gritou. "A tropa vai cercá-lo e prendê-lo." Referia-se a um plano secreto, urdido por parte das tropas, de sequestrar o príncipe e levá-lo à força para bordo da fragata *União*, já preparada para transportá-lo com a família de volta para Lisboa.[26]

A cidade amanheceu em clima de guerra, com brasileiros e portugueses prontos para a batalha. No lado brasileiro, concentradas no campo de Santana (atual praça da República) havia 8 mil pessoas em armas, incluindo soldados, mas também "frades a cavalo armados de pistolas, facas e simples paus, [...] negros carregando capim e milho para os animais ou levando à cabeça tabuleiros de doces e refrescos para os homens", na descrição da viajante inglesa Maria Graham.[27] Os portugueses eram em número menor — cerca de 2 mil soldados — porém mais bem treinados e organizados. No mesmo dia, os ânimos enfim se acalmaram com a notícia de que o general Avilez se dispunha a retirar seus homens para Praia Grande, em Niterói, do outro lado da baía da Guanabara. Foi um grande alívio. O comércio reabriu as

**Aclamação de dom João VI no Rio de Janeiro:
o espírito da Independência pairava sobre os brasileiros**

Aclamação do rei D. João VI, no Rio de Janeiro, de Jean-Baptiste Debret. Litografia de Thierry Frères.
Acervo: Biblioteca Brasiliana Guita e José Mindlin

**Napoleão em Friedland, do francês Jean-Louis Ernest Meissonier,
obra na qual Pedro Américo se inspirou para fazer sua famosa pintura**

1807, Friedland, de Jean-Louis Ernest Meissonier. Acervo: The Metropolitan Museum of Art

**_Independência ou morte_, de Pedro Américo:
suspeita de plágio na cena da Independência do Brasil**

Independência ou morte, de Pedro Américo. Fotografia: Hélio Nobre/José Rosael.
Acervo: Museu Paulista da USP

Aclamação de dom Pedro I no Paço Imperial, por Debret: imperador e herói do Brasil aos 23 anos

Aclamação de D. Pedro I, de Jean-Baptiste Debret. Acervo: Fundação Biblioteca Nacional – Brasil

**Embarque da corte portuguesa em Lisboa, em 1807:
o vendaval das transformações na Europa chegava ao Brasil**

S. M. El Rei D. João VI, e toda a família real, embarcando para o Brasil, no cais de Belém, em 27 de novembro de 1807, de Constantino de Fontes. Acervo: Biblioteca Nacional de Portugal, cota: E. 3550 P

Dom Pedro criança, em 1804, retratado pela tia-avó Maria Francisca Benedita

Retrato de D. Pedro (criança), de Maria Francisca Benedita. Acervo: Biblioteca do Instituto de Estudos Brasileiros, USP

Dom Pedro aos dezoito anos

Retrato do príncipe dom Pedro aos dezoito anos condecorado com o Tostão de Ouro, de Jean-Baptiste Debret. Acervo: Geneviève e Jean Boghici, Rio de Janeiro (coleção particular)

Dom Pedro: caráter indomável abatido apenas pelos ataques de epilepsia

S. A. R. o sereníssimo príncipe D. Pedro, príncipe real do Reino Unido de Portugal, Brasil e Algarves, de Charles-Simon Pradier. Acervo: Fundação Biblioteca Nacional – Brasil

**O jovem dom Pedro
no Rio de Janeiro**

D. Pedro 1, têmpera de Jean-Baptiste Debret.
Acervo: Museu Imperial/Ibram/MinC/nº 11/2015

**Dom Pedro era um soberano de
discurso liberal e prática autoritária,
admirador de Napoleão**

*Dom Pedro Primeiro, Imperador Constitucional
e defensor perpétuo do Brasil*, de Simplício
Rodrigues de Sá; gravado por Edwardo Smith,
em Liverpool. Acervo: Biblioteca Nacional
de Portugal, cota: E. 200 A

Dom Pedro: imperador constitucional do Brasil

Dom Pedro I – Imperador constitucional e defensor perpétuo do Brasil. Rei de dois povos em dois mundos grandes, de Domingos António de Sequeira.
Acervo: Fundação Biblioteca Nacional – Brasil

Dom Pedro, como duque de Bragança, após abdicar ao trono brasileiro

Dom Pedro, duque de Bragança, de L. de Bénard. Acervo: Biblioteca Nacional de Portugal, cota: E. 71 P

Dom Pedro: chefe militar dedicado e carismático

S. M. I. o senhor D. Pedro, duque de Bragança, de Maurício José do Carmo Sendim. Acervo: Biblioteca Nacional de Portugal, cota: E. 195 A

Dom Pedro comandou as tropas liberais contra seu irmão dom Miguel e os absolutistas

S. M. I. o senhor D. Pedro, duque de Bragança, de Maurício José do Carmo Sendim. Acervo: Biblioteca Nacional de Portugal, cota: E. 197 A

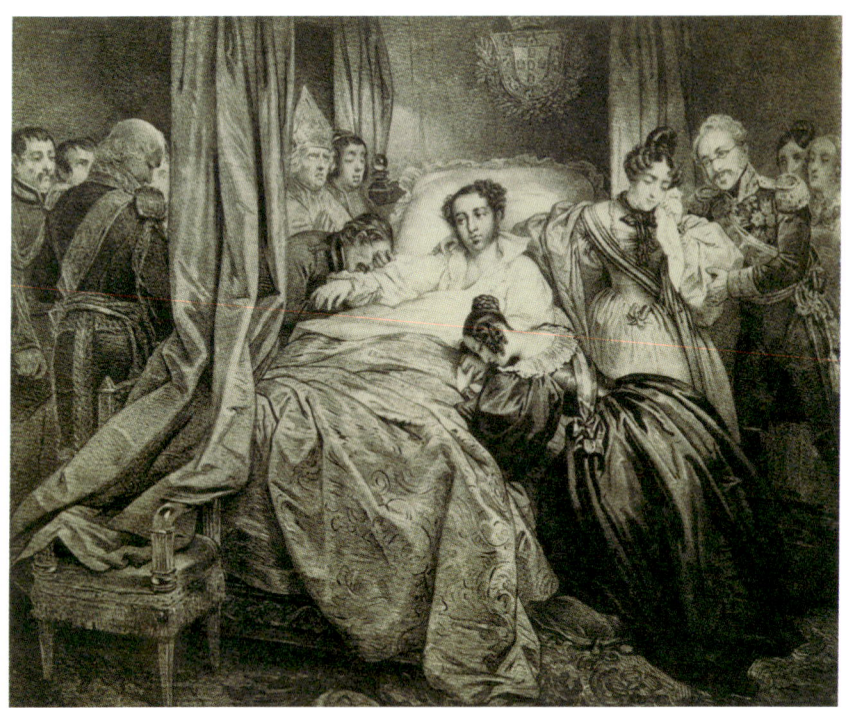

Semblante envelhecido e morte precoce no palácio de Queluz

Morte de D. Pedro, 24 de setembro de 1834, de Nicolas-Eustache Maurin. Acervo: Biblioteca do Instituto de Estudos Brasileiros, USP

Coroação de dom Pedro I em dezembro de 1822: a imagem de herói seria abalada pelo fechamento da Constituinte e pelos escândalos na vida pessoal

Coroação de D. Pedro I, de Jean-Baptiste Debret. Acervo: Ministério das Relações Exteriores do Brasil. Palácio do Itamaraty, Brasília

Sessão das cortes de Lisboa em 1822: o radicalismo dos portugueses precipitou a Independência do Brasil

Sessão das cortes de Lisboa, de Oscar Pereira da Silva. Fotografia: Hélio Nobre/José Rosael. Acervo: Museu Paulista da USP

O português Manuel Fernandes Tomás: ex-seminarista e maçom, morreu pobre, sem dinheiro para comer

Cortes Constituintes de 1821, de Veloso Salgado. Pormenor apresentando Manuel Fernandes Tomás. © Arquivo fotográfico da AR – Portugal

Desembarque da princesa Leopoldina no Rio de Janeiro: demonstração de prestígio da corte exilada nos trópicos

Desembarque de S. A. a princesa real do Reino Unido, Portugal e Algarves na cidade do Rio, de Hippolyte Taunay. Acervo: Fundação Biblioteca Nacional – Brasil

Leopoldina: culta e sensata, tinha tudo o que dom Pedro valorizaria em uma mulher, menos o fundamental

Retrato da imperatriz D. Leopoldina, de Josef Kreutzinger. Acervo: Kunsthistorisches Museum Wien

Três mulheres decisivas na vida de dom Pedro I (da esquerda para a direita): a primeira imperatriz, Leopoldina; a mãe, Carlota Joaquina; e a segunda imperatriz, Amélia

Arquiduquesa Leopoldina. Rainha Carlota. Princesa dona Amélia, de Jean-Baptiste Debret. Litografia de Thierry Frères. Acervo: Biblioteca Brasiliana Guita e José Mindlin

A princesa Leopoldina chegou iludida ao Brasil, morreu jovem, triste e abandonada pelo marido

D. Pedro e D. Leopoldina, de Simplício Rodrigues de Sá. Acervo: Biblioteca do Instituto de Estudos Brasileiros, USP

Dona Leopoldina rodeada pelos filhos

Retrato de D. Leopoldina de Habsburgo e seus filhos, de Domenico Failutti. Fotografia: Hélio Nobre/José Rosael. Acervo: Museu Paulista da USP

José Bonifácio: o Patriarca

Retrato de José Bonifácio de Andrada e Silva, de Benedito Calixto.
Fotografia: Hélio Nobre/José Rosael.
Acervo: Museu Paulista da USP

Dona Maria II, filha de dom Pedro e rainha de Portugal

D. Maria II, rainha de Portugal, de António Joaquim de Santa Bárbara.
Acervo: Biblioteca Nacional de Portugal, cota: E. 211 A

portas e a cidade voltou a funcionar. Dom Pedro mandou bloquear as tropas de Avilez por terra e mar e determinou que embarcassem para Lisboa, ordem que o general cumpriu no dia 15 de fevereiro.

Um mês mais tarde, no dia 5 de março, um novo esquadrão português, comandado por Francisco Maximiliano de Souza, apareceu na entrada da baía da Guanabara. Trazia 1.200 soldados destinados a substituir as forças do general Avilez. Uma vez mais, dom Pedro se manteve inflexível. Os navios entraram na baía, mas tiveram de ficar ao largo sob a pontaria dos canhões das fortalezas cariocas e com suas tropas impedidas de desembarcar. Os oficiais só puderam ir a terra depois de jurar obediência ao príncipe regente. Os navios foram reabastecidos, os soldados receberam seus soldos e, no dia 23 de março, todos zarparam novamente para Lisboa. Mas deixaram para trás uma preciosa contribuição para as forças da nascente Marinha brasileira: a fragata real *Carolina*, com 44 canhões.

O primeiro grande enfrentamento entre portugueses e brasileiros resultou numa tragédia familiar que abalou profundamente o ânimo de dom Pedro. Assustado com os rumores sobre o plano de sequestro durante o motim da Divisão Auxiliadora, dom Pedro decidira proteger a família enviando a princesa Leopoldina para a Real Fazenda de Santa Cruz, mais afastada da cidade. Foi uma viagem desconfortável, por estradas esburacadas e sob o calor sufocante do alto verão carioca. Grávida de oito meses, Leopoldina levava nos braços o filho mais velho, João Carlos, de apenas dez meses, frágil e doente. O principezinho, herdeiro do trono, morreu no dia 4 de fevereiro depois de 28 horas seguidas de convulsões.[28]

Ao dar a notícia ao recém-nomeado ministro José Bonifácio, dom Pedro mostrava-se inconsolável:

Chorando escrevo esta a dizer-lhes que venham amanhã, às horas de costume, porque eu lá não posso ir, visto o meu querido filho (estar) exalando o último suspiro e assim não durará uma hora. Nunca tive — e Deus permita que não tenha outra — ocasião igual a esta como foi o dar-lhe o último beijo e deitar-lhe a última bênção paterna. Calcule, pelo amor que tem à sua família e ao meu filho, qual será a dor que transpassa o coração.[29]

Em outra carta, ao pai dom João VI, acusou as tropas portuguesas e prometeu vingança: "A Divisão Auxiliadora [...] foi a que assassinou o meu filho, o neto de Vossa Majestade. Em consequência, é contra ela que levanto a minha voz".[30]

A partir daí, as relações entre brasileiros e portugueses azedaram de vez. Em Lisboa, os deputados brasileiros eram alvos de zombaria nas ruas e vaiados no recinto das cortes.[31] Irritado com esse tratamento, o baiano Cipriano Barata avisou na sessão de 1º de julho de 1822: "E que fazemos nós, brasileiros? Nada mais nos resta senão chamarmos Deus e a Nação por testemunhas, cobrirmo-nos de luto, pedirmos nossos passaportes e irmos defender nossa pátria".[32] Em outubro, o ambiente se tornara de tal forma insuportável que Cipriano e outros seis deputados fugiram, sem passaporte, para a Inglaterra e, de lá, embarcaram de volta para o Brasil.[33]

Com a expulsão do general Avilez e a proibição de desembarque das tropas de reforço enviadas por Lisboa, o Rio de Janeiro e grande parte das regiões Sul e Sudeste estavam livres de qualquer pressão militar. No dia 16 de janeiro, uma semana após o Dia do Fico, dom Pedro organizou seu primeiro governo no Brasil. Era liderado pelo paulista José Bonifácio, o homem cujos conselhos e influência seriam decisivos nas ações do príncipe no caminho para a independência. Bonifácio agiu rápido. Com uma série de decretos, restaurou a administração das diversas províncias a partir do Rio de Janeiro. Também anunciou que a execução de qualquer ordem das cortes seria ilegal sem o prévio consentimento do príncipe regente. Por fim, convocou um "Conselho de Procuradores-Gerais das Províncias", logo substituído por uma Assembleia Constituinte encarregada de elaborar as primeiras leis do futuro Brasil independente. Eram todas decisões típicas de um país já autônomo, que desautorizava qualquer interferência de Portugal nos seus destinos.

Em maio, dom Pedro aceitou o título de "Defensor Perpétuo e Protetor do Brasil", que lhe foi oferecido também por iniciativa da maçonaria. Na primeira semana de agosto, o príncipe lançou um manifesto aos brasileiros. Redigido pelo maçom Gonçalves Ledo, o texto dizia que estava acabado "o tempo de enganar os homens" e terminava com o seguinte brado: "Habitantes deste vasto e poderoso Império — está dado o grande passo para vossa independência e felicidade [...] já sois um povo soberano". Um segundo manifesto, no mesmo tom, foi dirigido "aos governos e nações amigas". Ao enviar cópia do documento aos diplomatas residentes no Rio de Janeiro, José Bonifácio anunciou que "o Brasil se considera tão livre como o reino de Portugal, sacudido o jugo da sujeição e inferioridade com que o reino irmão o pretendia escravizar [...] passando a proclamar solenemente sua independência".[34]

As cortes responderam no mesmo tom. Proibiram o embarque de armas e reforços para as províncias obedientes ao Rio de Janeiro e determinaram que dom Pedro dissolvesse o novo governo, cancelasse a convocação da Constituinte e prendesse os ministros contrários às decisões de Lisboa. Em discurso contra os "facciosos e rebeldes" brasileiros, o deputado Borges Carneiro ameaçou: "Mostre-se que ainda temos um cão de fila, ou leão, tal que, se o soltarmos, há de trazê-los a obedecer às cortes, ao rei e às autoridades constituídas".[35] Foram essas as ordens insolentes que dom Pedro recebeu das mãos do esbaforido mensageiro Paulo Bregaro ao cair da tarde de 7 de setembro de 1822, às margens do riacho Ipiranga.

A JORNADA QUE LEVARIA DOM Pedro às margens do Ipiranga começou algumas semanas após o Dia do Fico, 9 de janeiro de 1822, nas montanhas de Minas Gerais. No dia 25 de março, o príncipe saiu às pressas do Rio de Janeiro, alarmado com as notícias de uma rebelião nas cidades mineiras chefiada por dois portugueses, o tenente-coronel José Maria Pinto Peixoto, comandante da guarnição de Vila Rica (atual Ouro Preto), e o juiz de fora Cassiano Esperidião de Melo Matos. Havia receios de que a junta de governo de Minas Gerais estivesse preparando a separação da província do restante do Brasil. Era preciso agir rápido. Região mais populosa do país, com cerca de 600 mil habitantes, era também uma das mais poderosas do ponto de vista político e econômico. A falta de apoio dos mineiros colocaria por terra todos os planos arquitetados no Rio de Janeiro por dom Pedro e José Bonifácio.

Dom Pedro viajou munido apenas de cara e coragem. Ao partir estava acompanhado de apenas dez pessoas, incluindo o padre Belchior, que mais tarde seria testemunha do Grito do Ipiranga. Era, portanto, uma aventura de alto risco: um sequestro ou atentado ao herdeiro da Coroa portuguesa comprometeria todo o processo de Independência do Brasil. Foi uma viagem, além de arriscada, muito desconfortável. Maria Graham, viajante inglesa que na época esteve no Brasil, conta que dom Pedro viajava "o dia inteiro, por estradas precárias e perigosas, molhado até os ossos pelas chuvas tropicais", e que ao entardecer contentava-se em "jantar um bocado de toucinho e farinha de mandioca". À noite, dormia em lugares improvisados, usando como cama uma porta ou uma janela arrancada da parede para protegê-lo do chão frio.[1]

Nada disso parecia abalar o ânimo de dom Pedro. Ao contrário, estava fascinado com o que via pelo caminho. Era a primeira vez que o príncipe se embrenhava pelo interior do Brasil desde que chegara ao Rio de Janeiro, em 1808, na época um menino de apenas nove anos, na companhia do pai, dom João, e da mãe, Carlota Joaquina. Até então desconhecia por completo a paisagem e os habitantes do interior do país que o pai havia deixado aos seus cuidados ao voltar a Lisboa em 1821. Ao passar pela fazenda do padre Correia, no alto da serra fluminense, ficou tão encantado com o lugar que mais tarde compraria a propriedade vizinha, chamada fazenda do Córrego Seco. Ali seria criada a cidade de Petrópolis, onde seu filho, Pedro II, se refugiaria no verão com a corte do Segundo Reinado.

Antes de partir, ouvira um conselho curioso do paulista José Bonifácio: "Não se fie, Vossa Alteza Real, em tudo o que lhe disserem os mineiros, pois passam no Brasil pelos mais finos trapaceiros do universo, fazem do preto branco, mormente nas atuais circunstâncias em que pretendem mercês e cargos públicos".[2] O presságio, felizmente, não se cumpriu. Os mineiros o acolheram de braços abertos. Dom Pedro percorreu Barbacena, São João del-Rei, Vila Rica e outras localidades menores. Foi aclamado e festejado por onde passou. Ao chegar a Vila Rica, em vez de enfrentar qualquer resistência, foi recebido de joelhos pelo coronel Pinto Peixoto, que a partir daquele momento se tornou um de seus mais fiéis aliados. Melo Matos, o outro chefe rebelde, foi preso e despachado para o Rio de Janeiro.

Encerrada a jornada vitoriosa, dom Pedro voltou à capital em disparada, percorrendo 530 quilômetros em apenas quatro dias e meio. Chegou ao anoitecer do dia 25 de abril ainda com disposição para ir ao teatro à noite anunciar que a situação em Minas estava calma. Foi recebido em delírio pela plateia, que lotava o lugar. Repetiria a façanha após o Grito do Ipiranga, ao cruzar os cerca de quinhentos quilômetros entre São Paulo e o Rio de Janeiro em cinco dias, trajeto que um correio da época fazia normalmente em oito. As cavalgadas épicas asseguraram ao príncipe a lealdade do coração geográfico do Brasil formado por São Paulo, Minas Gerais e Rio de Janeiro. Seriam estas três províncias que garantiriam o apoio sólido à Independência depois do Grito do Ipiranga, ameaçada pelas cortes de Lisboa e vista com certa desconfiança nas demais regiões, que ainda relutavam entre os interesses da antiga metrópole e os do novo Brasil.

A segunda viagem ao interior do Brasil, rumo a São Paulo, começou no dia 14 de agosto, três semanas antes do Grito do Ipiranga. O objetivo, como na ocasião anterior, era apaziguar os ânimos na província, dividida entre dois grupos políticos, um ligado à família do ministro José Bonifácio e o outro, ao coronel Francisco Ignácio de Sousa Queiroz, comandante da força pública e aliado de João Carlos Augusto de Oeynhausen, presidente da Junta Provisória local. Também, nesse caso, a comitiva era diminuta. Ao partir do Rio de Janeiro, ainda sem guarda de honra, dom Pedro estava acompanhado de apenas outras cinco pessoas.[3]

O grupo foi aumentando à medida que se aproximava de São Paulo. Na localidade de Venda Grande juntaram-se à comitiva o tenente-coronel Joaquim Aranha Barreto de Camargo e o padre Belchior. Numa demonstração de apoio a José Bonifácio, logo na primeira noite de viagem, na Real Fazenda de Santa Cruz, dom Pedro negou-se a receber Oeynhausen, o presidente da junta paulista, que por ali passava a caminho do Rio de Janeiro. Em vez disso, ordenou que seguisse direto e se apresentasse à princesa Leopoldina e ao próprio Bonifácio. Passou a segunda noite na fazenda Olaria, em São João Marcos. Situada nas proximidades da divisa do Rio de Janeiro com São Paulo, essa cidade foi despovoada e demolida para a construção de uma usina hidrelétrica em 1943. Hoje, parte dela jaz no fundo da represa de Ribeirão das Lajes. O terceiro pernoite foi na fazenda das Três Barras, em Bananal.

A escala seguinte foi Areias, onde o príncipe trocou os animais. Em Lorena, quinto pouso desde a partida, lavrou um decreto dissolvendo o governo provisório paulista e dispensou uma guarda de honra, composta de 32 soldados e organizada pelo coronel Francisco Ignácio, adversário de José Bonifácio. No sexto dia, estava em Guaratinguetá e, no sétimo, em Pindamonhangaba. Depois passou por Taubaté, Jacareí, Mogi das Cruzes e, finalmente, Penha, atualmente um bairro da zona leste de São Paulo.

Em todas essas localidades foi recebido com festa, curiosidade e homenagens. Era a primeira vez que a população simples do Vale do Paraíba e de cidades vizinhas via um membro da família real portuguesa. Todos se surpreendiam com a simplicidade e os modos quase grosseiros do príncipe regente. Apesar da solenidade do momento e das consequências dramáticas que a viagem teria na história do Brasil, em algumas ocasiões dom Pedro se comportava como um adolescente em viagem de férias.

A certa altura da jornada, na travessia de um rio, em vez de embarcar na balsa enfeitada que os moradores haviam colocado à disposição da comitiva, esporeou o cavalo e entrou direto na água. Chegou rapidamente à outra margem, molhado até a cintura. Diante do espanto das pessoas que testemunhavam a cena, perguntou quem teria roupas do seu tamanho. Apresentou-se um rapaz chamado Adriano Gomes Vieira de Almeida. Sem fazer cerimônias, dom Pedro pediu-lhe que tirasse as calças. "Pois bem, troquemos nossos calções", disse. Feita a troca, seguiu viagem com as calças secas, enquanto Adriano ficava para trás, encharcado mas orgulhoso de ter prestado um favor ao príncipe.[4]

Em Água Preta, alguns quilômetros antes de Pindamonhangaba, um grupo de cavaleiros foi lhe dar as boas-vindas. Dom Pedro ficou encantado com a beleza dos cavalos e saiu em disparada com todo o grupo. Um dos cavaleiros, mais idoso e cansado, ficou para trás. O príncipe voltou e, em meio a gargalhadas, foi chicoteando o animal até a entrada da cidade, obrigando-o a acompanhar o restante da comitiva. Em Taubaté, escapou durante a noite para visitar uma prostituta. Dias mais tarde, já em Santos, encantou-se com uma jovem mulata ao atravessar uma rua. Cercou-a fazendo galanteios e tentou segurá-la pelos braços. Irritada e sem reconhecer o príncipe, a moça desferiu-lhe uma bofetada e saiu correndo. Em vez de se ofender, dom Pedro procurou informações sobre a mulher até descobrir que se tratava de uma escrava, mucama de estimação de uma das famílias mais conhecidas da cidade. Ainda tentou comprá-la, sem sucesso.[5]

Ao chegar à localidade da Penha, despachou o alferes Canto e Melo e o ajudante Gomes da Silva para a capital com o objetivo de sondar o que se passava. Os dois retornaram à meia-noite dizendo que estava tudo tranquilo. No dia seguinte, assistiu à missa e ditou algumas ordens ao secretário Saldanha da Gama. Entrou em São Paulo acompanhado da guarda de honra que a população do Vale do Paraíba havia organizado na sua passagem. A cidade se enfeitou para homenagear o príncipe. Recebido debaixo de um pálio, acompanhou um *Te Deum* na igreja da Sé. Depois se dirigiu ao Palácio do Governo, construção no Pátio do Colégio demolida mais tarde, para um beija-mão, antiga cerimônia da monarquia portuguesa popularizada no Brasil por dom João VI nos treze anos de permanência da corte portuguesa no Rio de Janeiro. Na noite do dia 25, os prédios públicos e diversas casas do centro da cidade colocaram luminárias nas janelas. Na Câmara Municipal, dom Pedro foi saudado pelo vereador Manuel Joaquim de Ornelas, que, segundo Octávio Tarquínio de Sousa, em "detestável retórica" chamou-o de "astro luminoso que, raiando do nosso horizonte, vem dissipar para sempre, com os seus brilhantes raios, as negras e espessas sombras que o cobriam".[6]

A São Paulo que hospedou dom Pedro era ainda "uma pequena cidade, quase aldeia, de âmbito acanhado e de ruas pouco extensas, estreitas e tortuosas", na descrição do historiador Afonso A. de Freitas.[7] Com 28 ruas, dez travessas, sete pátios, seis becos e 1.866 casas, o vilarejo abrigava na área urbana somente 6.920 habitantes. Incluindo os arrabaldes mais afastados e a zona rural, a população não passava de 20 mil pessoas. Na zona oeste, extensão da atual rua da Consolação, estavam os bairros de Piques, Pinheiros, Emboaçava e Pirajuçara, com um total de 157 casas e 767 moradores. Na zona leste, do outro lado do rio Tamanduateí, os bairros do Brás, Pari e Tatuapé, com 36 casas e 186 habitantes.

Entre os profissionais relacionados no precário censo populacional de São Paulo no ano da Independência aparecem sete médicos, três boticários (farmacêuticos), dois advogados, nove professores, um tabelião, 92 costureiras, 48 rendeiras, 46 negociantes, um fabricante de colchas de algodão, 24 carpinteiros, 21 alfaiates, quinze ferreiros, vinte sapateiros, três violeiros e um barbeiro, que também era sineiro da igreja da Sé.

Havia escassez de homens. As pessoas do sexo feminino totalizavam quase 60% dos paulistanos. Eram 2.916 homens contra 4.004 mulheres. Para complicar o quadro, no primeiro semestre de 1822, a população masculina tinha sido desfalcada pelos 1.200 soldados do batalhão de Caçadores que, a pedido de dom Pedro, São Paulo enviara ao Rio de Janeiro para ajudar na defesa da cidade, ameaçada pelas tropas portuguesas da Divisão Auxiliadora comandada pelo general Jorge de Avilez.[8]

Ao chegar a São Paulo, dom Pedro começou a trabalhar em ritmo acelerado. Convocado para servir no seu gabinete, Joaquim Floriano de Toledo contou que a jornada começava às oito horas da manhã e ia até as duas da madrugada.[9] Como se fosse um prefeito recém-empossado de uma cidade do interior, o príncipe conversava, ouvia e decidia as questões urgentes. Recebeu delegações que foram saudá-lo de Itu, Sorocaba, Campinas e Santos. Ridicularizou o idoso capitão-mor da cidade de Itu, o poeta e latinista Vicente da Costa Taques Góes e Aranha, por achar vergonhosa a forma como estava vestido: um casacão vermelho, camisa de babados, galardões dourados, peruca com rabicho e um espadagão na cintura. Ao vê-lo chegar com essa antiquíssima indumentária, dom Pedro caiu na gargalhada. O capitão se retirou magoado com a grosseria, mas rapidamente o príncipe se arrependeu e foi procurá-lo para pedir desculpas. Alguns meses mais tarde, ainda tentando reparar o estrago, concedeu-lhe duas condecorações, da Ordem do Cruzeiro e da Ordem de Cristo.[10]

No dia 29 de agosto, presidiu a escolha do novo governo provisório. Oeynhausen, o presidente destituído, adversário de Bonifácio, foi reeleito. Dom Pedro respeitou a decisão e, mais tarde, o promoveria a marquês de Aracati. Também nesse dia, o jovem príncipe iniciaria "a mais séria e mais escandalosa de suas aventuras de amor", na definição do historiador Tarquínio de Sousa. Foi seu primeiro encontro com Domitila de Castro Canto e Melo, futura marquesa de Santos, a mulher cuja influência no coração do primeiro imperador brasileiro haveria de mudar os rumos de sua vida e a do próprio país. No dia 5 de setembro, finalmente, desceu a serra do Mar até Santos. E de lá voltou como herói.

Curiosamente, já na noite de 7 de setembro mito e realidade começaram a se misturar na história da Independência brasileira. Como se viu no capítulo inicial deste livro, a aclamação de dom Pedro como primeiro rei brasileiro pelo padre Ildefonso foi decidida às pressas e de forma improvisada nos momentos que se seguiram ao Grito do Ipiranga. A história oficial, no entanto, se encarregou de propagar a versão de que essa teria sido uma noite épica, de celebrações, discursos e composições inspiradas. Entre outras proezas, o próprio dom Pedro teria composto, ensaiado e executado o atual Hino da Independência, aquele que até tempos atrás todo estudante adolescente conhecia de memória.

Dom Pedro era de fato um músico talentoso, capaz de fazer composição de qualidade bastante razoável para a época. Ainda assim, seria extraordinário que no intervalo de apenas cinco horas, entre o Grito do Ipiranga e o início do espetáculo no teatrinho do Pátio do Colégio, tivesse composto e ensaiado um hino de estrutura relativamente complexa como o da Independência. Isso jamais aconteceu. "Este caso da composição do Hino é lenda imaginada pela bajulação cortesã", escreveu o historiador Alberto Sousa, autor de uma alentada biografia da família Andrada publicada em 1922.[11] Segundo ele, dom Pedro já teria partido do Rio de Janeiro com a música que seria executada naquela noite. Era o Hino Constitucional Português, de autoria do maestro Marcos António Portugal, amigo e professor do príncipe regente — o que confirma a hipótese de certa premeditação nos acontecimentos do dia 7.

A música do atual Hino da Independência foi composta por dom Pedro, mas numa data posterior ao 7 de setembro de

1822. A letra é de um poema chamado "Brava gente", de autoria de Evaristo Ferreira da Veiga:

Ou ficar a pátria livre
Ou morrer pelo Brasil

No fim do Primeiro Reinado, Evaristo se tornaria um dos grandes jornalistas brasileiros, mas em 1822 trabalhava em uma livraria na rua dos Pescadores, 49, no Rio de Janeiro, e era poeta nas horas vagas. Os versos emprestados ao Hino da Independência faziam parte inicialmente do Hino Constitucional Brasiliense, composto por Evaristo no Rio de Janeiro em 16 de agosto de 1822, portanto dois dias após a partida de dom Pedro para São Paulo. Dificilmente seriam do conhecimento das pessoas que estavam no teatrinho do Pátio do Colégio na noite de 7 de setembro.[12]

O historiador Tarquínio de Sousa diz que as celebrações de 7 de setembro de 1822 em São Paulo se limitaram a declamação de versinhos medíocres, cuja autoria é atribuída ao príncipe. Um dizia:

Por vós, pela Pátria
O sangue daremos.
Por glória só temos
Vencer ou morrer.

Uma segunda construção mitológica na história oficial da Independência é o próprio quadro que celebra o Grito do Ipiranga. A obra de Pedro Américo, hoje exposta no Museu Paulista da Universidade de São Paulo (também conhecido como Museu do Ipiranga), em nada lembra a simplicidade e os transtornos enfrentados por dom Pedro na cena real da Independência descrita pelas testemunhas. No quadro, o príncipe aparece impecavelmente vestido com o uniforme de gala que costumava usar nas cerimônias oficiais montado sobre um belo cavalo cor de canela, muito diferente da "besta baia" citada pelo padre Belchior. A modesta guarda de honra comandada em 1822 pelo coronel Manuel Marcondes de Oliveira Melo deu lugar a um solene grupo de lanceiros envergando uniformes que na época ainda não existiam — só mais tarde seriam desenhados para os "Dragões da Independência", que hoje fazem a segurança da presidência da República em Brasília. Também montados em cavalos fogosos, os soldados descrevem um semicírculo diante do príncipe, que, do alto da colina, aponta a espada para o céu no momento do Grito. À esquerda do quadro, um sertanejo com um carro de bois contempla a cena como se nada entendesse do que estava acontecendo.

O quadro de Pedro Américo foi apresentado ao imperador Pedro II na Academia Real de Belas-Artes de Florença no dia 8 de abril de 1888, ou seja, 66 anos depois da Independência. Também convidada para a cerimônia, a rainha Vitória, da Inglaterra, chegou surpreendentemente atrasada, quando os convidados já se retiravam do edifício. Foi um dos últimos grandes eventos do Império brasileiro. No ano seguinte seria proclamada a República. No texto de apresentação de sua obra, Pedro Américo disse que trocou a "besta baia" por um cavalo alazão porque o animal original não condizia com a cena da Independência. Pela mesma razão, evitou qualquer insinuação de fragilidade do príncipe naquele momento decorrente dos problemas intestinais. "Se tal ocorrência foi com efeito real, e até mereceu atenção do cronista, ela é indigna da história, contrária à intenção moral da pintura, e por consequência imerecedora da contemplação dos pósteros", escreveu o pintor.[13] Em outras palavras, era preciso adaptar a narrativa histórica aos valores que se pretendiam representar no quadro. A versão era mais importante do que a realidade.

Mais tarde se descobriu que a cena não havia sido apenas alterada. A pintura de Pedro Américo era uma cópia quase idêntica de outra obra famosa, o quadro *1807, Friedland*, obra do francês Jean-Louis Ernest Meissonier, hoje exposta no Metropolitan Museum de Nova York.[14] Meissonier havia concluído o quadro em 1875, treze anos antes da obra de Pedro Américo, com o objetivo de celebrar uma famosa vitória do imperador Napoleão Bonaparte. Autora de um estudo sobre o tema, a historiadora Cláudia Valladão de Mattos afirma que, antes de fazer *Independência ou morte*, Pedro Américo "estudou detalhadamente" a tela de Meissonier.[15] No texto de 1888, em momento algum o pintor brasileiro se refere ao trabalho do colega francês.

Começava ali a construção imaginária de um país que nem sempre estaria de acordo com a realidade brasileira.

7. DOM PEDRO

PRIMEIRO IMPERADOR DO BRASIL E 29º rei de Portugal, dom Pedro de Alcântara Francisco Antônio João Carlos Xavier de Paula Miguel Rafael Joaquim José Gonzaga Pascoal Cipriano Serafim de Bragança e Bourbon foi um meteoro que cruzou os céus da história numa noite turbulenta. Deixou para trás um rastro de luz que ainda hoje os estudiosos se esforçam para decifrar. Viveu pouco, apenas 35 anos, mas seu enigma permanece nos livros e nas obras populares que inspirou. Raros personagens passaram para a posteridade de forma tão controversa. Ao longo de dois séculos, sua imagem vem sendo moldada, polida ou desfigurada de acordo com as conveniências políticas de cada momento.

Em 1972, ano do Sesquicentenário da Independência, dom Pedro foi mostrado no filme brasileiro *Independência ou morte* como um herói de porte marcial, sem vacilações ou defeitos, interpretado pelo ator Tarcísio Meira. Era a moldura que lhe cabia num momento em que o governo militar torturava presos políticos, propagandeava o milagre econômico e tentava dourar a história oficial nas disciplinas de educação moral e cívica e organização social e política brasileira. Em 2002, reapareceu na série

O quinto dos infernos, da Rede Globo, transfigurado em jovem boêmio, farrista e mulherengo na pele do ator Marcos Pasquim. Era a imagem que lhe estava reservada numa fase de grandes transformações, em que pela primeira vez um retirante nordestino, sindicalista e metalúrgico chegava ao poder. "Nunca antes na história deste país..." seria o bordão favorito do presidente Luiz Inácio Lula da Silva, numa demonstração de que era preciso reescrever a história para adaptá-la aos novos tempos. O duplo papel de herói e vilão se repete em Portugal, onde dom Pedro iv — nome com o qual assumiu a Coroa portuguesa por brevíssimos sete dias após a morte do pai, em 1826 — ainda hoje é visto com repúdio ou admiração, dependendo das convicções políticas do interlocutor.

Dom Pedro nasceu em 12 de outubro de 1798 no palácio de Queluz, quinze quilômetros ao norte de Lisboa, no mesmo quarto em que haveria de morrer 35 anos mais tarde. Situado no segundo andar do edifício, com janelas que se abrem para os jardins inspirados no palácio de Versalhes, na França, o quarto chama-se Dom Quixote. As paredes e o teto são decorados com cenas das façanhas do personagem criado pelo espanhol Miguel de Cervantes. Um dos mais notáveis heróis românticos de todos os tempos, Dom Quixote de la Mancha enfrentava moinhos de vento, que confundia com gigantes imaginários, e amava de forma incondicional Dulcineia, mulher de reputação duvidosa, como se fosse uma donzela virgem e indefesa. Não poderia haver ambientação mais adequada para o começo e o fim da existência do rei que lutou contra tudo e contra todos, fez a independência de um país, reconquistou outro nos campos de batalha, esforçou-se para modernizar as leis e as sociedades que governou, amou muitas mulheres, dedicou-se à política com paixão, foi bom soldado e chefe carismático, viveu à frente do seu tempo e morreu cedo.

Dom Pedro fez a Independência do Brasil com 23 anos, idade em que hoje a maioria dos jovens brasileiros e portugueses ainda frequenta os bancos escolares. Dez anos depois, estava em Portugal em sangrenta guerra contra o irmão, dom Miguel, que havia usurpado o trono e mergulhado o país em um longo período de terror e perseguições. Nesse meio-tempo, abdicou a duas Coroas — a portuguesa, em 1826, e a brasileira, em 1831. E recusou outras duas: a da Espanha, que lhe foi oferecida três vezes pelos liberais que lutavam contra o rei Fernando vII, e a da Grécia, país que o convidou para, na condição de monarca, liderar a guerra contra os turcos otomanos em 1822.[1] Por onde passou despertou ódios e paixões com igual intensidade. Na Independência, era amado pelos brasileiros e odiado pelos portugueses metropolitanos, que o apontavam como traidor de sua terra natal. Em 1831, ao abdicar ao trono brasileiro, a situação se inverteu. Dom Pedro era odiado pelos liberais brasileiros, que o acusavam de tramar um golpe absolutista, e amado pelos liberais portugueses, que o festejavam como baluarte das liberdades na luta contra o absolutismo de dom Miguel.

Considerava Napoleão Bonaparte — o homem que havia forçado seu pai a fugir de Portugal, em 1807 — o "maior herói da história".[2] Além de admirador, dom Pedro foi parente duas vezes do imperador francês. Sua primeira mulher, a princesa austríaca Leopoldina, era irmã de Maria Luísa, com quem Napoleão havia se casado em segundas núpcias. Quando Leopoldina morreu, dom Pedro casou-se com Amélia, filha de Eugênio de Beauharnais, por sua vez filho de Josefina, primeira mulher do imperador francês. Como seu ídolo, exerceu o poder com mão de ferro e não hesitou em demitir, prender, exilar e reprimir todos os que ousaram contrariar suas vontades. Foi um monarca de discurso liberal e prática autoritária. "Tudo farei para o povo, mas nada pelo povo", afirmou certa vez.[3] Em 1823, dissolveu a Assembleia

Constituinte, que ele mesmo convocara, porque ela não se curvou às suas exigências. No ano seguinte, porém, outorgou ao Brasil uma das constituições mais liberais da época e até hoje a mais duradoura na história do país. Ao morrer, em 24 de setembro de 1834, duas semanas antes de completar 36 anos, deixaria como sucessores dois soberanos, um em cada margem do Atlântico: em Portugal, a filha mais velha, Maria da Glória, coroada com o nome de dona Maria II; no Brasil, o filho Pedro de Alcântara, que assumiria o trono em 1841 como dom Pedro II.

Dom Pedro era um homem moreno, alto, de estatura acima da média, ombros largos, cabelos encaracolados, bigodes e costeletas fartas. No rosto se destacavam os olhos negros e brilhantes. A pele era levemente marcada pelos sinais da varíola, doença à qual sobrevivera na infância. O reverendo Robert Walsh, médico e capelão da colônia britânica no Rio de Janeiro, anotou em seu diário em 1828 que o imperador era "grosso e robusto" e tinha o rosto cheio. O cabelo preto e espesso na testa, emoldurado por largas suíças, dava-lhe um aspecto "muito grosseiro e repelente". Apesar disso, "o seu modo bastante áspero era [...] afável e cortês".[4]

Do pai, herdou a paixão pela música. E só. Ao contrário de dom João VI, famoso pela falta de asseio pessoal e pela índole sedentária, dom Pedro tomava banho e fazia exercícios físicos regularmente. Em público, vestia-se com elegância, como mostram os quadros que dele fez o pintor francês Jean-Baptiste Debret. Sua indumentária doméstica, no entanto, era muito simples. Ao chegar ao palácio, em setembro de 1824, a inglesa Maria Graham encontrou-o a sua espera no portão "de chinelos sem meias, calças e casaco de algodão listrado e um chapéu de palha forrado e amarrado com uma fita verde".[5]

Hiperativo, acordava às seis horas da manhã e ia dormir só depois das onze da noite. Devoto de Nossa Senhora, galopava pela manhã de São Cristóvão à igreja da Glória só para ouvir a missa. De volta ao palácio, almoçava às nove horas e jantava às duas da tarde. Gastava menos de vinte minutos em cada refeição.[6] Tinha o apetite voraz, mas hábitos gastronômicos simplórios. Maria Graham conta que seu prato preferido era "o toucinho da terra, uma coisa entre carne de porco e o porco salgado, sem nenhuma parte magra", servido no mesmo prato com arroz, batata e abóbora cozida. A carne era "tão dura que poucas facas conseguiriam cortá-la", segundo um de seus biógrafos, Neill W. Macaulay Jr.[7] Como detestava delegar poderes aos ministros e auxiliares, fazia quase tudo sozinho: inspecionava os navios no porto, visitava as fortalezas, percorria as repartições públicas para conferir se os funcionários trabalhavam direito, ia ao teatro ver os preparativos para os espetáculos, supervisionava as cavalariças do palácio e se imiscuía em questões pequenas diante da importância do cargo que ocupava.

Numa ocasião, chegou de surpresa às lojas do centro do Rio de Janeiro, depois de receber a denúncia de que os comerciantes fraudavam as medidas para enganar os clientes na venda de tecidos e outras mercadorias. Munido da medida padrão do Império, foi de loja em loja mensurando as réguas métricas e tomando nota dos infratores, que seriam punidos mais tarde.[8] Às sextas-feiras, dava audiências públicas nas quais ouvia queixas, pedidos e sugestões de qualquer pessoa que se dispusesse a entrar na fila. Resolvia tudo ali mesmo ou, quando não fosse possível, dava três dias de prazo para que os ministros encontrassem uma solução. Apesar da agenda lotada, ainda tinha tempo para dar suas famosas escapadas amorosas, que muitas vezes invadiam as madrugadas.

Cioso de sua autoridade, iniciava suas cartas sempre com o pronome possessivo na primeira pessoa: "meu conde", "meu Barbacena", "meu Queluz", "meu pai", "meu Senhor", "meu Filho". Tinha prazer em mandar e abominava ser desafiado. "Ao contrário do pai, cujo horror a tomar decisões levava-o a adiá-las e contorná-las o mais possível, possuía o gosto, a volúpia do mando", afirmou Octávio Tarquínio de Sousa, seu biógrafo. "Nascera para ser chefe, para governar, para ser obedecido."[9] No tratamento com os ministros era sempre autoritário e inquisitivo, usando expressões como "eu lhe ordeno" ou "execute literalmente". Numa carta a João Severiano Maciel da Costa, ministro do Império depois presidente da Bahia e futuro marquês de Queluz, deu um conselho tipicamente brasileiro: "Não preciso recomendar-lhe que faça muito espalhafato, indo aos Arsenais, Alfândegas etc. etc.; já governou e sabe muito bem como se engana o povo...".[10]

Mesmo nascido numa família real, mantinha negócios paralelos, alguns até mesquinhos, que não combinavam com as altas responsabilidades da função de imperador. Na juventude, dom João VI o repreendeu ao descobrir que o filho comprava cavalos comuns no Rio de Janeiro, marcava-os com o selo da Real Fazenda de Santa Cruz e os revendia por um preço muito maior para pessoas que queriam ostentar proximidade com a corte. O intermediário nas negociações era o barbeiro do palácio da Quinta da Boa Vista, Plácido Pereira de Abreu, com quem o príncipe repartia os lucros.[11] Robert Walsh relatou que dom Pedro se dedicava a várias outras atividades lucrativas. Fabricava cachaça, comercializada em botequins cariocas. Arrendava os pastos da Real Fazenda para descanso do gado que descia de Minas Gerais para o Rio de Janeiro. Seus escravos cortavam o capim da fazenda e vendiam nas ruas da cidade.[12]

Era impaciente com as regras e as restrições do cerimonial da corte. Nesse aspecto, assemelhava-se à mãe, a geniosa espanhola Carlota Joaquina, também conhecida pela destreza com os cavalos e pelas aventuras sexuais. Como a mãe, adorava cavalgar e disputar corridas de carruagens, em disparada e açoitando os animais com chicotes. O cronista Luiz Lamego diz que teria sofrido ao todo 36 quedas a cavalo. A exumação de seus restos mortais, feita em 2012 pela arqueóloga e historiadora Valdirene do Carmo Ambiel, da Universidade de São Paulo, comprovou que, em consequência de dois desses acidentes, ocorridos no Rio de Janeiro em 1823 e 1829, o imperador havia fraturado quatro costelas do lado esquerdo. Essas fraturas praticamente inutilizaram parte de um de seus pulmões, o que pode ter agravado a tuberculose que o matou em 1834.[13]

Certa vez, quando o imperador cavalgava nos arredores do Rio de Janeiro, um de seus animais perdeu a ferradura. Dom Pedro bateu à porta de um ferreiro e lhe deu ordens para ferrar a montaria. Ao perceber que o homem não dominava bem o ofício, tomou-lhe as ferramentas e ordenou: "Sai daí, porcalhão, que não sabes o teu ofício". Em poucos minutos fez o serviço sozinho. "Dom Pedro sabia melhor que os moços das cavalariças tratar, dar banhos, sangrar e ferrar cavalos e muito se vangloriava disso", afirmou Carlos Oberacker Jr., biógrafo da imperatriz Leopoldina. "Vivia a maior parte do dia em companhia dos lacaios e criados, ou dos filhos destes, adotando sua gíria grosseira e obscena, salpicando a conversa de expressões que um homem bem-educado não pronunciaria".[14]

Gostava de jogar, mas era mau perdedor. O viajante francês Jacques Arago contou ter sido convidado pelo imperador para uma partida de bilhar quando estava no Rio de Janeiro. Conhecedora do caráter impulsivo do marido, a imperatriz Leopoldina aproximou-se do francês antes que o jogo começasse e cochichou-lhe ao ouvido: "Deixe-o ganhar algumas partidas, meu marido é bastante colérico". Arago, que era um excelente jogador, não lhe deu atenção e, em vez disso, ganhou todas as partidas. Dom Pedro reagiu de forma desesperada produzindo "uma cena de pessoas perversas em uma das piores tavernas de nossos arrabaldes", segundo o relato do viajante. Em seguida tentou blefar, mas, como continuasse a perder, abandonou o jogo irritadíssimo.[15] "De natureza impulsiva, voluntariosa e volúvel, era sujeito a súbitas alterações de humor e a violentas e repentinas explosões que tornavam difícil o seu convívio", apontou a historiadora cearense Isabel Lustosa. "Eram logo sucedidas por atitudes de franca conciliação, quando dava demonstrações exageradas de arrependimento a quem antes ofendera."[16]

O espírito indomável seria abatido apenas pelos ataques de epilepsia, doença caracterizada por uma violenta descarga elétrica no cérebro que, dependendo da área atingida, faz o paciente perder os sentidos e se debater em convulsões. Dom Pedro teve pelo menos seis até os dezoito anos. O primeiro teria ocorrido em outubro de 1811, quando o príncipe completava treze anos. Em 13 de maio de 1816, desabou novamente, dessa vez em público, durante as solenidades pelo aniversário de dom João VI.[17] "Era assustador ver Pedro em um de seus ataques de epilepsia, se debatendo em convulsões, caindo por terra com a boca espumando, mergulhado num abismo profundo que só ele conhecia", descreveu a jornalista e escritora Iza Salles, autora de uma biografia romanceada do imperador. "Desde muito pequeno compreendeu que aquela era uma doença traiçoeira que não avisava quando vinha ou partia, um inimigo que o surpreendia sem que esperasse, e que não dependia de sua coragem vencê-lo."[18]

Nascido em uma das cortes mais conservadoras da Europa, dom Pedro era o segundo filho homem de dom João e Carlota Joaquina. Nessa condição, estaria destinado a levar uma vida tranquila e pacata. A dura tarefa de governar caberia ao irmão mais velho, dom Antônio, herdeiro natural do trono e três anos mais velho que ele. Mas na família real de Bragança havia uma lendária maldição: todos os filhos primogênitos morreriam ainda na infância. Segundo a tradição, tratava-se de uma praga rogada contra o fundador da dinastia, o duque de Bragança, restaurador da Independência portuguesa em 1640 com o título de dom João IV, após a longa união ibérica em que o trono foi ocupado por reis espanhóis.

Conta a lenda que certo dia um frade franciscano pediu uma esmola ao duque de Bragança, que, de mau humor, em vez de dinheiro, deu-lhe um pontapé. Em represália, o frade lançou-lhe a maldição segundo a qual nenhum filho primogênito da real dinastia viveria o suficiente para herdar o trono do pai. De fato, foi exatamente o que aconteceu desde então em todas as gerações dos Bragança, sem exceção. No caso de dom Antônio Pio, a tenebrosa profecia se cumpriu em 11 de junho de 1801, quando o príncipe herdeiro tinha apenas seis anos. Coube assim a dom Pedro, seu irmão mais novo, a tarefa de conduzir os destinos de Portugal e do Brasil em meio a um dos períodos mais turbulentos na história desses dois países. Como se viu no capítulo 5, a suposta maldição levaria também o príncipe João Carlos, filho mais velho de dom Pedro, em fevereiro de 1822. E continuaria a ceifar todos os primogênitos da família real nas gerações seguintes tanto no Brasil quanto em Portugal, até a chegada da República nesses dois países. A partir daí, os pequenos príncipes poderiam sobreviver porque já não tinham direito a coroa alguma.

São escassas ou imprecisas as informações sobre a educação de dom Pedro. Cartas e bilhetes hoje preservados nos arquivos revelam domínio precário da língua portuguesa. Há erros de ortografia, de concordância e, em especial, de falta de pontuação. Os textos são às vezes chulos, mais dignos de um cavalariço do que de um príncipe. Os poemas que perpetrou eram medíocres. Ele próprio reconheceria suas limitações ao escrever a Felisberto Caldeira Brant Pontes, então visconde de Barbacena: "Eu e o mano Miguel seremos os últimos malcriados desta família". Referia-se ao irmão mais novo, igualmente tacanho nas letras e no comportamento.[19] Preocupado com o que lia nas cartas do filho, dom João VI recomendou-lhe de Lisboa: "Quando escreveres, lembra-te que és um príncipe e que os teus escritos são vistos por todo mundo e deves ter cautela não só no que dizes mas também no modo de te explicares".[20] Conselho que dom Pedro, obviamente, não levou em conta. Uma carta a José Bonifácio em 1822, escrita da cidade de Paraíba do Sul, Rio de Janeiro, começava assim: "Nu em pelo, pego na pena para lhe participar que vamos bem". Ou seja, o príncipe declarava estar pelado enquanto escrevia.

Tudo isso contribuiu para que dom Pedro passasse para a história como um soberano iletrado e sem educação. "Dom Pedro era inteligente, voluntarioso, de uma assombrosa versatilidade, instintivo, vivo, nervoso, decidido, corajoso, volúvel; mas a sua cultura literária, descurada desde a infância, ficara incompleta e bárbara", afirmou o historiador português Luís Norton.[21] Seu biógrafo Octávio Tarquínio de Sousa assegura, no entanto, que essa imagem é falsa. Segundo ele, embora não fosse um leitor assíduo e disciplinado, dom Pedro "leu mais do que pretende inculcar a imagem de um semianalfabeto".[22] Suas leituras incluiriam as obras do napolitano Gaetano Filangieri e do franco-suíço Benjamin Constant de Rebecque, dois propagadores das novas ideias políticas do começo do século XIX. Teria lido também as obras de Voltaire, um dos mentores intelectuais da Revolução Francesa. Nesses livros, o príncipe pôde observar a mudança dos tempos e os desafios que teria de enfrentar como rei e imperador. "O meu esposo, Deus nos valha, ama as novas ideias", escreveu ao pai, o absolutista Francisco I, imperador da Áustria, uma assustada princesa Leopoldina em junho de 1821.[23]

Na carola corte portuguesa, a instrução básica de dom Pedro foi confiada a cinco padres. José Monteiro da Rocha, jesuíta, ministrou-lhe as primeiras letras, entre os seis e nove anos. Com o frade Antônio de Nossa Senhora da Salete, aprendeu latim. O cônego Renato Boiret ensinou-lhe francês. Estudou inglês com Guilherme Paulo Tilbury, capelão da Divisão Militar da Guarda Imperial, e João Joyce, padre irlandês. Nas artes, teve como professor de pintura e desenho Domingos António de Sequeira. Na música sua educação foi bem mais esmerada, incluindo professores como os maestros e compositores Marcos António Portugal, José Maurício Nunes Garcia e Sigismund Neukomm.[24] Como resultado, a obra musical de dom Pedro ainda hoje surpreende os especialistas, com destaque para os acordes que compôs para o Hino da Independência. Anos mais tarde, depois de abdicar ao trono brasileiro, em 1831, tornou-se amigo em Paris do compositor Gioacchino Rossini, que se dizia encantado com os conhecimentos musicais de dom Pedro.

A troca de cartas com o pai às vésperas da Independência revela a rápida evolução política do príncipe. No começo, mostra-se titubeante em relação à causa brasileira e até contrário a ela. Em 4 de outubro de 1821, menos de um ano antes do Grito do Ipiranga, ainda jurava fidelidade ao pai e a Portugal, como se a Independência do Brasil fosse resultado de uma conspiração da qual ele não queria, em hipótese alguma, tomar parte:

> *A Independência tem-se querido cobrir comigo e com a tropa; com nenhum conseguiu, nem conseguirá; porque a minha honra e a dela (da tropa) é maior que todo o Brasil; queriam-me e dizem que me querem aclamar Imperador; protesto a Vossa Majestade que nunca serei perjuro, e que nunca lhe serei falso; e que eles farão esta loucura mas será depois de eu e todos os portugueses estarmos feitos em pos-*

tas. [...] É o que juro a Vossa Majestade, escrevendo nesta com meu sangue estas seguintes palavras: juro ser sempre fiel a Vossa Majestade, à Nação portuguesa e à Constituição portuguesa.[25]

No dia seguinte, 5 de outubro, repetiria o tom da carta em uma proclamação ao povo do Rio de Janeiro: "Que delírio é o vosso? Quais são os vossos intentos? Quereis ser perjuros ao rei e à Constituição? Contais com a minha pessoa para fins que não sejam provenientes e nascidos do juramento que eu, tropa e constitucionais prestamos no memorável dia 26 de fevereiro?".

Dom Pedro se referia ao juramento da Constituição portuguesa, feito por ele e o pai, no começo daquele ano, dois meses antes da partida da corte para Lisboa. E acrescentava: "Estais iludidos, estais enganados e [...] estais perdidos se intentardes outra ordem de coisas, se não seguirdes o caminho da honra e da glória". Encerrava com uma advertência: "Sossego, fluminenses!".[26]

Era um jogo de faz de conta, para tentar acalmar as tropas portuguesas aquarteladas no Rio de Janeiro e na Bahia e contra as quais dom Pedro ainda não tinha forças militares suficientes para resistir. O ânimo do príncipe mudou em virtude de dois acontecimentos. O primeiro foi a ordem precipitada das cortes de Lisboa para que voltasse imediatamente a Portugal, o que gerou uma onda de protestos no Brasil. O segundo foi a morte do filho primogênito, o príncipe João Carlos. A partir daí, o que se observa nas cartas é um dom Pedro determinado a seguir no caminho que o levaria às margens do Ipiranga. Em 26 de julho de 1822, ele declara ao pai:

Eu, Senhor, vejo as coisas de tal modo (falando claro) que relações com Vossa Majestade só familiares, porque assim é o espírito público do Brasil. [...] É um impossível físico e mo-

ral Portugal governar o Brasil, ou o Brasil ser governado de
Portugal. Não sou rebelde [...] são as circunstâncias.[27]

Em 22 de setembro, já consumada a Independência, o tom é mais duro: "De Portugal nada, nada; não queremos nada!". Critica "os decretos pretéritos dessas facciosas, horrorosas, maquiavélicas, desorganizadoras, hediondas e pestíferas cortes" e avisa que "triunfa e triunfará a Independência brasílica ou a morte nos há de custar".[28]

Sua vida privada foi intensa e tumultuada. Embora não bebesse, gostava de farras, noitadas, amigos de má reputação e, em especial, mulheres. "O príncipe vive rodeado de aventureiros", relatou o barão Wenzel de Mareschal, encarregado de negócios da Áustria no Rio de Janeiro.[29] Seu grande parceiro nas aventuras, públicas e privadas, foi o português Francisco Gomes da Silva, o Chalaça, um dos personagens mais memoráveis da história brasileira. Sete anos mais velho do que dom Pedro, beberrão e bom tocador de viola, Chalaça era ex-seminarista e filho adotivo de um joalheiro que fugira com a família real para o Brasil entre 1807 e 1808. Chalaça tinha na corte um protetor influente, o roupeiro de dom João, Francisco José Rufino de Sousa Lobato, seu suposto pai biológico e um homem de reputação também duvidosa.

Alguns historiadores, como Tobias Monteiro, levantam a suspeita de que Lobato seria um parceiro sexual de dom João, que, em troca de favores íntimos, o teria premiado com o título de visconde de Vila Nova da Rainha.[30] Apesar da alta proteção, em 1816 Chalaça foi expulso do palácio. O motivo seria a desastrada tentativa de seduzir uma dama da nobreza que, ofendida, foi reclamar ao rei. Coube a dom Pedro tirá-lo do ostracismo e levá-lo de volta para a corte depois que o amigo o defendeu numa briga de bar. A partir daí os dois se tornaram inseparáveis parceiros de boemia e negócios obscuros.[31] Chalaça era dono de vários inferninhos no centro da cidade, frequentados por prostitutas, vagabundos e marinheiros. E nessa condição se tornou o alcoviteiro do príncipe nas suas escapadas sexuais.

Nos dois casamentos oficiais, dom Pedro teve oito filhos, sete com Leopoldina e um com Amélia. Fora do casamento, o número é lendário. Octávio Tarquínio de Sousa assegura que, entre naturais e bastardos, teve uma dúzia e meia de filhos.[32] Alguns cronistas chegaram a lhe atribuir mais de 120 rebentos ilegítimos, cifra nunca comprovada, mas não de todo impossível. Em menos de um ano, entre novembro de 1823 e agosto de 1824, teve três filhos, com mulheres diferentes: o primeiro com Maria Benedita de Castro Canto e Melo, futura baronesa de Sorocaba; o segundo com a irmã dela, Domitila de Castro Canto e Melo, futura marquesa de Santos; e, por fim, o terceiro com a própria esposa, a imperatriz Leopoldina. Essa espantosa capacidade reprodutiva revela, nas palavras de Octávio Tarquínio, um dom Pedro "excessivo, exagerado, desmedido [...] nas práticas amorosas, numa insaciável fome de mulher [...], numa [...] lascívia quase sem pausa".[33]

A lista conhecida dos bastardos inclui cinco com Domitila de Castro Canto e Melo, a marquesa de Santos; um com Maria Benedita, a baronesa de Sorocaba, irmã de Domitila; um com a bailarina Noémie Thierry, seu primeiro amor; um com a francesa Clémence Saisset, uma mulher casada que, por suas ligações com o imperador, levou uma surra do marido; um com Ana Steinhaussen Leão, mulher do bibliotecário da imperatriz Leopoldina; um com Adozinda Carneiro Leão, sobrinha de Fernando Carneiro Leão, um dos supostos amantes de Carlota Joaquina; um com Gertrudes Meireles de Vasconcelos; um com a mineira Luísa Clara de Meneses; e mais um — o derradeiro, nascido em 1832, já depois da abdicação ao trono brasileiro — com a freira

DOM PEDRO

Ana Augusta Peregrino Faleiro Toste, tocadora de sino no convento da Esperança na ilha Terceira, nos Açores. Também teria tido um filho com uma negra de dezesseis anos chamada Andresa dos Santos, serva do convento da Ajuda. Dois desses filhos bastardos foram batizados com o mesmo nome — Pedro de Alcântara Brasileiro. O primeiro, filho da marquesa de Santos, morreu em 27 de dezembro de 1825, com apenas vinte dias. O segundo, filho de Clémence Saisset, nasceu no dia 31 de agosto de 1829 e foi batizado em Paris como se fosse filho legítimo do marido traído.[34]

As aventuras sexuais teriam começado muito cedo na adolescência, envolvendo "criaturas fáceis, serviçais de dependências da Quinta da Boa Vista, raparigas dos arredores, mulatinhas a quem lançava um olhar de cobiça e para logo o satisfaziam", no dizer de Octávio Tarquínio de Sousa.[35] O primeiro caso que deixou vestígio foi com a dançarina francesa Noémie Thierry. O historiador Alberto Rangel diz que, na verdade, dom Pedro namorou simultaneamente duas irmãs francesas, mas o romance ficou sério mesmo com Noémie. Ela engravidou do príncipe no momento em que as negociações em Viena para o casamento com a princesa Leopoldina já estavam bem avançadas. A inglesa Maria Graham relata que dom Pedro estava tão perdidamente apaixonado pela dançarina que se casou com ela em segredo. Mas a história teria um fim trágico.

Sob pressão da rainha Carlota Joaquina, que ameaçava deserdar o filho, Noémie, apesar de estar grávida do príncipe, concordou em romper o romance e embarcar para Recife onde ficou sob os cuidados do governador de Pernambuco, Luís do Rego Barreto. Incapaz de impedir a viagem, dom Pedro lhe deu na despedida doze contos de réis, tomados de empréstimo a Antônio Alves, traficante de escravos. De dom João VI, Noémie recebeu mais onze contos de réis, enxoval completo e vários

127

presentes. A dançarina deu à luz um menino, que morreu ainda recém-nascido. Transtornado, dom Pedro teria pedido ao governador que lhe enviasse o cadáver do filho mumificado. Guardada no gabinete do imperador, a macabra relíquia teria sido sepultada por ordem da regência em 1831, depois da abdicação ao trono e da volta de dom Pedro a Portugal. Após a morte do filho, dom Pedro consentiu que Noémie se casasse com um oficial francês e fosse viver em Paris.[36]

MARIA LEOPOLDINA JOSEFA CAROLINA DE HABSBURGO, primeira imperatriz brasileira, tinha tudo o que o marido, dom Pedro I, valorizaria numa mulher, menos o fundamental: beleza e sensualidade. "Uma louraça feiarona", assim a definiu o historiador Alberto Rangel.[1] "Insignificante, loira, sem garbo", castigou Rocha Martins.[2] "O que lhe sobraria em dotes morais faltaria em *sex appeal*", acrescentou Octávio Tarquínio de Sousa, biógrafo de dom Pedro.[3] Mulher certa casada com o homem errado, Leopoldina reunia um conjunto notável de virtudes no campo do saber, da educação, das boas maneiras e da sensatez na forma de agir. Tinha nascido no berço mais dourado da época: a corte da Áustria, uma das mais ilustres e bem-educadas da Europa. Herdeiro do antigo Sacro Império Romano-Germânico, seu pai, o imperador Francisco I, ocupava um trono que nos 350 anos anteriores pertencera à mesma linhagem, a dos Habsburgo.

A intelectual e virtuosa Leopoldina era, porém, rechonchuda e desleixada com as roupas e o corpo. Preferia colecionar rochas, borboletas, plantas e animais silvestres a participar das festas e noitadas que tanto fascinavam o marido. Tinha vinte anos quando chegou ao Brasil, casada por procuração com o herdeiro da Coroa portuguesa, um ano e nove meses mais novo do que ela. Ao desembarcar no Rio de Janeiro, em 5 de novembro de 1817, estava repleta de ilusões a respeito do país em que iria morar e do homem com o qual dividiria o mesmo leito. Teve papel fundamental na Independência, mas aos poucos foi se decepcionando com tudo e com todos. Em nove anos engravidou nove vezes, média de uma gravidez por ano, sofreu dois abortos e deu à luz sete filhos. Morreu jovem, com menos de trinta anos, triste e abandonada pelo marido. No fim da vida, passou necessidades e afundou-se em dívidas distribuindo esmolas para os pobres do Rio de Janeiro. Hoje é reverenciada com carinho pelas camadas mais simples da população brasileira, que, entre outras homenagens, associam seu nome a uma estação da estrada de ferro Central do Brasil e a escolas de samba como a Imperatriz Leopoldinense, no Rio de Janeiro, e a Imperatriz Dona Leopoldina, em Porto Alegre.

Leopoldina era a quinta herdeira numa família de doze irmãos. Cresceu assombrada pelas guerras que haveriam de redesenhar o mapa político da Europa depois da Revolução Francesa. Em 1797, ano de seu nascimento, Napoleão Bonaparte obteve as primeiras vitórias contra seu pai na região norte da Itália. Quatro anos antes, sua tia-avó, a rainha da França Maria Antonieta, havia sido decapitada na guilhotina em Paris. As décadas seguintes seriam de perdas e sofrimentos, à medida que o outrora vasto território da dinastia austríaca seria conquistado e retalhado pelas armas francesas. Em mais de uma ocasião a família teve de fugir às pressas diante da aproximação do inimigo.

A suprema humilhação viria em 1810, ano em que sua irmã mais velha, Maria Luísa, se viu obrigada a desposar o odiado imperador francês em troca da promessa de uma paz que se revelaria efêmera. Com a conivência da Igreja, Napoleão decidira anular seu primeiro casamento, com a imperatriz Josefina, sob a justificativa de que ela não lhe dera um herdeiro. Leopoldina viu a partida da irmã para a França como a imolação de uma vítima inocente no altar dos interesses da política. Em nome dos mesmos interesses, sete anos mais tarde seria sua vez de partir para a América.

Na corte de Viena, as princesas eram preparadas de forma metódica para servir ao Estado, o que significava engravidar e parir a prole mais numerosa e saudável possível para seus futuros maridos príncipes, reis e imperadores. Nessa função, amor e felicidade no casamento eram coisas acessórias, com as quais jamais deveriam contar. "Uma princesa nunca pode agir como quer", escreveu Leopoldina em 1816 à irmã Maria Luísa, a essa altura já separada de Napoleão também por imposição política.[4] "Nós, pobres princesas, somos como dados que se jogam e cuja sorte ou azar depende do resultado", repetiria em outra carta dez anos depois.[5]

À espera da sorte que lhe caberia nesse jogo, Leopoldina mergulhou cedo na rigorosa rotina de estudos e aulas de etiqueta. Quando criança, seu dia era dividido entre orações, aulas com professores particulares, refeições formais, trabalhos no jardim, passeios, exercícios de leitura e memorização, encontros com membros da família, vez ou outra uma ida ao teatro, visitas a exposições e museus, participação em eventos beneficentes e ainda recepção a visitantes estrangeiros.[6] Era uma educação que privilegiava o rigor do protocolo, desestimulava os excessos e procurava anular qualquer desejo que não se enquadrasse nos objetivos oficiais.

O resultado pode ser medido pelo manual de conduta que escreveu para si mesma em 1817, ano de seu casamento com dom Pedro. Intitulado "Minhas resoluções", o texto em francês contém as seguintes instruções:

— Eu me vestirei com toda a modéstia possível;
— Meu coração estará eternamente fechado ao espírito per-
verso do mundo;
— Longe de mim os gastos inúteis, o luxo nocivo, os adornos
indecentes, as mundanidades e as vestimentas escandalosas;
— Deus me preserve de ficar sozinha com um homem, por
mais sábio que pareça, num lugar solitário.[7]

O casamento com dom Pedro, como mandava a tradição, envolvia os altos interesses no delicado jogo de xadrez que se estabelecera entre as monarquias europeias após a queda de Napoleão, em 1815. Exilado nos trópicos desde 1808, dom João VI precisava estreitar os laços entre a Coroa portuguesa e os Habsburgo austríacos como forma de se contrapor à excessiva influência da Inglaterra nos seus domínios. A Áustria, por sua vez, também queria tirar Portugal da órbita inglesa, mas tinha especial interesse em fortalecer o regime de monarquia na América, um continente assolado pelas revoluções republicanas. Peça estratégica nesse jogo, Leopoldina aceitou sem questionar seu destino porque assim fora educada desde o nascimento.

Coube ao marquês de Marialva, embaixador português em Paris, pedir a mão da princesa e assinar os papéis em nome de dom Pedro. Interessado em mostrar que a corte no Rio de Janeiro não era tão frágil como se imaginava na Europa, Marialva protagonizou em Viena um espetáculo grandioso. A descrição é do historiador paranaense Jurandir Malerba:

A 17 de fevereiro de 1817, Marialva entrava em Viena com um cortejo formado por 41 carruagens puxadas por seis cavalos, acompanhadas por criados de ambos os lados, vestidos com ricas librés. A entourage do ministro compunha-se de 77 pessoas, entre pajens, criados e oficiais, a pé e monta-

dos. Seguiam-se os coches da casa imperial, ladeados por seus lacaios e amparados pelos homens de serviço, logo atrás. Fechavam o cortejo as carruagens dos embaixadores da Inglaterra, França e Espanha. [...] A 1º de junho na capital austríaca, mandou construir portentosos salões nos jardins do Augarten de Viena, onde se realizou um baile para 2 mil pessoas entre as quais a família imperial austríaca, todo o corpo diplomático e toda a nobreza. Tendo iniciado a dança às oito horas, às onze serviu-se a requintada ceia, na qual, relata-se, o imperador e a família foram servidos em mesa de quarenta talheres, sendo a baixela de ouro; os demais, em baixela de prata. Custo: 1 milhão de florins ou 1,5 milhão de francos.[8]

É um número espantoso. Na época, um par de sapatos custava em Viena cinco florins.[9] Ou seja, com 1 milhão de florins, o dinheiro gasto pelo marquês de Marialva, daria para calçar toda a população de Americana, no interior de São Paulo, ou da bela e histórica cidade do Porto, situada na foz do rio Douro, em Portugal. São ambos centros urbanos com cerca de 200 mil habitantes atualmente.

Já casada no papel, Leopoldina saiu de Viena em 3 de junho de 1817 e chegou ao Rio de Janeiro cinco meses depois, numa jornada de 8 mil quilômetros com escalas em Livorno, na Itália, Lisboa e Funchal, na ilha da Madeira. Em sua bagagem constavam 42 caixas da altura de um homem contendo, além do enxoval, uma biblioteca, as coleções de ciências naturais, os presentes de casamento e um detalhe macabro: três caixões ricamente ornamentados, para a eventualidade de vir a morrer durante a viagem. Só a bagagem ocupava quase o navio inteiro, mas o séquito incluía a camareira-mor, Ana Maria, condessa Von Kuenburg, um mordomo-mor, seis damas da corte, quatro pa-

jens, seis nobres húngaros, seis guardas austríacos, seis camaristas, um esmoler-mor e um capelão, além da maior expedição
científica que até então visitara o Brasil.[10]

Composta de naturalistas, desenhistas e pintores, a missão
trazia, entre outros, o médico e mineralogista Johann Baptist
Emanuel Pohl, o paisagista Thomas Ender e os botânicos Johann
Baptist von Spix e Karl Friedrich Philipp von Martius. Esse grupo voltaria para a Europa com cargas exóticas de insetos e pássaros empalhados, animais vivos, amostras de rochas e plantas,
além de um grupo de índios botocudos, exibido como curiosidade antropológica aos refinados cortesãos austríacos. Os índios
tiveram vida curta e trágica na Europa, segundo o historiador e
jornalista Patrick Wilken.[11] Thomas Ender produziu mais de setecentas aquarelas de paisagens e tipos humanos, boa parte delas hoje exposta na Academia de Belas-Artes de Viena.

Antes de viajar ao encontro do marido, Leopoldina leu
tudo o que lhe chegou às mãos sobre o Brasil. Encantou-se com
a possibilidade de estudar as famosas rochas brasileiras, fontes
da riqueza mineral que sustentava a prosperidade da metrópole portuguesa. Em carta à tia Luísa Amélia, grã-duquesa da
Toscana, confessou: "A viagem não me faz medo. Creio até que
é predestinação, pois sempre tive singular pendor pela América e, até quando criança, eu dizia que queria ir lá".[12] A mineralogia era, de longe, seu assunto preferido. Já em 1810, com treze anos, escrevia à irmã mais velha, Maria Luísa, dizendo que
poderia passar o dia todo no Gabinete de Mineralogia de Viena
sem se alimentar.[13]

Pelas cartas, observa-se que o Brasil dos sonhos da jovem
princesa austríaca se parecia mais com um parque temático dos
filmes de Steven Spielberg do que com a terra bruta, selvagem,
de bichos peçonhentos, nuvens de mosquito e sol inclemente
em que viveria seus derradeiros nove anos seguintes. O encanta-

mento persistiu algum tempo depois da chegada ao Rio de Janeiro, como mostra nesta carta à família:

> *O Brasil é um verdadeiro paraíso, há uma incontável quantidade de plantas, arbustos e árvores, especialmente espécies de palmeiras que nunca havia visto nem em estufas; estou colecionando pássaros. [...] Aqui se veem centenas de colibris, papagaios, grandes araras [...] e urubus-reais voando. [...] Ontem subi a pé uma montanha muito alta onde existem as maiores e mais famosas borboletas; não capturei nenhuma porque eram do tamanho de um pássaro e minha rede, muito pequena.[14]*

Nesse lugar idílico da chegada, o marido ainda se apresentava como um príncipe encantado e não o homem rude, autoritário e infiel com o qual se defrontaria mais tarde. "Faz dois dias que estou junto do meu esposo, que não é apenas lindo, mas também bom e compreensivo; [...] estou muito feliz", contou à irmã em 8 de novembro de 1817.[15] "O meu muito querido esposo não me deixou dormir", confidenciou ao pai no mesmo dia, insinuando que as noites do casal eram bastante animadas.[16] Ao desembarcar, tinha beijado os pés do sogro, dom João VI, e da sogra, Carlota Joaquina. Dom Pedro fora recebê-la a bordo. Juntos tinham percorrido a pé as ruas do centro da cidade enfeitadas com pétalas de rosas e arcos triunfais, em meio às salvas de canhões e ao aplauso da multidão. "Todos são anjos de bondade", afirmou na mesma carta ao pai, referindo-se à família real portuguesa. "Especialmente o meu querido Pedro, que além de tudo é muito culto."

Era tudo um terrível engano. Na família real portuguesa não havia anjos de bondade nem pessoas cultas. A corte de dom João era conservadora, carola, lúgubre e repleta de intrigas estimuladas pelo casamento de aparência entre o rei e a rainha. Havia mais de uma década, desde 1804, que dom João e Carlota Joaquina não moravam juntos. Ao chegar ao Rio de Janeiro, em 1808, ela fora viver com as filhas numa chácara em Botafogo. Ele preferiu a Quinta da Boa Vista, que ganhou do traficante de escravos Elias António Lopes. Às vésperas da Independência, portugueses e brasileiros se digladiavam numa rede de conspirações e maledicências que tornavam o ar na corte irrespirável.

Rapidamente a dura realidade dos trópicos se imporia aos sonhos da princesa. O Rio de Janeiro era insalubre, repleto de doenças espalhadas pela miríade de insetos que infestavam os pântanos e os esgotos sem tratamento. Na falta de banheiros, o lixo e os dejetos das casas eram atirados à rua ou despejados nas praias. Nos arredores do palácio da Quinta da Boa Vista não existiam árvores nem calçadas, o que resultava em grande lamaçal na estação chuvosa. "Havia enorme estrumeira junto ao paço, que produzia um fedor bestial só dissipado na época das enxurradas que tudo levavam para o mar", relatou um estrangeiro.[17] Desse esgoto a céu aberto provinham nuvens de mosquitos que flagelavam a corte nas noites de verão. "A América portuguesa seria um paraíso terrestre se não houvesse um calor insuportável de 88 graus [Fahrenheit] e muitos mosquitos", afirmou Leopoldina em carta de 24 de janeiro de 1818, admitindo pela primeira vez que o paraíso não era tão completo quanto imaginara.[18]

Logo após o desembarque teve também o primeiro susto, ao descobrir que o marido era epiléptico. Ninguém lhe falara sobre isso em Viena. "Meu esposo esteve um dia bem doente dos nervos e me fez um medo horrível, pois aconteceu de noite e era eu o único socorro", escreveu ao pai em 7 de dezembro de 1817.[19] Outra surpresa estava relacionada ao gênio difícil do príncipe, dado a explosões de mau humor que assustavam a princesa. "O caráter do meu marido é extremamente exalta-

do", queixou-se em 1821. "Tudo que denote levemente liberdade lhe é odioso. Assim só posso continuar observando e ficar
chorando em silêncio."[20]

Apesar de tudo, o casamento foi relativamente feliz nos
três primeiros anos. O casal costumava passear a cavalo pela
floresta da Tijuca, caçar borboletas e observar a natureza. Às
vezes, Leopoldina acompanhava o marido na revista às tropas.
À noite iam ao teatro ou tocavam juntos no palácio. "Como
meu esposo toca muito bem quase todos os instrumentos, eu o
acompanho ao piano e de certa maneira tenho a satisfação de
estar todo o tempo junto da pessoa querida", escreveu à tia em
janeiro de 1818.[21]

As refeições eram feitas em alas diferentes, ele servido por
um cozinheiro português, ela por um francês. Uma curiosidade:
na hora de dormir, dom Pedro mandava trancar e vigiar até o dia
seguinte os aposentos da princesa. Por ciúmes? O historiador
português Eugénio dos Santos dá uma explicação mais plausí-
vel: Leopoldina ficava trancafiada para que o príncipe não fosse
surpreendido pela mulher nas suas famosas escapadas noturnas. Depois que as luzes do palácio se apagavam, dom Pedro saía
pela cidade, vagueando por bares, prostíbulos ou casas das
amantes até de madrugada. Na volta, ainda passava em revista a
guarda palaciana para se certificar de que tudo andara bem enquanto estivera fora.

No fim da tarde de 4 de abril de 1819, Domingo de Ramos,
fogos de artifício lançados da Quinta da Boa Vista e do morro
do Castelo anunciaram a grande notícia: Pedro e Leopoldina
finalmente eram pais. A primeira princesa nascida no Brasil e
futura rainha de Portugal foi batizada com o nome de Maria da
Glória. Por determinação do Senado da Câmara (equivalente à
atual Câmara Municipal), naquela noite os moradores da cidade colocaram luminárias nas janelas. "É forte, cheia de charme

e a cara do pai", escreveu Leopoldina a tia. Contava também que a vida do casal agora se resumia a cuidar da filha, que passava de braço em braço. "Estou vivendo uma felicidade perfeita, numa quietude que eu amo, cuidando da minha filha e vivendo somente para meu esposo e meus estudos", anotou. "Sou muito, muito feliz e contente."[22]

Depois de Maria da Glória, Leopoldina daria a dom Pedro mais seis herdeiros, um por ano:

— *Em 1820, Miguel, morto ao nascer;*
— *Em 1821, João Carlos, morto aos onze meses;*
— *Em 1822, Januária Maria Carlota, que viveu até 1901;*
— *Em 1823, Paula Mariana, morta dez anos depois;*
— *Em 1824, Francisca Carolina Joana, falecida em 1898;*
— *Em 1825, Pedro de Alcântara, o imperador Pedro II do Brasil, morto em 1891, dois anos após a Proclamação da República.*

A sequência de gravidez e parto logo cobrou seu preço. A princesa de olhos muito azuis e pele rosada que chegara ao Brasil em 1817 virou uma matrona. Por comodidade, não usava colete ou espartilho, como era moda entre as mulheres elegantes da época. A falta desse adereço deixava à mostra o corpo flácido e as curvas exageradas. O francês Jacques Étienne Victor Arago a descreveu como uma cigana malvestida, com os cabelos desalinhados, que parecia não ter sido penteado havia mais de uma semana. "Nenhum colar, nenhum brinco ou anel nos dedos", registrou. "A camisola demonstrava ter sido usada muito tempo, a calça estava amassada e surrada em vários lugares."[23]

À medida que Leopoldina engordava e descuidava da aparência, dom Pedro ia se tornando mais abusado nas aventuras extraconjugais. O que antes era dissimulado logo se tornou público. A princesa, por sua vez, se envolvia cada vez mais no turbilhão dos acontecimentos políticos que precediam a Independência. Autora de um perfil psicológico da personagem baseado nas cerca de 850 cartas conhecidas de sua autoria, a psicanalista Maria Rita Kehl, mestre e doutorada pela Pontifícia Universidade Católica de São Paulo (puc-sp), afirma que 1821 foi o ano das mudanças decisivas na vida de Leopoldina, que haveriam de selar seu destino no Brasil. Pelas cartas, observa-se que a princesa, antes carente de afeto e de aprovação, rapidamente dá lugar à mulher adulta que encara a vida sem ilusões. Nos textos, Leopoldina fica mais direta, mais agressiva, às vezes irônica. "A violência dessa transformação [...] custou-lhe a saúde e a vida", constatou Maria Rita Kehl.[24]

A primeira transformação está relacionada ao envolvimento com a política brasileira, que a levaria a desempenhar um papel fundamental na Independência, ao lado de José Bonifácio de Andrada e Silva. Nessa fase, Leopoldina distancia-se das ideias conservadoras da corte de Viena e adota um discurso mais liberal a favor da causa brasileira. Foi ela quem convenceu José Bonifácio a aceitar a nomeação para o ministério em janeiro de 1822, cargo que o paulista insistia em recusar por ainda não confiar em dom Pedro. A declaração de Independência, em setembro, escrita por José Bonifácio, foi assinada por ela e enviada a dom Pedro, que ainda estava em São Paulo. Ou seja, do ponto de vista formal, a Independência foi feita por Leopoldina e Bonifácio, cabendo ao príncipe apenas o papel teatral de proclamá-la na colina do Ipiranga. Depois disso, Leopoldina se empenhou a fundo no reconhecimento da autonomia do novo país pelas cortes europeias, escrevendo cartas ao pai, imperador da Áustria, e ao sogro, rei de Portugal.

A segunda grande transformação ocorre na vida privada. É a desilusão com o marido, com a mediocridade da vida social no Rio de Janeiro, e a resignação de nunca mais voltar à Europa ao perceber que estava abandonada à própria sorte no Brasil. Em maio de 1821 escreveu à irmã: "Começo a crer que se é muito mais feliz quando solteira; [...] agora só tenho preocupação e dissabores, que engulo em segredo, pois reclamar é ainda pior; infelizmente vejo que não sou amada".[25] No ano seguinte, o marido se apaixonaria perdidamente por Domitila de Castro Canto e Melo, a futura marquesa de Santos. Na semana desse encontro decisivo, véspera do Grito do Ipiranga, Leopoldina escreveu ao marido reclamando da falta de notícias. É um texto fatalista, no qual a princesa ainda usa termos carinhosos tentando se agarrar ao tênue fio de esperança que logo se romperia:

> *Meu querido e amado esposo!*
> *Confesso-lhe que tenho já muito pouca vontade de escrever-lhe, não sendo merecedor de tantas finezas. Faz oito dias que me deixou e ainda não tenho nenhuma regra sua. Ordinariamente quando se ama com ternura uma pessoa, sempre se acham momentos e ocasiões de provar-lhe a sua amizade e amor. Estamos todos bem e tudo muito sossegado graças a Deus. Receba mil abraços e saudades minhas com a certeza de ser esta a última carta. (ininteligível) necessidade urgente de ter notícias suas. Desta sua amante esposa, Leopoldina.*[26]

O pior viria a seguir. Levada por dom Pedro de São Paulo para o Rio de Janeiro, Domitila passou a merecer todas as atenções, presentes e honrarias do imperador, enquanto Leopoldina ia sendo ofuscada e humilhada em público. Abandonada pelo marido, recebia cada vez menos dinheiro para a casa e o sustento dos filhos. A marquesa, ao contrário, ostentava joias e presentes, traficava influência com diplomatas e altos funcionários do governo, indicava familiares para cargos e honrarias da corte e vivia suntuosamente. Leopoldina começou a murchar, tragada pela depressão que ceifaria sua vida prematuramente. "Aos vinte e poucos anos era uma mulher envelhecida, deprimida e pouca vaidosa", observou Maria Rita Kehl.[27]

Um aspecto particularmente melancólico na descida ao abismo está relacionado às finanças de Leopoldina. Ao morrer, em 1826, estava tão endividada que o parlamento brasileiro teve de votar uma dotação orçamentária de emergência para pagar seus credores. Seu biógrafo, Carlos Oberacker Jr., acredita que gastasse dinheiro "para socorrer os necessitados, e não para si mesma", provavelmente por convicções religiosas. Diz que raras vezes recebia de dom Pedro a mesada estipulada no contrato de casamento e que, "nestes casos, ainda a cedia ao marido que, por meios pouco elegantes, costumava extorqui-la".[28] A imperatriz era, de fato, uma mulher muito caridosa. Mas aparentemente os gastos envolviam outras necessidades.

Educada no fausto da corte de Viena, Leopoldina tinha escassas noções de economia doméstica e custou a entender as enormes dificuldades enfrentadas pela corte do marido após a partida de dom João VI, em 1821. Em carta do ano anterior, por exemplo, Leopoldina pedia à irmã que lhe mandasse vacas e touros da raça suíça para organizar uma pequena granja. Em pedido semelhante, ao encarregado de negócios da Áustria no Rio de Janeiro, barão Wenzel de Mareschal, acrescentava seis vacas, dois touros, éguas e garanhões que seriam dados ao marido e ao sogro, dom João VI. Em outra ocasião, solicitava a compra de um cão pastor húngaro. Os pedidos eram muitos: animais de sela, carruagens, caixa de música, anel de marfim, livros, partituras. Com os cofres vazios e sem dinheiro para honrar os compromissos públicos, dom Pedro foi obrigado a tomar medidas que incluíram o corte no próprio salário, como se viu no capítulo 3. Também confiscou a mesada de Leopoldina. Pela lista de com-

pras que enviava aos familiares e diplomatas brasileiros e portugueses na Europa, Leopoldina parecia não se dar conta disso.

Em 1820, três anos depois de chegar ao Brasil, estava fi-
nanceiramente quebrada e solicitou ao barão Wenzel de Mareschal ajuda de 24 mil florins — o equivalente hoje a cerca de 500
mil reais —, orientando-o que mantivesse tudo em segredo.
Como não foi atendida, recorreu ao pai, que, igualmente, não a
socorreu:

*É imensamente penoso para meus sentimentos de alemã e
austríaca recorrer ao senhor, meu querido pai, por uma
questão financeira; mas em quem posso ter tanta confiança?
[...] Gastos imprevistos, ordenados e pensões a famílias ne-
cessitadas e à criadagem, que, infelizmente, põem toda a sua
esperança em mim, obrigaram-me a desembolsar a quantia
de 24 mil florins. Não posso pagar essa dívida, e ainda menos meu esposo; minha mesada não me é paga, ou, quando o
é, retém-na meu marido, de quem não posso arrancá-la, pois
ele mesmo precisa dela.*[29]

Sem alternativa, Leopoldina passou a depender de um
agiota, o alemão Jorge Antonio von Schäffer, que lhe arranjava
empréstimos a juros escorchantes em troca de favores na corte.
Schäffer é desses personagens secundários que vivem nas sombras e fascinam os historiadores quando vem à luz. Era um "bê-
bado contumaz", segundo Octávio Tarquínio de Sousa, "emérito
no jogo de esvaziar garrafas". Nascido em 1779 na atual região da
Baviera, formou-se em medicina e emigrou para a Rússia. Exercia a função de médico da polícia de Moscou em 1812, ano em
que Napoleão Bonaparte ocupou a cidade e acabou derrotado
pelo rigoroso inverno russo. Premiado pelo czar com o título de
barão, Schäffer filiou-se à maçonaria, morou no Alasca e no Ha-

vaí. No Pacífico Sul embarcou em um navio português e chegou ao Rio de Janeiro, em 1818, depois de fazer escalas na Austrália e na China. Como falava bem alemão e ostentava um título de nobreza, logo conquistou a confiança da princesa Leopoldina, que, nas cartas, o tratava de "excelente Schäffer". Em 1822, passou uma temporada na Europa como enviado de José Bonifácio com a missão de recrutar mercenários para a Guerra da Independência. Antes, porém, fundou no sul da Bahia a colônia alemã de Frankental e ali teria morrido em 1836, afogado no álcool.[30]

"Excelente Schäffer! Queira ter a bondade de me enviar hoje o conto de réis, a extrema necessidade obriga-me a importuná-lo outra vez", escreveu Leopoldina ao amigo agiota em 8 de janeiro de 1822, véspera do Dia do Fico.[31] "Procure, pelo amor de Deus, me arranjar 120 mil florins ou 40 contos em moedas daqui, senão fico numa posição desesperada", afirmou em outra correspondência, de março de 1825.[32] Pressionada pelos credores e amargurada com o marido, confessou à irmã em setembro de 1824: "Não reconhecerias mais em mim a tua velha Leopoldina; meu caráter animado e brincalhão se transformou em melancolia".[33]

Era o começo do fim. Em novembro de 1826, dom Pedro partiu para o Rio Grande do Sul com o objetivo de acompanhar de perto os desdobramentos da Guerra Cisplatina. No dia 29, doente e deprimida, Leopoldina presidiu a reunião do conselho de ministros. Foi seu último compromisso público. Nas horas seguintes começou a ter febre alta e crises convulsivas. No dia 2 de dezembro, abortou o feto de um menino. Estava na nona gravidez. Morreu às 10h15 do dia 11 de dezembro, um mês antes de completar 29 anos.

As circunstâncias da morte são ainda hoje um mistério. Boatos na época diziam que teria sido agredida por dom Pedro com um pontapé na barriga durante uma discussão na presença da marquesa de Santos. No dia 20, antes de partir para o Sul, dom Pedro promovera um beija-mão de despedida. Domitila estava presente, mas Leopoldina se refugiou em seus aposentos alegando febre alta. Irritado com a ausência da imperatriz, dom Pedro teria tentado arrastá-la à força até a sala da cerimônia puxando-a pelo braço. Diante da resistência obstinada, lhe teria desfechado o chute no abdômen.

Ainda segundo esses boatos, ao ser espancada pelo marido, Leopoldina teria caído de uma escada e fraturado o fêmur. A exumação de seus restos mortais, feita 186 anos depois pela arqueóloga e historiadora Valdirene do Carmo Ambiel, da Universidade de São Paulo, encarregou-se de desmentir essa suspeita. Nos exames de imagens realizados no laboratório do Hospital das Clínicas de São Paulo entre fevereiro e setembro de 2012, constatou-se que Leopoldina nunca teve fratura no fêmur — o que, obviamente, não significa que jamais tenha sofrido agressões físicas por parte do marido.[34]

Sua última carta à irmã, ditada à marquesa de Aguiar às quatro da manhã de 8 de dezembro de 1826, três dias antes de morrer, parecem confirmar essas agressões:

> *Reduzida ao mais deplorável estado de saúde e tendo chegado ao último ponto da minha vida em meio aos maiores sofrimentos, terei também a desgraça de não poder eu mesma explicar-te todos aqueles tormentos que há tempo existiam impressos na minha alma. [...] Há quase quatro anos [...] que por amor de um monstro sedutor me vejo reduzida ao estado da maior escravidão e totalmente esquecida pelo meu adorado Pedro. Ultimamente acabou de dar-me a última prova de seu total esquecimento a meu respeito, maltratando-me na presença daquela mesma que é a causa de todas as minhas desgraças. Faltam-me forças para me*

lembrar de tão horroroso atentado que será sem dúvida a causa da minha morte.[35]

A notícia da morte espalhou comoção pela cidade. O povo saiu às ruas em prantos. Escravos se lamentavam aos gritos: "Nossa mãe morreu. O que será de nós?". A casa da marquesa de Santos, apontada como culpada pelo sofrimento da imperatriz, foi apedrejada. Ao saber da morte de Leopoldina, dom Pedro retornou às pressas ao Rio de Janeiro e se trancou em luto de oito dias. Pelas cartas e bilhetes que deixou, sabe-se hoje que o luto foi mais aparente do que real. Já na noite seguinte ao regresso, dom Pedro foi enxugar as lágrimas na cama da marquesa de Santos.

9. O HOMEM SÁBIO

TRÊS ANOS ANTES DA INDEPENDÊNCIA DO BRASIL, José Bonifácio de Andrada e Silva pediu autorização ao rei dom João VI para voltar a Santos, cidade em que nascera, no litoral paulista. Depois de viver 36 anos na Europa, sentia-se velho e cansado. Queria morrer em paz ao lado dos familiares. Como era funcionário graduado da Coroa portuguesa, dependia de aprovação para continuar a receber seus vencimentos no Brasil. Os pedidos, insistentes, se repetiam havia mais de uma década, mas eram sempre negados. "Estou doente, aflito e cansado", queixava-se a dom Rodrigo de Sousa Coutinho, futuro conde de Linhares, já em 26 de maio de 1806. "Logo que acabe meu tempo em Coimbra, vou deitar-me aos pés de Sua Alteza Real (o príncipe regente dom João) para que me deixe ir acabar o resto dos meus cansados dias nos sertões do Brasil a cultivar o que é meu."[1] Em 1819, a autorização finalmente foi concedida.

Ao regressar ao Brasil, tinha 56 anos, idade relativamente avançada para a época. Até ali, tivera uma vida memorável. Havia partido para a Europa em 1783, com apenas vinte anos. Na Universidade de Coimbra estudou direito, filosofia e matemática.

Aluno brilhante, ganhara uma bolsa para estudar química e mineralogia em outros países europeus. Esteve na Alemanha, na Bélgi-
ca, na Itália, na Áustria, na Hungria, na Suécia e na Dinamarca.
Em Paris, primeira escala da viagem, testemunhou em 1790 e 1791
o furor da Revolução Francesa. Alguns anos mais tarde estaria
nas trincheiras de Portugal, lutando contra as tropas invasoras do
imperador Napoleão Bonaparte, enquanto a corte de dom João
fugia para o Brasil. Por isso, em 1819, o homem que haveria de
passar para a posteridade como "o Patriarca da Independência"
acreditava já ter cumprido seu destino. Queria apenas que lhe
deixassem passar o restante da vida como um modesto agricultor
em Santos.

O que José Bonifácio não imaginava é que seu grande papel
na história ainda estava por acontecer. Caberia a ele ser o principal conselheiro do príncipe regente e futuro imperador dom Pedro I num momento crucial para a construção do Brasil. Bonifácio esteve à frente do ministério de dom Pedro por escassos
dezoito meses, de janeiro de 1822 a julho de 1823, mas nenhum
outro homem público brasileiro realizou tanto em tão pouco
tempo. Sem ele, o Brasil de hoje provavelmente não existiria. Na
Independência, Bonifácio era "um homem que tinha um projeto
de nação", na definição do historiador e jornalista Jorge Caldeira.[2] Acreditava que a única maneira de impedir a fragmentação
do território brasileiro após a separação de Portugal seria equipá-
-lo com um "centro de força e unidade" sob o regime de monarquia constitucional e a liderança do imperador Pedro I. Foi essa a
fórmula do Brasil que triunfou em 1822.

Até aquele momento faltava um elo que unisse os diversos
grupos de interesse na sociedade brasileira, composta de comerciantes, traficantes de escravos, fazendeiros, senhores de engenho, mineradores de ouro e diamante, clérigos, magistrados,
advogados, professores e funcionários públicos. Antes de sua

chegada ao ministério, o príncipe oscilava entre a pressão das tropas portuguesas no Rio de Janeiro, dos porta-vozes das cortes de Lisboa e dos grupos mais radicais da maçonaria, que viam nele apenas um instrumento para na verdade chegar à república. Outro foco de influência eram os amigos boêmios e oportunistas aos quais se ligara na juventude, caso do barbeiro Plácido de Abreu e do alcoviteiro Francisco Gomes da Silva, o Chalaça. Coube ao Patriarca a tarefa de afastá-lo, ainda que temporariamente, dessas influências nocivas e realizar a soldagem entre os diferentes materiais ideológicos na véspera da Independência. "O laço entre tais interesses e o príncipe foi obra de José Bonifácio", escreveu Raymundo Faoro na sua obra clássica *Os donos do poder*.[3]

Nascido em 1763, Bonifácio era quatro anos mais velho do que o rei de Portugal, dom João vi, e tinha idade para ser pai de dom Pedro. Quando o príncipe nasceu, em 1798, já era um dos cientistas mais respeitados e admirados da Europa. Entre outras realizações, publicaria tratados para melhorar a pesca da baleia, o plantio de bosques e a recuperação de minas exauridas em Portugal. Como mineralogista, sua especialidade, descreveria doze novos tipos de minerais.[4] Uma delas, a petalita, seria usada em 2008 para tornar os fornos de micro-ondas mais eficientes e econômicos.[5] Em homenagem ao brasileiro, em 1868 o cientista norte-americano James Dwight Dana batizaria a descoberta de uma rocha com o nome de andradita.

Apesar da diferença no saber, na experiência e na idade, Bonifácio e dom Pedro se complementavam na forma inquieta de viver. O Patriarca passou para a história como um homem sisudo e austero. É uma imagem equivocada. Boêmio e bom de copo, costumava terminar as madrugadas dançando lundu — ritmo musical típico do Brasil colonial — em cima de uma mesa. Prendia o cabelo em forma de rabo de cavalo na nuca. Nas cerimônias e ocasiões importantes escondia o rabicho sob a gola da jaqueta.

Era poeta e bom contador de histórias. Como dom Pedro, amava as mulheres e teve inúmeras amantes que lhe deram duas filhas bastardas. Manejava bem uma espada e havia rumores de que havia matado quatro homens em duelo.[6] Ao encontrá-lo no Rio de Janeiro, a viajante inglesa Maria Graham ficou imediatamente seduzida. "Era um homem pequeno, de rosto magro e pálido; [...] suas maneiras e sua conversa impressionam logo o interlocutor", anotou em seu diário. "Encontrei-o cercado de moços e crianças, algumas das quais ele punha nos joelhos e acariciava; via-se facilmente que era muito popular entre a gente pequena."[7]

Reação semelhante teve o barão Guilherme Luís von Eschwege, mineralogista alemão, ao conhecê-lo anos antes nas minas de Figueiró dos Vinhos, em Portugal. "Baixo e magro, com um rosto pequeno e redondo, em que se destacava o nariz curvo e com algo de aristocrático, olhos pretos, miúdos, mas muito brilhantes, cabelos negros, finos e lisos, presos numa trança escondida na gola da jaqueta", registrou. No terceiro botão da jaqueta marrom, "bastante surrada", exibia a condecoração da Ordem de Cristo, que recebera por relevantes serviços prestados a Portugal. No bolso direito, uma espécie de corneta com fita vermelha, emblema da magistratura. Na cabeça, um chapéu redondo com o distintivo das cores portuguesas. A casa em que morava era simples e rústica, equipada com modesta mesa de pinho, bancos de pedra e cadeiras com assento e encosto de palhinha. A cozinheira, "bigoduda e sem dentes", segundo Eschwege, usava tamancos sem meias. Bonifácio lhe pareceu vaidoso e arrogante. Quando alguém elogiava alguma obra no departamento que dirigia, respondia sem titubear: "Fui eu que fiz". Se o tom era de crítica, porém, retrucava: "É obra do burro e imbecil feitor que não cumpriu as minhas ordens".[8]

Esse estilo desassombrado de viver fascinou de imediato o jovem dom Pedro quando o encontrou no começo de 1822. "Não tenho a recomendar-lhe atividade por conhecer que nela me é igual", escreveu o príncipe ao ministro, numa carta despachada de São João del-Rei em 3 de abril de 1822. Finalizava dizendo: "Deus lhe dê anos bastantes de vida para de comum acordo comigo acabarmos a grande obra começada e que com a sua cooperação espero acabar".[9] A grande obra era, obviamente, a Independência do Brasil — e nela dom Pedro elegia Bonifácio seu mais próximo colaborador.

No Rio de Janeiro, o príncipe visitava-o diariamente, sem marcar audiência. Quando tinha algum assunto para discutir, montava a cavalo e dirigia-se à casa do ministro, situada no centro da cidade. Nem sequer se dava ao trabalho de avisar que estava chegando. O diplomata francês Jean-Baptiste Maler conta que passava pela porta da casa de Bonifácio quando ouviu alguém perguntar se a pessoa que acabara de entrar era dom Pedro. "Sim, é o príncipe, ajudante de ordens de José Bonifácio", foi a resposta que Maler ouviu, em tom irônico.[10]

Em São Paulo, os Andrada formavam a elite de uma província orgulhosa que, apesar do isolamento, acompanhava com interesse as grandes transformações na Europa e nos Estados Unidos. Responsáveis pelas entradas e bandeiras que nos séculos anteriores haviam desbravado os sertões e expandido as fronteiras do Brasil, os paulistas do começo do século XIX estavam longe de ser todos matutos ou caipiras. Ao viajar pela região nas vésperas da Independência, o botânico francês Auguste de Saint-Hilaire os definiu como "homens altivos, intrépidos, habituados a uma vida áspera de lutas, fadigas e privações".[11]

O Patriarca era o segundo filho de Bonifácio José Ribeiro de Andrada e Maria Bárbara da Silva, próspera família de comerciantes que no século XVIII havia enriquecido com a troca de ouro por escravos, ferragens e outras mercadorias. Seu avô, o comerciante português coronel José Ribeiro de Andrada, tinha chegado ao Brasil na grande onda migratória desencadeada pela descoberta de minérios e pedras preciosas em Minas Gerais.[12] A riqueza acumulada nesse período tinha permitido à família enviar quatro dos dez filhos para estudar em Coimbra, o centro formador da elite colonial brasileira. Desses, além de José Bonifácio, outros dois teriam papel de importância na Independência do Brasil. O advogado Antônio Carlos, recém-saído da prisão por envolvimento com a Revolução Pernambucana de 1817, seria deputado nas cortes de Lisboa e na Assembleia Constituinte de 1822 e ministro no Segundo Reinado. O mineralogista Martim Francisco ocuparia o cargo de ministro da Fazenda no primeiro governo de dom Pedro, encabeçado pelo irmão mais velho José Bonifácio. Juntos, os três seguiriam para o exílio na Europa depois da dissolução da Constituinte, em 1823. E de lá Bonifácio só voltaria seis anos depois para assumir, em 1831, a função de tutor dos filhos de dom Pedro I.

Os Andrada eram "insolentes e orgulhosos", segundo o historiador Octávio Tarquínio de Sousa. No começo do século XIX, confrontaram várias vezes o governador de São Paulo, António José da Franca e Horta, um homem autoritário nomeado pela Coroa portuguesa que se gabava de não depender ou merecer atenção da "liga do povo". Num dos confrontos, fizeram uma queixa formal ao príncipe regente dom João. No documento, assinado por toda a família e encabeçado pela mãe, Maria Bárbara, os Andrada lembravam que São Paulo era "uma capitania [...] a que Portugal deve o descobrimento e o povoamento de quase todo o interior do Brasil".[13] Anos mais tarde, numa das sessões das cortes de Lisboa, Antônio Carlos gritou ao perceber que os demais deputados não prestavam atenção ao seu discurso: "Silêncio! Aqui desta tribuna até os reis hão de ouvir-me!".[14]

No Brasil de 1822, José Bonifácio desempenhou papel equivalente ao de Thomas Jefferson na Independência dos Estados Unidos. Com três diferenças, todas a favor do brasileiro. Jefferson, que também vivera em Paris na época da Revolução Francesa, se deixou seduzir pelo ardor revolucionário e, durante algum tempo, acreditou sinceramente que o regime de terror e as milhares de execuções na guilhotina eram aceitáveis em nome do avanço das novas ideias políticas. "A árvore da liberdade precisa ser irrigada de tempo em tempo pelo sangue de patriotas e tiranos", afirmou ao justificar os excessos dos revolucionários franceses. "É a sua forma natural de crescer."[15] Bonifácio, ao contrário, assustou-se e aprendeu muito com o que viu nas ruas de Paris. Percebeu que a energia das massas, sem controle e não canalizada para instituições como o parlamento, poderia ser tão nociva quanto a tirania de um soberano absoluto, ou até mais. Por isso, esforçou-se para impedir que o processo de Independência fugisse do controle das instituições monárquicas e desaguasse na república, regime para o qual acreditava que o Brasil ainda não estivesse preparado em virtude da enorme proporção de escravos, analfabetos e miseráveis que compunham a sociedade brasileira. A segunda diferença é que Jefferson não tinha nenhum senso de humor. Era um fazendeiro chato e aferrado ao protocolo. Bonifácio, ao contrário, era afável, divertido e adorava contar piadas.

A terceira e principal diferença estava relacionada à escravidão. No ano em que escreveu a Declaração de Independência norte-americana — pela qual "todos os homens nascem iguais" e com direitos que incluíam a liberdade —, Jefferson era dono de 150 escravos e tinha entre suas principais atividades o tráfico negreiro. Como bom representante da aristocracia rural do estado da Virgínia, bateu-se até o fim da vida contra qualquer proposta de abolição da escravatura. No seu entender, portanto, todos os homens nasciam livres e com direitos, desde que fossem brancos. Bonifácio, ao contrário, nunca teve escravos e era um abolicionista convicto.[16] "É tempo pois, e mais que tempo, que acabemos com um tráfico tão bárbaro e carniceiro", afirmou a respeito da compra e venda de cativos africanos. "É tempo também que vamos acabando gradualmente até com os últimos vestígios da escravidão entre nós, para que venhamos a formar em poucas gerações uma nação homogênea, sem o que nunca seremos verdadeiramente livres, responsáveis e felizes."[17]

Curiosamente, apesar da diferença de opiniões sobre a escravidão, os dois estadistas tinham apetite sexual que extrapolava as fronteiras raciais. Jefferson teve inúmeros filhos com uma de suas escravas, Sally Hemings. Nunca os reconheceu. A paternidade só foi comprovada em 1998 por exames de genética nos descendentes de Sally, trabalho que até hoje a linhagem branca da família Jefferson tenta desacreditar. Bonifácio também teve amantes negras e mulatas, embora só existam notícias de duas filhas ilegítimas com mulheres brancas — uma nascida em Paris e outra em Portugal.[18] Sua visão a respeito da diversidade racial brasileira era generosa e otimista. "Nós não conhecemos diferenças nem distinções na família", anotou. Acreditava que a miscigenação racial brasileira era uma virtude da qual o país poderia se beneficiar no futuro. "O mulato deve ser a raça mais ativa e empreendedora, pois reúne a vivacidade impetuosa e a robustez do negro com a mobilidade e a sensibilidade do europeu", escreveu, antecipando parte das ideias que no século xx daria fama ao sociólogo pernambucano Gilberto Freyre, autor de *Casa-grande & senzala*.[19]

Num país de analfabetos, rural e atrasado, José Bonifácio era mais viajado, cosmopolita e bem preparado do que qualquer estadista ou intelectual português ou brasileiro do seu tempo. Era um homem avançado nas ideias e nos planos para o Brasil. "Ele estava à frente de todos, era um vanguardeiro de sua época, no meio daqueles fantasmas e fósseis que o circundavam", observou o historiador José Honório Rodrigues.[20] Em 1819, ao obter autorização do rei para voltar a Santos com a mulher, a irlandesa Narcisa Emilia O'Leary, e três filhas — das quais uma ilegítima —, trazia uma biblioteca particular com 6 mil volumes e uma grande coleção de minerais. Depois de passar 36 anos na Europa, ficou chocado ao observar que a ignorância e a exploração da mão de obra escrava resistiam entre seus patrícios com o mesmo vigor da época em que partira. "No Brasil há um luxo grosseiro a par de infinitas privações de coisas necessárias", registrou ao chegar.[21]

Um resumo das ideias de Bonifácio pode ser observado nas instruções que escreveu para a bancada paulista às cortes de Lisboa, em 1821. As "Lembranças e Apontamentos do Governo Provisório para os Senhores Deputados da Província de São Paulo", título do documento, são um conjunto notável de propostas inovadoras, que ainda hoje fariam sentido no Brasil.[22] Além da preocupação com a unidade brasileira, Bonifácio defendia a catequização e a civilização dos "índios bravios", a transformação dos escravos em "cidadãos ativos e virtuosos" e uma reforma agrária que substituísse o latifúndio improdutivo pela pequena propriedade familiar. O plano incluía educação fundamental gratuita para todos e a criação de "pelo menos uma universidade" para o ensino superior de medicina, filosofia, direito e economia. Mais surpreendente ainda era a proposta de transferência da capital, do Rio de Janeiro para uma cidade a ser criada nas cabeceiras do rio São Francisco, em região próxima à serra da Canastra, no centro-oeste de Minas Gerais, com o objetivo de promover e facilitar a integração nacional — projeto que seria executado em outra região do centro-oeste brasileiro um século e meio depois por Juscelino Kubitschek, responsável pela construção de Brasília.[23]

A questão fundamental, no entanto, era a da escravidão. E, como se verá nos capítulos seguintes, ela haveria de selar o destino de Bonifácio à frente do governo de dom Pedro porque mexia no alicerce sobre o qual assentavam todas as relações sociais do Brasil até então. Fazia trezentos anos que o tráfico de escravos funcionava como o motor da economia colonial, fornecendo mão de obra barata para as lavouras de cana-de-açúcar, algodão e tabaco, as minas de ouro e diamante e outras atividades. José Bonifácio, porém, acreditava que o Brasil estava condenado a continuar no atraso enquanto não resolvesse de forma satisfatória a herança escravagista. Não bastava libertar os escravos. Era preciso incorporá-los à sociedade como cidadãos de pleno direito. O regime de escravidão, dizia ele, corrompia tudo e impedia que a sociedade evoluísse. O resultado era a degradação dos costumes públicos e privados, o luxo e a corrupção em lugar de civilização e indústria, o atraso na agricultura, o desperdício de dinheiro na compra de negros para substituir os que morriam ou ficavam doentes.

"Como poderá haver uma constituição liberal e duradoura num país continuamente habitado por uma multidão imensa de escravos brutos e inimigos?", perguntava no projeto que apresentou na Constituinte de 1823. "Dirão talvez que [...] a liberdade dos escravos será atacar a propriedade. Não vos iludais, senhores, a propriedade foi sancionada para o bem de todos. [...] Se a lei defender a propriedade, muito mais deve defender a liberdade pessoal dos homens, que não podem ser propriedade de ninguém." Ao incluir essas ideias no documento, Bonifácio introduzia um conceito totalmente novo nas leis brasileiras, o de justiça social, que se tornaria um paradigma nos debates nacionais a partir do século XX. A lei não deveria existir apenas para preservar a ordem reinante, proteger a propriedade, regular as relações sociais e garantir privilégios estabelecidos. Tinha outra função, transformadora, que era servir de instrumento na distribuição mais justa de direitos e oportunidades de modo a compensar o desequilíbrio de forças entre os grupos mais fortes e menos favorecidos da sociedade. "Os negros são homens como nós", afirmava.[24]

A oportunidade de colocar todas essas ideias em prática surgiu no fim de 1821, quando chegou a Santos a notícia sobre os decretos das cortes que dividiam o Brasil e ordenavam o embarque de dom Pedro para Portugal. Doente, atacado por uma erisipela, Bonifácio foi procurado numa noite chuvosa em sua casa no bairro de Santana por Pedro Dias de Macedo Paes Leme, emissário do Rio de Janeiro, que lhe relatou o clima de revolta contra os portugueses na capital. No dia 24 de dezembro, a Junta Provisória da Província de São Paulo lançou um manifesto endereçado a dom Pedro. O tom do documento, redigido por Bonifácio, vice-presidente da junta, era furioso. Alertava para o "rio de sangue que decerto vai correr pelo Brasil", caso o príncipe se curvasse às exigências da corte e voltasse para Portugal:

Vossa Alteza Real [...] além de perder para o mundo a dignidade de homem e de príncipe, tornando-se escravo de um pequeno número de desorganizadores, terá também que responder perante o céu, do rio de sangue, que decerto vai correr pelo Brasil com a sua ausência, pois seus povos, quais tigres raivosos, acordarão decerto do sono amadornado em que o velho despotismo os tinha sepultado, em que a astúcia de um novo maquiavelismo constitucional os pretende agora conservar. Nós lhe rogamos [...] que se confie corajosamente no amor e fidelidade de seus brasileiros, mormente dos seus paulistas, que estão todos prontos a verter a última gota de seu sangue, a sacrificar todos os seus haveres para não perderem um príncipe idolatrado, em quem têm posto todas as esperanças bem fundadas da sua felicidade e da sua honra nacional.[25]

José Bonifácio chegou ao Rio de Janeiro acompanhado dos deputados de São Paulo no dia 18 de janeiro de 1822, uma semana depois do Dia do Fico e já nomeado ministro à sua revelia. Angustiada pelos acontecimentos na semana anterior, a princesa Leopoldina foi encontrá-lo a cavalo a meio caminho entre a Real Fazenda de Santa Cruz e o porto de Sepetiba, onde a comitiva desembarcou. Ela sabia que o impulsivo, porém inexperiente, marido precisava de apoio e orientação naquele momento difícil. Ao apresentar a Bonifácio os filhos pequenos disse: "Estes dois brasileiros são vossos patrícios e eu peço que tenhais por eles um amor paternal".[26]

O historiador Octávio Tarquínio de Sousa conta que dom Pedro estava tão ansioso quanto Leopoldina para encontrar-se com os paulistas. Por isso, os recebeu entre nove e dez horas da noite, sem que tivessem tempo de mudar as roupas com as quais viajavam. Todos foram introduzidos no palácio por uma porta privada, e ali mesmo o príncipe comunicou a nomeação de Bonifácio. Recebeu um sonoro "não" como resposta. O paulista avisou que se dispunha a ajudar o príncipe em tudo que precisasse, menos como ministro. Depois de alguns instantes de impasse, voltou atrás e anunciou que aceitaria mediante algumas condições. Dom Pedro perguntou quais eram. Bonifácio pediu uma conversa a sós, "de homem a homem". Nunca se soube o conteúdo do diálogo que se seguiu entre os dois, mas Bonifácio saiu dali ministro, como queria dom Pedro.

Qual teria sido a condição por ele imposta ao príncipe para aceitar o cargo? Tarquínio acredita que seria a promessa formal de dom Pedro de que não sairia do Brasil em hipótese alguma. Era essa a base fundamental do projeto de governo de Bonifácio: a Independência com o Brasil unido em torno do príncipe herdeiro de Portugal. "Aceitava o lugar de ministro, em pleno processo revolucionário, para encaminhar a solução que lhe parecia mais conveniente: a Independência com a monarquia constitucional, as liberdades individuais garantidas por uma autoridade estável e desinteressada", analisou Tarquínio.[27] Na verdade, queria mais que isso: uma profunda reforma na estrutura social e econômica do país, com a extinção do tráfico negreiro e a gradual abolição da escravidão, a reforma agrária e a educação para todos. Só a primeira parte funcionou, mas isso bastou para transformá-lo no Patriarca, o personagem mais importante da Independência do Brasil ao lado do próprio dom Pedro.

Preso e deportado para a França depois da dissolução da primeira Constituinte brasileira, em novembro de 1823, José Bonifácio se converteria em áspero crítico de dom Pedro. No exílio brotaria também mais um dos seus muitos e surpreendentes talentos, a poesia. Suas composições, publicadas mais tarde no livro *O poeta desterrado* sob o pseudônimo de Américo Elísio, mostram uma obra de qualidade bastante razoável, acima da média dos brasileiros da época, e muito superior à de dom Pedro I, um poeta medíocre. A viajante inglesa Maria Graham ficou encantada ao receber de Bonifácio um desses poemas, que ela definiu como "brilhante como o sol sob o qual foi escrito, e tão puro quanto sua luz". Intitulado "A criação da mulher", é uma ode a Eva, companheira de Adão no Jardim do Éden, e termina com os seguintes versos:

> *Ao vê-la o homem*
> *Pasma, estremece!*
> *Quer abraçá-la,*
> *Corre, enlouquece!*
>
> *Ela responde*
> *Sou tua esposa:*
> *Deixa a tristeza,*
> *Ama-me, e goza*[28]

Bonifácio voltou do exílio seis anos mais tarde para reencontrar um dom Pedro amadurecido pelos difíceis embates políticos que enfrentara desde sua partida. Em decisão surpreendente, o imperador esqueceria as mágoas do passado ao nomeá-lo responsável pela educação dos filhos — entre eles o futuro dom Pedro II — antes de abdicar ao trono brasileiro e também partir para a Europa, em 1831. O texto do decreto comprova o respeito que havia entre os dois principais artífices da Independência brasileira: "Nomeio tutor de meus amados filhos o muito probo, honrado e patriótico cidadão, o meu verdadeiro amigo José Bonifácio de Andrada e Silva", escreveu dom Pedro.

O novo posto, no entanto, recolocou o antigo ministro no alvo dos adversários políticos. Afastado da tutoria de dom Pedro II em 1833, foi preso por "conspiração e perturbação da ordem pública". Acusavam-no de liderar um complô para trazer dom Pedro I de volta ao Brasil. Ao anunciar a demissão de Bonifácio, Aureliano de Souza e Oliveira Coutinho, um dos ministros responsáveis pela decisão, escreveu à dona Mariana de Verna, camareira-mor do palácio e sua aliada: "Parabéns, minha senhora, custou, mas demos com o colosso em terra".[29] Julgado à revelia e absolvido depois de dois anos, Bonifácio morreu às três horas da tarde de 6 de abril de 1838, em Niterói, perto da ilha de Paquetá, na baía de Guanabara, onde se recolhera em exílio voluntário e desiludido com os rumos da política brasileira. Seus restos mortais estão hoje depositados no Panteão dos Andradas, monumento erguido em memória à família do Patriarca na cidade de Santos.

10. A GUERRA

BRASILEIROS E PORTUGUESES QUE HOJE se encontram nas padarias de São Paulo e nos restaurantes de Lisboa, tomam cerveja juntos nas praias de Natal e Fortaleza, se confraternizam nos jogos do Vasco da Gama no Rio de Janeiro ou se encantam com as mesmas telenovelas e minisséries de TV transmitidas nas duas margens do Atlântico não fazem ideia do clima de ódio e confronto que envolveu esses dois povos no ano da Independência do Brasil. Enquanto na metrópole e em sua antiga colônia crescia a radicalização dos discursos e documentos, nas ruas as pessoas eram caçadas a golpes de porretes e pontapés ou até assassinadas a sangue-frio. "Ensopai a terra no sangue dos tiranos portugueses", pregava o médico e jornalista Cipriano Barata no jornal *Sentinela da Liberdade* de abril de 1823. "Rasgai de uma vez as entranhas desses monstros."[1]

Na semana do Dia do Fico, bandos armados de portugueses percorriam as ruas do Rio de Janeiro em atitude de desafio aos brasileiros que apoiavam a decisão do príncipe regente de contrariar as cortes de Lisboa e permanecer no Brasil. "Esta cabrada se leva a pau", gritavam. Na Bahia, a procissão da tradicional Festa de São José, santo padroeiro dos comerciantes portugueses, foi dispersada no dia 19 de março de 1822 por uma chuva de pedras atiradas do alto dos morros por filhos de escravos, supostamente por ordens de seus senhores brasileiros. Dois dias depois, oficiais e soldados lusitanos foram novamente vaiados e obrigados a fugir sob uma saraivada de pedras disparada na baixa dos Sapateiros.[2] Revidavam quebrando vidraças e lanternas nas ruas ou se entrincheirando nas casas e nos edifícios públicos de armas na mão.

Enquanto isso, uma pitoresca guerra paralela, sem armas, ocorria nas páginas dos jornais e em cartórios de registros de nascimento. Era marcada por atitudes simbólicas, como a troca de nomes portugueses por denominações indígenas de árvores e animais silvestres para sinalizar a adesão à causa brasileira. Na Bahia, o jornalista e advogado negro Francisco Gomes Brandão, futuro visconde de Jequitinhonha, passou a assinar Francisco Jê Acaiaba de Montezuma com o objetivo de "animar o povo e tornar bem sensível o ressentimento baiano contra os lusitanos e [...] provar sua firme adesão à causa do Brasil".[3] A escolha do novo nome homenageava simultaneamente uma tribo indígena (Jê) e uma árvore brasileiras (Acaiaba) e o penúltimo imperador asteca do México (Montezuma), capturado pelo conquistador espanhol Hernán Cortés. Pelas páginas do jornal *O Volantim* de 30 de outubro de 1822, quase toda a tripulação e os passageiros do navio *Bonfim*, recém-chegado de Pernambuco ao porto do Rio de Janeiro, também anunciavam a troca de nomes. Padre Antônio de Sousa, de Alagoas, avisava que dali por diante seria conhecido por Antônio Cabra-Bode. O mestre Joaquim José da Silva passou a assinar Joaquim José da Silva Jacaré. O piloto José Caetano de Mendonça acrescentou Jararaca ao sobrenome. Seu colega, José Maria Migués, também acrescentou ao sobrenome português, Migués, o brasileiro Bentevi e justificou-se:

José Maria Migués, o piloto, anuncia ao público que os sentimentos liberais de que a natureza o dotou, e a terrível aversão que sempre tiveram os honrados pernambucanos ao monstruoso despotismo, não o deixam hesitar por mais tempo no desprezo que faz aos vis sarcasmos dos portugueses falsamente intitulados defensores da liberdade, uma vez que o egoísmo que reina nos corações tão avaros intenta escravizar o Império Diamantino e, querendo o anunciante não discrepar da união sentimental de seus patrícios, roga aos senhores brasileiros e inimigos do despotismo o reconheçam por José Maria Bentevi.[4]

Um mito recorrente a respeito da Independência do Brasil diz respeito ao caráter pacífico da ruptura com Portugal. Por essa visão, tudo teria se resumido a uma negociação entre o rei dom João VI e seu filho dom Pedro com algumas escaramuças isoladas e quase sem vítimas. É um erro. A Guerra da Independência foi longa e desgastante. Durou 21 meses, entre fevereiro de 1822 e novembro do ano seguinte. Nesse período, milhares de pessoas perderam a vida nas roças, morros, mares e rios em que se travou o conflito. O número de combatentes foi maior do que o das guerras de libertação da América espanhola na mesma época. Só na Bahia cerca de 16 mil brasileiros e 5 mil portugueses trocaram tiros durante um ano e quatro meses.[5]

Infelizmente, não existem estatísticas confiáveis a respeito do número de mortos, mas as evidências indicam ter sido maior do que se imagina. No Piauí, entre duzentos e quatrocentos brasileiros tombaram em cinco horas de combate na trágica e simbólica Batalha do Jenipapo, ocorrida no dia 13 de março de 1823. Na Bahia, de duzentas a trezentas pessoas morreram nas ruas de Salvador entre os dias 18 e 21 de fevereiro de 1822, mas curiosamente não se sabe o número de vítimas na maior de todas as batalhas, a do Pirajá, travada nos arredores da cidade no dia 8 de novembro do mesmo ano. Nesse caso, existem vagas referências a "mais de duzentos inimigos" mortos — ou seja, portugueses. Outros quinhentos lusitanos teriam morrido em um ataque à ilha de Itaparica em janeiro de 1823. No Pará, 255 homens morreram entre os dias 20 e 21 de outubro de 1823 no porão de um navio ancorado no cais de Belém e convertido em prisão improvisada sob o sol escaldante da Amazônia.

A soma desses números imprecisos com informações ainda mais vagas sobre enfrentamentos em outras regiões torna razoável supor que a Guerra da Independência brasileira custou entre 2 mil e 3 mil vítimas. É uma cifra relativamente baixa quando comparada aos 25 mil mortos da Guerra da Independência dos Estados Unidos, de 1775 a 1783. Ainda assim seria precipitado e simplista afirmar que a separação de Portugal resultou de um processo pacífico e negociado entre a colônia e sua antiga metrópole.

A guerra foi travada em duas frentes simultâneas. No Sul, as tropas portuguesas resistiram mais de um ano em Montevidéu, capital da província Cisplatina, então parte do Império brasileiro. Sitiadas pelo general Carlos Frederico Lecor, barão e futuro visconde de Laguna, renderam-se em 18 de novembro de 1823. A outra frente de combate se estendeu pelas regiões Norte e Nordeste, cujas províncias se dividiram em 1822. Fortes redutos de comerciantes portugueses, Pará e Maranhão simplesmente ignoraram o Grito do Ipiranga e declararam apoio irrestrito às cortes de Lisboa. Piauí e Alagoas também permaneceram obedientes a Portugal por algum tempo. Rio Grande do Norte e Ceará mergulharam em um período de grande confusão, do qual sairiam fiéis ao Rio de Janeiro. Pernambuco relutou, mas também aderiu à causa de dom Pedro I. A sorte da Independência, no entanto, se decidiria na Bahia, posição estratégica escolhida pelos portugueses para resistir e, se possível, reconquistar a partir dali as demais províncias consideradas rebeldes.

A ruptura formal entre Brasil e Portugal aconteceu no começo de 1822, após o Dia do Fico, quando as cortes declararam dom Pedro e seus ministros rebeldes e começaram os preparativos militares para atacar a antiga colônia. No dia 17 de junho, o representante brasileiro em Londres, Felisberto Caldeira Brant Pontes, comunicou ao governo do Rio de Janeiro que seiscentos homens armados em quatro navios tinham partido de Lisboa para a Bahia. No dia 20 de agosto, um novo relatório anunciava a partida de 1.500 soldados a bordo de uma reforçada esquadra que incluía o navio *Dom João VI*, com 74 canhões. Em 18 de setembro, uma terceira expedição estava sendo preparada com 2 mil homens. Em Londres circulavam rumores de que toda a guarnição portuguesa de Montevidéu seria transferida para a Bahia, com o objetivo de tornar Salvador uma cidade inexpugnável aos ataques brasileiros.[6]

Ao tomar conhecimento de notícias tão alarmantes, os brasileiros se prepararam para a guerra. No dia 1º de agosto de 1822, dom Pedro e seu ministério declararam "inimigas" as tropas que fossem enviadas de Portugal para o Brasil. Lanchas e navios portugueses porventura capturados deveriam ser incendiados ou afundados. O príncipe também determinava a fortificação dos pontos mais vulneráveis e recomendava que, em caso de desembarque bem-sucedido das tropas inimigas, as autoridades deveriam recorrer à "crua guerra de postos e guerrilhas" mediante a retirada de populações, boiadas e mantimentos para o interior até a vitória final contra os invasores.[7] No dia 11 de dezembro, um decreto confiscou todos os bens e propriedades dos portugueses que não tivessem aderido à Independência. No dia seguinte, navios brasileiros foram autorizados a capturar em alto-mar qualquer barco de bandeira portuguesa e a se apropriar da carga que transportassem.[8]

Devido à demora nas comunicações com a Europa, a guerra nos primeiros meses envolveu um jogo de esconde-esconde, repleto de boatos, em que nenhum dos lados sabia exatamente o que o adversário planejava nem quais eram as forças de que dispunha. A única certeza era de que tanto Portugal quanto o Brasil se encontravam em estado de penúria, com os cofres públicos vazios e sem dinheiro para contratar e pagar oficiais e soldados, comprar armas e munições e sustentar um conflito que exigia esforços em dois hemisférios.

Nesse confronto de esfarrapados, porém, Portugal tinha de início uma vantagem: era um país centenário, organizado e reconhecido pelos seus vizinhos europeus, que lhe poderiam hipotecar apoio político ou ceder empréstimos. Essa organização se estendia sobre o Brasil, cujas Forças Armadas — mesmo precárias — ainda eram portuguesas até as vésperas da Independência. Toda a linha de comando, composta em sua maioria de oficiais nascidos em Portugal, respondia às ordens de Lisboa. O Brasil, ao contrário, começava tudo do zero. Até 1822, não tinha Exército nem Marinha de guerra. O próprio governo, que acabara de se constituir com José Bonifácio à frente do Ministério, funcionava de forma desorganizada e improvisada. As ordens do Rio de Janeiro não eram acatadas pela maioria das províncias, ainda fiéis a Portugal. Sem reconhecimento internacional, as perspectivas de apoio diplomático eram nulas. Empréstimos, só a juros escorchantes.

O novo governo sabia que, em um território com mais de 8 mil quilômetros de litoral e separado da metrópole pelo oceano Atlântico, o domínio dos mares seria absolutamente crucial para assegurar a Independência. Era uma lição que os colonos norte-americanos tinham aprendido rapidamente e se revelara decisiva na guerra contra a Inglaterra. Em dezembro de 1775, antes ainda da Declaração de Independência, uma das primeiras providências do congresso dos Estados Unidos foi ordenar a construção de treze cruzadores com poder de fogo suficiente para enfrentar a poderosa Marinha britânica. A força naval constituiu-se desde então em pilar estratégico da defesa norte- -americana. Em 1814, os Estados Unidos lançaram a primeira embarcação militar movida a vapor, a *Demologos*, construída sob a supervisão de Robert Fulton, inventor da nova tecnologia. Seis anos mais tarde, em 1820, já tinham o maior navio de guerra do mundo, o *North Carolina*, com três deques e 102 canhões.[9]

O Brasil não tinha nada disso. Pelos cálculos do historiador naval britânico Brian Vale, no começo de 1822 dom Pedro podia contar com, no máximo, oito navios de guerra confiáveis com um total de duzentos canhões, enquanto os portugueses tinham catorze embarcações equipadas com o dobro de poder de fogo. Além disso, controlavam Salvador, principal polo da indústria naval portuguesa até então.[10] No Rio de Janeiro, as instalações navais e um número considerável de embarcações portuguesas haviam caído sob o controle dos brasileiros depois da expulsão da Divisão Auxiliadora do general Avilez. Tudo isso, no entanto, encontrava-se em adiantado estado de abandono, com fortifica- ções em ruínas, navios semiapodrecidos, cordas e madeirame carcomidos pela craca e outros vermes marinhos.

A organização de uma força naval confiável e poderosa era, portanto, a maior prioridade do primeiro gabinete organiza- do por José Bonifácio. Embarcações de desenho ultrapassado, que tinham chegado de Portugal com a corte em 1808 e estavam abandonadas no cais, foram reparadas às pressas. Listas come- çaram a percorrer o país com o objetivo de recolher fundos para a compra de navios, armas e munições. Para dar o exemplo, o imperador e a imperatriz fizeram as primeiras doações. A res- posta foi imediata. Era a primeira vez que os brasileiros se mobi- lizavam em torno de uma causa comum. Até mesmo pessoas humildes enviavam contribuições para o Rio de Janeiro, algumas de pequeno valor, mas muito simbólicas, como alianças de casamento e noivado.

No dia 12 de fevereiro de 1823, dom Pedro entregou solenemente ao país o brigue *Caboclo*, com dezoito canhões, primeiro navio comprado graças ao mutirão nacional. No mês seguinte, mais uma embarcação; o brigue britânico *Nightingale* foi rebatizado como *Guarani* e incorporado às forças imperiais com suas velas recuperadas e a carga completa de carvão que trazia da Inglaterra. Nas docas do Rio de Janeiro o movimento era incessante. O próprio imperador costumava passar o dia lá. Chegava ao amanhecer, subia aos estaleiros e distribuía ordens até o anoitecer.

Infelizmente, só vontade e sacrifício não eram suficientes para vencer Portugal. Além de precisar de um número muito maior de navios, o Brasil enfrentava uma dificuldade adicional: faltavam oficiais e marinheiros para comandar e defender as embarcações. Nessa época, havia no país cerca de 160 oficiais de Marinha, quase todos portugueses vindos com a corte de dom João em 1808. Além de poucos, não eram confiáveis. Ninguém tinha certeza de como reagiriam se tivessem de enfrentar seus compatriotas numa batalha. Os temores se confirmaram em janeiro de 1823, quando o primeiro oficial e a tripulação da escuna *Maria Teresa*, encarregados de proteger outros três barcos com armas e munições destinadas aos brasileiros na província Cisplatina, se rebelaram, prenderam o comandante e entregaram os navios e a carga às forças portuguesas aquarteladas em Montevidéu.[11]

As dificuldades do mar se reproduziam em terra. O Exército brasileiro herdara a estrutura das forças portuguesas da época da colônia, organizada em corpos de primeira, segunda e terceira linhas. As tropas de primeira linha, formadas por militares profissionais que recebiam soldo para permanecer no serviço ativo, eram dominadas por oficiais fiéis a Portugal. As outras duas — de segunda e terceira linhas — eram forças de reserva, constituídas pelos regimentos de milícias e ordenanças e só convocadas em caso de emergência. Seus integrantes, na maioria brasileiros, não recebiam soldo e geralmente faziam parte dos bandos de jagunços ou seguranças que os coronéis locais mantinham em suas fazendas. Embora fossem mais leais à causa brasileira do que as tropas de primeira linha, tinham a desvantagem de serem mal treinadas e estarem dispersas pelo território, sem um comando unificado e seguro.

Além disso, em todo o Brasil predominava uma aversão generalizada ao serviço militar. Os soldados eram recrutados de forma arbitrária pelos coronéis e capitães do mato. Nas cidades de Vila Rica (atual Ouro Preto), Sabará e São João del--Rei, houve casos em que a população foi convocada para se reunir na praça central com a desculpa de que ali haveria uma cerimônia religiosa ou um comunicado importante. Ao se aproximarem, no entanto, os rapazes eram surpreendidos pelos soldados da corte que os laçavam com cordas e os despachavam para o Rio de Janeiro.

Os novos recrutas chegavam à capital acorrentados uns aos outros pelo pescoço e vigiados por guardas a cavalo. Alguns, mais rebeldes, tinham também os pés algemados. Viajavam dias seguidos sem comer. Em 1826, já bem depois de terminada a Guerra da Independência, o Ceará ofereceu 3 mil recrutas ao imperador. Embarcados para o Rio de Janeiro no porão de um navio, 553 deles morreram de fome e sede durante a viagem. Nos quartéis a disciplina era bárbara. Os infratores e preguiçosos eram punidos com pauladas, chibatadas ou pranchadas (açoite com a lâmina da espada usada em forma de prancha).

O pavor do serviço militar entre a população pobre do interior era tão grande que muitos jovens amputavam dedos dos pés e das mãos na tentativa de fugir ao recrutamento. Por essa razão, uma portaria de 7 de janeiro de 1824 ordenava que não fossem dispensados os candidatos que "tiverem falta de dentes, de um dedo na mão direita ou do olho esquerdo". Quem tinha dinheiro ou prestígio recorria aos chefes locais para obter a dispensa. Ao passar pela cidade de Castro, no Paraná, em 1820, o botânico francês Auguste de Saint-Hilaire encontrou os moradores locais em polvorosa. Mais de mil pessoas tinham se refugiado no Rio Grande do Sul, tentando escapar do recrutamento. "As casas estavam vazias e abandonadas", registrou o francês.[12] "Na prática, o recrutamento forçado atingia apenas as classes mais humildes e desprotegidas", explicou o historiador militar gaúcho Juvêncio Saldanha Lemos. "Mas foram esses homens que, humilde e anonimamente, ampararam a Independência."[13]

Sem tempo, dinheiro e condições de construir navios, treinar e recrutar homens em território brasileiro, a solução foi procurar reforços na Europa. O momento era particularmente favorável a esse tipo de iniciativa. Com o fim das guerras napoleônicas, os países europeus eram um celeiro de bons oficiais, marinheiros e navios militares. Em 1822, a Inglaterra tinha 134 navios de guerra nos mares, menos de 20% dos 713 comissionados em 1813, quando Napoleão estava no auge do poder. O restante da frota permanecia ocioso nos portos. Dos 5.450 oficiais, 90% estavam desempregados ou viviam em regime de meio soldo.

Foi nesse manancial que o brasileiro Felisberto Caldeira Brant Pontes começou sua pescaria. As ofertas brasileiras não eram das melhores. Um tenente receberia oito libras esterlinas por mês, um terço menos do que ganhava na Marinha britânica em tempos de guerra. Em compensação, teria um contrato de, no mínimo, cinco anos. Ao final desse prazo, se optasse por voltar à Inglaterra, teria direito a uma pensão vitalícia equivalente à metade do salário na ativa. Em setembro de 1822, Brant informou de Londres que um antigo oficial britânico, James

Thompson, tinha lhe oferecido duas fragatas equipadas com armamentos, oficiais e marinheiros. José Bonifácio mandou comprar as duas. Um mês mais tarde, Brant recebeu instruções para comprar mais quatro pagando com empréstimos ou bônus do tesouro nacional.[14]

A compra de navios e a contratação de mercenários deram algum fôlego às esperanças brasileiras, mas apresentavam um novo problema. Em 1819, para evitar a evasão de oficiais e marinheiros, a Inglaterra havia criado uma lei — chamada de Foreign Enlistment Act — proibindo que seus cidadãos prestassem serviços a governos estrangeiros na condição de mercenários. Previa punições tanto para os infratores ingleses como para os países envolvidos nessas contratações. Sendo a Inglaterra a principal potência marítima e econômica do planeta, todo cuidado era pouco. Medidas semelhantes foram adotadas em outros países, como a Áustria, a Prússia e a Suíça.

Para burlar essas leis, os representantes brasileiros passaram a recrutar os mercenários sob o disfarce de colonos agricultores. Nos documentos, os marinheiros eram identificados como "trabalhadores", enquanto os oficiais apareciam como "supervisores" ou "feitores". Ao ser despachado para a Europa, em agosto de 1822, o alemão Jorge Antonio von Schäffer, amigo e agiota da imperatriz Leopoldina, recebeu de José Bonifácio instruções para contratar "atiradores que debaixo do disfarce de colonos serão transportados ao Brasil, onde deverão servir como militares pelo espaço de seis anos".[15] Muitos dos contratados, porém, não eram atiradores nem mercenários profissionais. Eram simples camponeses pobres que embarcavam para o Brasil enganados por falsas promessas.

Em anúncios publicados nos jornais alemães, o esperto Schäffer prometeu mundos e fundos em nome do imperador brasileiro a quem se dispusesse a migrar para o Brasil. Os bene-

fícios incluíam viagem paga, um bom lote de terra, subsídio diário em dinheiro do governo nos dois primeiros anos, cavalos,
bois, ovelhas e outros animais, em proporção ao número de pessoas de cada família, concessão imediata de cidadania brasileira,
liberdade de culto religioso e isenção de impostos por dez anos.
Era tudo mentira. Ao chegar ao Brasil, os alemães recrutados
por Schäffer descobriram que, antes de tomar posse da tão so-
nhada terra, iriam para a guerra. Muitos morreram enquanto
suas famílias esperavam meses antes de ser encaminhadas para
São Leopoldo, no Rio Grande do Sul. Deixadas à míngua, só a
garra e o espírito de solidariedade as salvaram da miséria ou da
morte enquanto esperavam em vão que os pais e os maridos vol-
tassem dos campos de batalha.[16]

A Guerra da Independência foi decidida pela bravura dos
patriotas brasileiros, dos colonos e mercenários estrangeiros,
mas também por uma mudança abrupta nos rumos da política
portuguesa. Em julho de 1823, chegaram da Europa notícias de
que as cortes constitucionais de Lisboa haviam sido destituí-
das depois de uma rebelião comandada pelo infante dom Miguel, irmão mais novo de dom Pedro. Como resultado, o rei
dom João VI estava novamente restituído a seus poderes de
monarca absoluto.

Para os adeptos do constitucionalismo português nas províncias do Norte e do Nordeste do Brasil, foi um balde de água
gelada. A causa pela qual tinham lutado nos meses anteriores se
dissolvera no ar. A inesperada reviravolta na antiga metrópole
significava que estavam entregues à própria sorte. A partir daquele momento, não receberiam mais apoio militar, financeiro
ou político do outro lado do Atlântico. Enquanto isso, no Rio de
Janeiro, o governo de dom Pedro I se fortalecia a cada nova vitória militar ou adesão colhida nas províncias até então resisten-
tes. Nesse mesmo mês de julho, os portugueses evacuaram Sal-

vador, onde tinham resistido por um ano e quatro meses. Em seguida, foi a vez de Maranhão e Pará aderirem ao Brasil monárquico e independente.

A história da rendição portuguesa das províncias do Norte e do Nordeste foi marcada pela presença do almirante lorde Thomas Cochrane, um escocês louco por dinheiro e um herói maldito da Independência do Brasil.

11. LOUCO POR DINHEIRO

EM UMA VISITA OFICIAL À abadia de Westminster, em Londres, na condição de presidente da República do Brasil, o maranhense José Sarney aproximou-se de uma tumba de 1860 situada no chão da parte central da nave e, sem que os acompanhantes percebessem, pisou com firmeza sobre a lápide. Em seguida, olhando para o nome gravado no mármore, sussurrou: "Corsário!". Foi um momento de ira e vingança. "Pisei, pisei mesmo e com gosto", contou Sarney a um interlocutor depois de voltar ao Brasil.[1] "É um sujeito pelo qual não tenho nenhuma simpatia", reforçou num artigo de jornal.[2] O que teria feito o misterioso ocupante do túmulo para merecer tratamento tão desrespeitoso por parte de um presidente brasileiro?

Sepultado aos 84 anos com honras em Westminster, o escocês Thomas Alexander Cochrane é ao mesmo tempo herói e vilão da Independência brasileira. Mais famoso dos mercenários contratados por dom Pedro, foi o primeiro almirante da até então desorganizada e ineficiente Marinha de guerra brasileira. Sob a mira de seus canhões, as forças portuguesas se renderam na Bahia, no Maranhão e no Pará, evitando que em 1823 o Brasil se fragmentasse em dois ou três países menores. Também com sua ajuda, o nascente Império brasileiro conseguiu vencer no ano seguinte a Confederação do Equador, movimento de tendência republicana e separatista organizado em Pernambuco com apoio dos estados vizinhos. Apesar de todos esses grandes feitos, até hoje seu legado é motivo de controvérsia entre os brasileiros.

Lorde Cochrane, como ficou conhecido na época, é particularmente odiado em São Luís do Maranhão, cidade que saqueou sem pudores durante a Guerra da Independência. "Cochrane, falso libertador do Norte!", definiu o historiador Hermínio de Brito Conde em obra publicada em 1929. "É um nome sombrio ligado à história da cidade", acrescentou Astolfo Serra, autor do *Guia histórico e sentimental de São Luís do Maranhão*. "Foi simplesmente isto em S. Luís: um autêntico pirata! Não libertou a cidade; saqueou-a brutalmente."[3] As restrições se repetem no sul do país. "Nenhum justo reconhecimento cabe ao seu nome (Cochrane) de parte da posteridade do Brasil", fulminou o historiador Francisco Adolfo de Varnhagen. Mesmo sendo o primeiro almirante da Armada nacional, ele é apresentado no Museu Naval, situado na rua Dom Manuel, centro do Rio de Janeiro, em quadro minúsculo ao pé da galeria que narra feitos e personagens da história da Marinha brasileira. Nunca, em quase duzentos anos, um navio de guerra brasileiro importante foi batizado com seu nome.

Na época da Independência, Cochrane era uma celebridade internacional, equivalente hoje aos grandes astros de Hollywood. Ou, numa comparação mais próxima dos brasileiros, ao rei Pelé, nos campos de futebol, e a Ayrton Senna, nas pistas de Fórmula 1. Herói dos mares, alto, magro, ruivo e destemido, seus feitos eram celebrados em romances e folhetins, debatidos nos jornais britânicos e alvo da inveja e da curiosidade no mundo todo. A ascensão rumo ao estrelato tinha começado como oficial da Real Marinha Britânica durante as guerras napoleônicas. Sua primeira façanha ocorreu em 1800. Com apenas 25 anos, no comando do brigue *Speedy* — uma embarcação equipada com catorze pequenos canhões e 84 marinheiros, relativamente modesta perante os grandes vasos de guerra da época — conseguiu capturar o navio espanhol *El Gamo*, um barco muito maior, armado com 32 canhões de grosso calibre e uma tripulação de trezentos homens.

Promovido a comandante da fragata *Pallas*, infernizou a vida do imperador Napoleão Bonaparte no mar Mediterrâneo impondo derrotas humilhantes à esquadra francesa. Já na primeira viagem capturou tantos navios franceses e espanhóis que as cargas, distribuídas entre a tripulação como presas de guerra, lhe renderam o prêmio de 75 mil libras esterlinas — trezentas vezes o salário que recebia da Marinha britânica e o equivalente a 30 milhões de reais atualmente.[4] Manteve as costas da Espanha e da França em tal estado de alarme que ganhou do próprio Napoleão o apelido de "Le Loup de Mer" (Lobo do Mar, em francês). Mais tarde, seria contratado como mercenário para lutar nas guerras da independência do Chile e do Peru, contra os espanhóis; do Brasil, contra os portugueses; e da Grécia, contra os turcos do Império Otomano. Em todas elas sua atuação foi decisiva.

Uma de suas especialidades era investir contra frotas de navios muito maiores e mais bem equipados usando barcos incendiários, que, ao entrar em contato com o inimigo, explodiam e espalhavam chamas em todas as direções. Na era da navegação a vela, os navios de guerra eram altamente vulneráveis ao fogo. Construídas em madeira, com o casco revestido de alcatrão, velas de pano, cordas besuntadas com gordura para facilitar o manuseio e depósitos repletos de pólvora, quase todas as embarcações podiam entrar em combustão e ir pelos ares em segundos. Cochrane sabia se aproveitar dessa vulnerabilidade como ninguém. Curioso e inte-

ressado em novas tecnologias, também foi um grande inventor.
Suas inovações incluíram lâmpadas de comboio usadas em navios,
propulsores a vapor, máquinas de alta pressão e armas químicas.[5]

Outras características, porém, contribuíram para adicionar à
fama o traço da polêmica. Cochrane era teimoso, narcisista e louco
por dinheiro. Desentendia-se com frequência com seus superiores. Eleito membro do parlamento pelo distrito londrino de Westminster graças à repercussão de suas façanhas navais, iniciou uma
campanha de denúncia contra o almirantado britânico, acusando o
alto-comando naval de corrupção, abuso do poder e má administração. Sua atitude o fez ainda mais popular entre os subordinados
e os eleitores, mas atraiu a ira da aristocracia britânica. Lorde
St. Vincent, também alvo das acusações, definiu Cochrane como
"um romântico avarento por dinheiro e mentiroso".[6]

Em 1814, a fortuna virou contra ele. Nesse ano, Cochrane
envolveu-se em um escândalo na Bolsa de Londres. Tudo começou com uma manipulação grosseira de informações numa época em que as notícias demoravam semanas para viajar de uma
capital europeia a outra. Um homem que se fazia passar por coronel francês apareceu na cidade inglesa de Dover e anunciou
que Napoleão Bonaparte estava morto. A notícia era falsa. Napoleão não só estava bem vivo como continuaria a exercer poder e
influência nos destinos da Europa até a derrota definitiva na Batalha de Waterloo, no ano seguinte. O boato, no entanto, fez disparar o preço das ações na Bolsa. Alguns investidores, obviamente envolvidos no complô, fizeram fortuna vendendo os
papéis rapidamente. Cochrane era um deles. O inquérito descobriu que o suposto coronel tinha ido à casa do almirante antes da
abertura do pregão, onde trocara de roupas para esconder o uniforme francês, também falso. Com base nessa evidência, Cochrane foi considerado culpado de conspiração, multado e condenado a um ano de prisão.

Sua popularidade em Londres, porém, era tão grande que foi reeleito para o parlamento enquanto ainda estava na cadeia. Disposto a assumir o novo mandato, fugiu da prisão na madrugada de 6 de março de 1815, quando faltavam quatro meses para completar a pena, e dirigiu-se ao parlamento. Acabou recapturado ali mesmo e devolvido às grades até cumprir o restante do castigo. Em liberdade, continuou a ter o apoio dos eleitores, mas sua carreira política e militar na Inglaterra tinha chegado ao fim. Demitido da Marinha, perdeu também o título de nobreza que lhe tinha sido conferido nos tempos de glória — o de Cavalheiro da Ordem do Banho. Começava ali, no entanto, a segunda e mais notável fase de sua carreira: a de libertador dos povos ao redor do mundo.

As guerras napoleônicas tinham deixado o antigo império colonial espanhol na América do Sul em frangalhos. Do Caribe à Terra do Fogo, na extremidade sul do continente, os "caudilhos", como então eram conhecidos os chefes políticos locais, tinham se aproveitado da situação para organizar exércitos em defesa dos territórios sob seu controle. Na Argentina, o processo de independência começara em 1810, na chamada Revolução de Maio, e se concluiria em 9 de julho de 1816, na Declaração de Tucumán, que proclamou a total separação das Províncias Unidas do Rio da Prata em relação à Espanha. Ao norte, Simón Bolívar tinha estabelecido em 1811 a República de Nova Granada, que depois se dividiria na Colômbia e na Venezuela. Em 1817, uma expedição liderada pelo general José de San Martín, herói da Independência argentina, cruzou a cordilheira dos Andes, derrotou os espanhóis na batalha de Chacabuco e estabeleceu o Chile sob a liderança de Bernardo O'Higgins, um chileno filho de irlandeses. O passo seguinte seria a libertação do Peru, cuja autonomia foi proclamada em 1821.

Para consolidar esses avanços, no entanto, faltava o domínio dos mares. Com uma linha de litoral tão extensa quanto à de

Brasil, Chile e Peru, continuavam assolados pelos navios espanhóis, que prejudicavam o abastecimento e o comércio nas cidades costeiras. A tarefa de expulsá-los foi confiada a Cochrane. O almirante aceitou o convite, mas antes de partir concebeu um plano mirabolante: sequestrar o imperador Napoleão Bonaparte, que desde 1815 era mantido prisioneiro dos ingleses na ilha de Santa Helena, um rochedo solitário situado no Atlântico Sul. Cochrane acreditava ser possível atacar de surpresa a ilha, render os carcereiros ingleses e convencer o general francês a acompanhá-lo até o Chile. Ali, Napoleão seria proclamado imperador de uma confederação formada pelas ex-colônias espanholas, grande o suficiente para se contrapor ao peso geopolítico dos Estados Unidos no hemisfério americano.

Curiosamente, o projetado sequestro de Napoleão era um plano semelhante ao concebido em 1817 pelos líderes da Revolução Republicana em Pernambuco. Em maio daquele ano, os revolucionários pernambucanos enviaram aos Estados Unidos o comerciante Antônio Gonçalves da Cruz, o Cabugá, com o objetivo de recrutar ex-oficiais franceses exilados em território norte-americano. Com a ajuda deles, esperavam libertar Napoleão dos ingleses e levá-lo para Recife, onde o imperador comandaria a revolução contra o rei dom João VI para, em seguida, retornar a Paris e reassumir o trono da França. Tanto quanto o primeiro, o plano de Cochrane fracassou. O almirante passou todo o mês de agosto de 1818 na cidade francesa de Boulogne em companhia da mulher, Kitty, à espera do navio a vapor *Rising Star*, que havia mandado construir na Inglaterra para lutar no Chile. A construção do navio, porém, atrasou e, diante das notícias de que os espanhóis estavam ganhando terreno contra os chilenos, decidiu seguir para seu destino final, sem parar em Santa Helena.[7]

Na condição de mercenário a serviço da liberdade, em poucos meses o genial Cochrane conseguiu destroçar a armada espanhola no litoral chileno e peruano com manobras ousadas, que pegavam o inimigo de surpresa e não lhe davam tempo de reagir. Numa noite, penetrou sorrateiramente no porto de Valdivia, uma fortaleza marítima natural na costa chilena formada por rochas altíssimas, onde os espanhóis julgavam que seus navios estariam seguros. Protegidos pela escuridão, Cochrane e sua tripulação desembarcaram em pequenos botes a remo, escalaram os rochedos, renderam as sentinelas e capturaram todos os navios, canhões, armas e munições. Com esse único golpe de audácia, aniquilaram o poder naval espanhol na região.

Logo, no entanto, começaram os desentendimentos sobre dinheiro. Cochrane acusava o general José de San Martín de não lhe pagar as recompensas combinadas antes da contratação. Sem chegar a um acordo, o almirante roubou uma embarcação na qual San Martín tinha guardado todo o tesouro público do Peru como precaução contra um ataque que os espanhóis preparavam das montanhas. Parte do dinheiro foi usada para pagar os salários da tripulação. O restante, Cochrane embolsou.[8] Além disso, contrariando ordens de San Martín e O'Higgins, empreendeu algumas ações de pura pirataria saqueando duas cidades e capturando um comboio de mulas que, sem ter nada com a guerra, transportava uma carga de ouro e prata pertencente a uma companhia norte-americana.[9] Com a missão cumprida e as relações esgarçadas na América espanhola, Cochrane voltou a atenção para o Brasil.

Em 1822, iniciada a Guerra da Independência, o governo brasileiro precisava desesperadamente de um líder que organizasse sua Marinha. Os almirantes disponíveis tinham pouca experiência de combate. Pior: todos eram portugueses e, portanto, suspeitos em relação à causa brasileira. O candidato mais provável, o vice-almirante Rodrigo José Ferreira Lobo, comandante da frota no rio da Prata, tinha fama de incompetente e covarde. Era também odiado por boa parte dos brasileiros pela brutalidade com que havia reprimido a Revolução Pernambucana de 1817. A sugestão de contratar lorde Cochrane partiu de Felisberto Caldeira Brant Pontes, representante brasileiro em Londres. "O seu nome apenas é suficiente para encher de terror os nossos inimigos", escreveu Brant a José Bonifácio em 6 de maio de 1822. "Para falar a verdade, eu nunca confiaria nos marinheiros portugueses, mas se eles forem misturados com britânicos e norte-americanos a situação pode melhorar."[10] Na carta, Brant acrescentava um detalhe fundamental: "Dizem que gosta muito de dinheiro...".

No dia 13 de setembro, uma semana após o Grito do Ipiranga, a mensagem secreta de José Bonifácio chegou às mãos do agente brasileiro em Buenos Aires, Antônio Manuel Corrêa da Câmara, com instruções para ir ao Chile entregar a Cochrane o convite para juntar-se às forças brasileiras contra os portugueses. "O governo lhe fará todas as promessas que forem reciprocamente vantajosas, dando-lhe mais a entender que tanto maiores serão estas vantagens e interesses quanto for a presteza com que ele se apresentar neste porto", escrevia o ministro em tom de urgência.[11] A ordem foi cumprida no dia 4 de novembro. "A glória o chama", escreveu Câmara ao almirante escocês. "Um príncipe generoso e uma nação inteira estão à sua espera."[12] No dia 11 de dezembro, o governo do Brasil publicou um decreto pelo qual "todas as presas (cargas) tomadas na guerra serão de propriedade de quem as capturar".[13] Era tudo o que Cochrane precisava para se decidir.

O almirante chegou ao Rio de Janeiro em 13 de março de 1823. Trazia a bordo uma nova amiga, a viajante inglesa Maria Graham, de 37 anos, que ficara viúva alguns meses antes quando o marido, capitão da Marinha britânica, morrera ao cruzar o temível cabo Horn, na extremidade sul do continente. No Brasil, Graham iria tornar-se amiga e confidente da imperatriz Leopoldina e seria contratada como preceptora da princesa Maria da Glória. Também deixaria um registro precioso sobre a realidade brasileira da época na forma de gravuras e diários de viagens. Alguns biógrafos insinuam que teria havido um relacionamento amoroso entre Cochrane e Maria Graham,[14] mas o sempre cuidadoso historiador britânico Brian Vale diz não existirem sequer evidências disso.[15]

Além da viajante inglesa, ao ancorar no cais do Rio de Janeiro, o almirante trazia no porão do navio um baú contendo ouro e prata no valor de 10 mil libras esterlinas — cerca de 3 milhões de reais ao câmbio atual. Era apenas a metade do dinheiro que havia obtido como recompensa pelas vitórias contra os espanhóis no Pacífico. O restante fora enviado para a Inglaterra.[16]

Já no dia seguinte à chegada ao Brasil, Cochrane foi convidado por dom Pedro I a acompanhá-lo na inspeção aos navios ancorados no porto. Foi uma decepção. Os barcos pareciam até razoáveis, mas a tripulação era composta da "pior classe de portugueses", na descrição do almirante. "Eu nunca tinha tido sob meu comando um grupo tão incompetente." Também ficou surpreso ao ouvir dom Pedro repetir diversas vezes que os combates se dariam contra "as forças parlamentares portuguesas". Entendeu, portanto, que se tratava de uma guerra "meramente contra as cortes e não contra o rei ou a nação portuguesa", conforme anotou em seu diário.[17]

A primeira investida contra os portugueses, na Bahia, foi um fiasco. Cochrane deixou o porto do Rio de Janeiro no dia 1º de abril com cinco navios. Outros dois encontravam-se em estado tão precário que foram deixados para trás. Nas suas memórias o almirante relatou que a tripulação da nau capitânia, a *Pedro I*, era composta de 160 marinheiros ingleses e norte-americanos e 130 escravos recém-libertos, mais um grupo numeroso "formado pela vagabundagem da capital",[18] recrutado à força nos dias anteriores.

Ao se aproximar de Salvador, foi surpreendido por uma frota portuguesa quase três vezes maior que a sua — catorze navios equipados com 380 canhões. A força brasileira tinha apenas 234 canhões. Por sorte, os portugueses não eram grandes lobos do mar: ao tentar sair da barra, conseguiram encalhar o maior dos navios, a nau *Dom João VI*, retardando a batalha em uma semana.

Quando finalmente o confronto começou, no dia 4 de maio, Cochrane se deu conta de como eram frágeis os recursos à sua disposição. No lado brasileiro, os navios foram alvo de inúmeros atos de sabotagem por parte dos marinheiros portugueses. Na corveta *Liberal* e nos brigues *Real Pedro* e *Guarani*, a tripulação, toda portuguesa, recusou-se a entrar em ação, declarando que "portugueses não se batem contra portugueses!". O depósito de pólvora da nau *Pedro I* — o navio em que viajava o próprio Cochrane — foi trancado a cadeado, impedindo que os brasileiros levassem munição ao convés durante a batalha. Para piorar a situação, os canhões funcionavam mal, as velas de tão podres se rompiam ao menor sopro de vento e a pólvora era de qualidade tão ruim que os projéteis só alcançavam metade da distância necessária.[19] Correndo o risco de sofrer uma derrota humilhante e até ser capturado, Cochrane preferiu fugir.

O frustrado ataque à Bahia serviu de lição. A tripulação portuguesa foi substituída por novos recrutas brasileiros e mercenários ingleses e norte-americanos, mais confiáveis para a causa da Independência. Os navios receberam novos equipamentos, armas e munição comprados na Europa. Em vez de atacar uma segunda vez os navios portugueses, Cochrane decidiu bloqueá-los no porto de Salvador, impedindo que os adversários — já sitiados pelo Exército brasileiro no Recôncavo — recebessem suprimentos e reforços. Foi uma sábia providência. Menos de dois meses depois, no dia 2 de julho de 1823, toda a esquadra lusitana, composta de dezessete navios de guerra e 75 mercantes, deixou a capital baiana rumo a Portugal. Cochrane saiu em perseguição, conseguindo capturar dezesseis barcos e fazer 2 mil prisioneiros.[20]

Uma fragata brasileira, a *Niterói*, sob o comando do capitão John Taylor, cruzou o oceano Atlântico no encalço dos portugueses até as imediações da foz do rio Tejo, em Lisboa. Levava a bordo um voluntário de apenas quinze anos: o gaúcho Joaquim Marques Lisboa, futuro almirante e marquês de Tamandaré, herói da Guerra do Paraguai e atual patrono da Marinha de guerra do Brasil. Uma caçada tão destemida deixou os portugueses apavorados. Perceberam, pela primeira vez, que sua ex-colônia tinha a faca nos dentes: apesar das enormes dificuldades, a nascente Marinha brasileira não apenas reunia condições de defender a Independência, mas, caso as hostilidades continuassem por muito tempo, poderia criar coragem e atacar a própria metrópole na Europa. Por alguns meses, isso foi motivo de boatos e sobressaltos em Portugal.

Tendo cumprido sua missão na Bahia, Cochrane voltou a atenção para as duas últimas províncias brasileiras que ainda se mantinham fiéis a Lisboa, o Maranhão e o Pará. A rigor, a essa altura, só o Pará permanecia português. No final de julho de 1823, todo o interior do Maranhão estava ocupado por um exército de 8 mil voluntários maranhenses, piauienses e cearenses adeptos da Independência. A rendição da capital São Luís seria apenas uma questão de tempo. Cochrane, porém, conseguiu reivindicar sozinho toda a glória usando de astúcia para acelerar um fato já consumado e inevitável. Ao se aproximar de São Luís, hasteou a bandeira britânica, em vez das cores brasileiras. Os militares que vigiavam o porto acreditaram tratar-se de um navio inglês, neutro no conflito, e enviaram ao seu encontro o brigue *Dom Miguel* com mensagens de boas-vindas. Ao subir a bordo, porém, o oficial encarregado de entregar os papéis deu-se conta de que estava em um navio brasileiro. Foi imediatamente preso, mas Cochrane decidiu liberá-lo com a condição de que levasse uma carta ao governador de armas, Agostinho de Faria, na qual exigia a capitulação da cidade. No dia seguinte, 28 de julho, a junta de governo, já ciente da aproximação do Exército brasileiro pelo interior, anunciou a adesão da província ao Império do Brasil.[21]

Em Belém, a astúcia foi ainda maior. Por orientação do almirante, no dia 10 de agosto de 1823, o capitão inglês John Pascoe Grenfell ancorou seu navio — o mesmo brigue *Dom Miguel* capturado em São Luís e rebatizado *Maranhão* — em frente à cidade e mandou avisar os portugueses que, além da linha do horizonte, esperando ordens para atacar, estava toda a frota imperial brasileira sob o comando do próprio Cochrane. Era um blefe. O único navio na região era o capitaneado por Grenfell. Cochrane tinha ficado em São Luís. Isolados e sem comunicações por terra com as demais capitais, os portugueses preferiram não correr o risco e entregaram a capital paraense sem disparar um só tiro.

Após a rendição, Belém mergulhou no caos. Cenas de vandalismo tomaram conta da cidade. Um marinheiro português feriu Grenfell com uma facada nas costelas. Por falta de lugar nas prisões, um grupo de 256 paraenses foi trancafiado no dia 20 de outubro no porão do navio *Diligente*, ancorado sob um sol escaldante no cais do porto. No entardecer do dia seguinte descobriu-se que só quatro prisioneiros continuavam vivos. Os corpos dos demais 256 estavam empilhados uns sobre os outros, transformando o porão do *Diligente* em tumba flutuante. Outros três ainda morreriam no dia seguinte, deixando um único sobrevivente.[22]

Enquanto isso, depois de obter a rendição portuguesa em São Luís, Cochrane dedicava-se ao saque metódico da cidade tomando posse de um patrimônio na época estimado em 100 mil libras esterlinas — equivalentes a cerca de 30 milhões de reais em valores de hoje. Incluía todo o dinheiro depositado no tesouro público, na alfândega, nos quartéis e em outras repartições, além de propriedades particulares e mercadorias armazenadas a bordo de 120 navios e embarcações menores ancoradas no porto. Na prática, o almirante tratou a capital do Maranhão como se fosse toda ela um território inimigo conquistado — e não um pedaço do Brasil libertado da ocupação portuguesa. Os habitantes se revoltaram, mas, sob a mira dos canhões, acabaram forçados a aceitar suas exigências. Os bens e as mercadorias apreendidos foram despachados para o Rio de Janeiro, onde Cochrane esperava que fossem confirmados como presas de guerra para serem divididos entre ele e seus oficiais.

Apesar do comportamento brutal e mesquinho em São Luís, Cochrane foi recebido no Rio de Janeiro como herói nacional e agraciado por dom Pedro i com a recém-criada Ordem do Cruzeiro do Sul e o título de marquês do Maranhão — decisão que aos maranhenses soa até hoje como uma ofensa. Os festejos pelas vitórias no Norte e no Nordeste, porém, duraram pouco. Como já acontecera no Chile e no Peru, as relações de Cochrane com as autoridades brasileiras azedaram por razões financeiras. Contrariando as expectativas do almirante, nem todos os bens capturados em Salvador, São Luís e Belém, avaliados em 250 mil libras esterlinas no total (cerca de 75 milhões de reais atualmente), foram aceitos no Rio de Janeiro como presas de guerra. Parte foi devolvida aos seus donos originais. As reclamações de Cochrane foram encaminhadas à Justiça.

Nesse meio-tempo, apesar das divergências e em troca de novas recompensas, o almirante ajudou o Império a subjugar a Confederação do Equador bloqueando o porto do Recife. Ao final dos combates em Pernambuco, Cochrane voltou a São Luís, onde acreditava ter contas a ajustar. Pelos seus cálculos, o governo do

Maranhão ainda lhe devia 85 mil libras esterlinas (cerca de 25 milhões de reais de hoje), mas anunciou que concordava em receber
21 mil libras (cerca de 6 milhões de reais), menos de um quarto do
total, se o pagamento fosse imediato.[23] Novamente sob a ameaça
dos canhões, as autoridades tiveram de entregar o dinheiro, que o
almirante usou para comprar algodão dos próprios produtores
maranhenses e despachar para a Inglaterra.

No dia 18 de maio de 1825, tendo extorquido os maranhenses pela segunda vez, Cochrane deu por encerrada sua
participação na Guerra da Independência do Brasil. O último
ato foi melancólico. Numa repetição do comportamento que tivera no Peru, sequestrou um navio brasileiro, a fragata *Piranga*,
com cinquenta canhões, e o levou para a Inglaterra. Construída
em 1817 na Bahia com o nome de *União* e rebatizada em 1822
com a denominação indígena do riacho da Independência (*Piranga*), era a mesma fragata que os militares portugueses pretendiam usar no sequestro de dom Pedro na semana do Fico.
Abandonada no porto inglês de Spithead, só voltaria ao Brasil
seis meses mais tarde.

Enquanto isso, Cochrane partia para a Grécia, onde a luta
contra os turcos otomanos lhe renderia mais 100 mil libras.
Morreu em 1860, já reabilitado pelo governo britânico e transformado em herói nacional com direito a exéquias em Westminster. Catorze anos depois, em 1874, o Império brasileiro concordou em pagar aos seus herdeiros mais 40.298 libras esterlinas,
pondo fim a uma disputa de meio século. Sua reputação de herói
da Independência, porém, estava irremediavelmente manchada.

NA PAISAGEM MONÓTONA SALPICADA DE palmeiras de carnaúba do município de Campo Maior, no sertão do Piauí, jazem alguns dos heróis anônimos da Independência do Brasil. Seus túmulos estão assinalados por montículos de pedra malcuidados e sem identificação no matagal que cobre as margens da BR-343, rodovia que liga a capital Teresina à cidade de Parnaíba, no litoral piauiense. No meio deles ergue-se um cruzeiro enegrecido pela fumaça e transformado em local de peregrinação pela religiosidade popular. Aos seus pés, pagadores de promessas acendem velas e depositam ex-votos — muletas, bengalas, dentaduras e pedaços do corpo humano, como pernas e braços, modelados em cera, gesso ou madeira. Alguns anos atrás, um governador teve a ideia de erguer ali um monumento de concreto, embora os visitantes sejam raros e esporádicos.

Nesse local ocorreu o mais trágico confronto na Guerra da Independência. Foi batizado de Batalha do Jenipapo em referência ao nome do rio em cujas margens brasileiros e portugueses se bateram entre as nove da manhã e as duas da tarde de 13 de março de 1823. O resultado foi uma carnificina: cerca de duzentos brasileiros mortos e mais de quinhentos feitos prisioneiros. As perdas representaram um terço do improvisado destacamento militar brasileiro composto em sua maioria de vaqueiros, comerciantes, alguns vereadores e um juiz, além de velhos e adolescentes. Os portugueses tiveram apenas dezesseis baixas.[1]

Ignoradas atualmente pelos brasileiros de outros estados, as tumbas dos heróis anônimos do Jenipapo contêm uma lição. É um erro acreditar que as regiões Norte e Nordeste apenas "aderiram" ao Império do Brasil depois que a independência já estava assegurada no sul do país. Por essa interpretação equivocada, a decisão teria se tornado inevitável diante da consolidação do poder de dom Pedro no Rio de Janeiro e do enfraquecimento da metrópole portuguesa às voltas com dificuldades políticas e financeiras. Na verdade, a independência nessas regiões foi conquistada palmo a palmo a custo de muito sangue e sofrimento.

Com 90 mil habitantes, dos quais apenas 20 mil brancos, o Piauí era em 1822 "um fundo de quintal do Brasil".[2] Ao contrário das demais regiões brasileiras, tinha sido colonizado do sertão para o mar. Seus primeiros ocupantes foram jagunços e vaqueiros. À frente de boiadas semisselvagens, haviam desalojado os índios e ocupado os vastos campos de pecuária no sul da província para em seguida avançar lentamente pelo sertão até a nesga litorânea que hoje compõe o delta do rio Parnaíba. As comunicações com o restante do país eram tão lentas que, em 1811, a província demorou quase um ano para receber a carta régia na qual ganhava autonomia, separada da antiga capitania do Maranhão.[3] A primeira escola de ensino fundamental na então capital, Oeiras, foi criada só quatro anos mais tarde, em 1815.[4]

Apesar do isolamento, também era uma região tipicamente brasileira, misturada, miscigenada, sem distinções de raças e cores, como constatara seu primeiro governador, João Pereira Caldas, em relatório enviado à Coroa portuguesa em 1766. "O meu conceito sobre o préstimo dos homens desta capitania é bem restrito", afirmou de forma preconceituosa. "Neste sertão, por costume antiquíssimo, a mesma estimação tem brancos, mulatos e pretos e todos, uns e outros, se tratam com recíproca igualdade, sendo rara a pessoa que se separa deste ridículo sistema."[5]

Em 1821, esse pedaço de Brasil simples, longínquo e escassamente povoado foi confiado pelas cortes de Lisboa ao major português João José da Cunha Fidié. Nomeado governador de armas do Piauí, Fidié desembarcou em Oeiras no dia 8 de agosto de 1822, um mês antes do Grito do Ipiranga, com a difícil missão de impedir que os anseios de independência contaminassem o último pedaço da antiga colônia ainda fiel a Portugal. Na época de sua chegada, uma onda revolucionária varria o sertão nordestino. Começara na Bahia, em fevereiro de 1822, e rapidamente se espraiara pelos demais estados. No Ceará, uma junta de governo ainda fiel às cortes de Lisboa tinha sido destituída por uma rebelião liderada pelo coronel José Pereira Filgueiras, rico fazendeiro da cidade do Crato. Como resultado, o vizinho Piauí ficara espremido entre os interesses brasileiros, a essa altura contidos na divisa cearense, e os portugueses encastelados no Maranhão e no Pará.

Ao tomar posse, o novo governador mal teve tempo de esquentar a cadeira. Logo foi pego de surpresa pela notícia de que no dia 19 de outubro a câmara de São João da Parnaíba, no litoral piauiense, havia proclamado sua adesão à causa brasileira em movimento liderado pelo juiz de fora João Cândido de Deus e Silva e pelo coronel de milícias Simplício Dias da Silva. Fidié era um soldado experiente e disciplinado, que se destacara na guerra contra as tropas de Napoleão Bonaparte em Portugal e na Espanha. Como estrategista, no entanto, revelou-se um desastre. Ao saber da reviravolta em Parnaíba, abandonou a capital Oeiras

— alvo natural de um eventual ataque das tropas fiéis a dom Pedro I — e à frente de 1.100 homens armados marchou para o norte. Seu objetivo era punir a rebelde Parnaíba e impedir que qualquer foco revolucionário prosperasse na província. A lenta travessia a pé dos 660 quilômetros que separam Oeiras do litoral se prolongou por mais de um mês em meio à paisagem ressequida e castigada pelo sol do sertão piauiense.

Ao chegar a Parnaíba, no dia 18 de dezembro, o imprevidente Fidié teve mais duas surpresas. A primeira é que não havia ninguém para castigar. O juiz João Cândido, o coronel Simplício e os vereadores responsáveis pela proclamação de 19 de outubro tinham se refugiado na vila cearense de Granja. Ainda assim, na vã ilusão de que poderia reverter o curso da história, o major reuniu os moradores, declarou nulas as decisões da câmara, organizou um juramento coletivo de fidelidade a Portugal e promoveu uma cerimônia de ação de graças na igreja matriz.[6] Enquanto isso, seus soldados saqueavam e ateavam fogo às propriedades dos revolucionários refugiados no Ceará. A segunda surpresa, porém, era devastadora. Na sua ausência, a desprotegida capital Oeiras também aderira à Independência em uma conjura tramada na casa do brigadeiro Manuel de Sousa Martins, futuro visconde de Parnaíba.

Alarmado com as notícias, Fidié deu meia-volta e partiu de Parnaíba em direção a Oeiras no dia 28 de fevereiro de 1823. Dessa vez, no entanto, o desfecho da jornada pelo sertão seria bem diferente. A vila de Campo Maior, situada a meia distância entre Parnaíba e a capital, agora estava em mãos dos revolucionários brasileiros. Ao saber da aproximação do Exército português, o capitão Luiz Estanislau Rodrigues Chaves, comandante da guarnição local, decidiu barrar-lhe o caminho. Como dispunha de menos de quinhentos soldados, fez uma proclamação aos moradores pedindo voluntários.

Ao amanhecer do dia 13 de março, cerca de 2 mil pessoas estavam reunidas em frente à igreja de Santo Antônio. Era um grupo sem treinamento militar, armado com foices, machados, facões, espingardas de caça e dois canhões velhos e enferrujados, ainda da época do Brasil colônia, que horas mais tarde se desmantelariam ao disparar os primeiros tiros. "Só a loucura patriótica explica a cegueira desses homens que iam partir ao encontro de Fidié quase desarmados", ponderou o historiador Abdias Neves.[7]

Da frente da igreja, os brasileiros caminharam até as margens do rio Jenipapo, situado a dez quilômetros da cidade. Como o leito do rio estava seco devido à prolongada seca, usaram as touceiras de capim ali remanescentes como trincheiras improvisadas enquanto as tropas portuguesas se aproximavam na direção contrária. A batalha começou às nove da manhã. Avisado da presença dos revoltosos, Fidié dividiu seus soldados em dois grupos, que avançaram por estradas paralelas até o Jenipapo. A cavalaria atacou primeiro pela esquerda, enquanto a artilharia e a infantaria aguardavam mais recuadas o sinal de avançar.

Ao ouvir os primeiros tiros, os inexperientes brasileiros acreditaram que toda a tropa portuguesa estava concentrada no flanco esquerdo. Foi um erro fatal. Em tropel desordenado, abandonaram a linha de defesa que haviam formado ao longo da margem do rio para se concentrar todos só naquele ponto. Isso deu a Fidié a oportunidade de cruzar o Jenipapo num ponto desguarnecido e calmamente montar a artilharia no alto de uma ondulação que desponta sobre a várzea. Ao perceber a manobra, os brasileiros já estavam cercados, de um lado pela cavalaria e, de outro, por onze canhões que começaram a despejar sobre eles uma chuva de fogo. Quando a fuzilaria terminou, por volta das duas da tarde, o chão estava coalhado de cadáveres.

Para Fidié foi uma vitória com sabor de derrota. No calor da batalha, sua bagagem pessoal e todas as reservas de água, comida, roupas, armas e munição tinham sido surrupiadas pelos sertanejos. Castigada pelo sol inclemente, sua tropa apresentava estado tão deplorável ao final dos combates que o major achou mais prudente não perseguir os brasileiros que fugiam em debandada. Preferiu recolher-se a uma fazenda próxima de Campo Maior, onde permaneceu três dias. Ali também chegou à óbvia conclusão de que seria inútil resistir à onda revolucionária. A tragédia do Jenipapo demonstrava a determinação dos brasileiros de lutar pela independência, mesmo que de forma desorganizada e à custa da própria vida. Por isso, em vez de prosseguir até Oeiras, Fidié decidiu cruzar o rio Parnaíba e se refugiar na cidade maranhense de Caxias, ainda controlada pelos portugueses.

Nas semanas seguintes, o Piauí mergulhou no caos. Bandos armados percorriam as cidades e as fazendas extorquindo os portugueses e qualquer pessoa suspeita de ser contra a independência. Na vila de Piracuruca, os soldados desertaram e se reuniram aos índios que desciam da serra da Ibiapaba, na divisa com o Ceará, para atacar e roubar os sertanejos. Assustados, os moradores das vilas e fazendas fugiam de casa e se escondiam no meio da caatinga. "O furto cercava-se de um nimbo luminoso de patriotismo, era considerado ação meritória", observou Abdias Neves.[8]

Sitiado em Caxias por um exército onze vezes maior que o seu, composto de 8 mil piauienses, cearenses, pernambucanos e baianos, Fidié resistiu por três meses. No fim de julho, porém, chegaram as notícias de que em Lisboa as cortes haviam sido dissolvidas. A causa pela qual lutara estava perdida. Rendeu-se no dia 31 de julho e foi despachado para o Rio de Janeiro, de onde voltaria a Portugal mediante um indulto do imperador brasileiro. Duas semanas mais tarde, a junta de governo do Maranhão subiria a bordo do navio *Pedro I* para também anunciar ao almirante Cochrane sua adesão ao Império do Brasil.

13. A BAHIA

NENHUM ESTADO BRASILEIRO COMEMORA A Independência do Brasil com tanto entusiasmo quanto a Bahia. As diferenças começam pelo calendário. O feriado de Sete de Setembro, marcado nas outras regiões por desfiles militares e escolares aos quais o povo raramente comparece, é ignorado pela maioria dos baianos. A verdadeira festa acontece no dia 2 de julho, data da expulsão das tropas portuguesas de Salvador em 1823. E só perde em grandiosidade para o Carnaval. Antes do alvorecer, milhares de pessoas saem às ruas para participar dos festejos. O desfile começa às nove horas com hasteamento das bandeiras em frente ao panteão da Independência, no bairro da Lapinha, e segue pelas ladeiras estreitas da cidade em direção ao largo de Campo Grande, aonde só chega no fim da tarde.

Em todo o percurso, os moradores enfeitam suas casas, estendem faixas sobre as ruas e reúnem os amigos para celebrar. As alegorias misturam elementos de festa cívica, carnaval e sincretismo religioso. O carro principal mostra o Caboclo, símbolo do sentimento nativista, matando uma serpente, representação da tirania portuguesa em 1822. "Todo ano o Caboclo aparece com novos adereços incorporados do candomblé, como colares e pulseiras", conta Consuelo Pondé, ex-presidente do Instituto Geográfico e Histórico da Bahia, entidade responsável pela organização do desfile junto à prefeitura e ao governo do estado. "É uma prova de que a Independência continua viva no coração do povo baiano."

Os baianos têm bons motivos para celebrar. Foram eles os brasileiros que mais lutaram e mais sofreram pela Independência. A guerra contra os portugueses na Bahia durou um ano e cinco meses, mobilizou mais de 16 mil pessoas só do lado brasileiro e custou centenas de vidas. Foi também ali que o Brasil independente correu o mais sério risco de se fragmentar. Depois da expulsão das tropas do general Jorge de Avilez do Rio de Janeiro, em fevereiro de 1822, a metrópole portuguesa decidiu concentrar em Salvador todos os seus esforços militares. O objetivo era dividir o Brasil. As regiões Sul e Sudeste ficariam sob o controle do príncipe regente dom Pedro. O Norte e o Nordeste permaneceriam portugueses. Mais do que isso, a metrópole alimentava a esperança de que, uma vez dominada a Bahia, suas tropas poderiam eventualmente atacar o Rio de Janeiro e dali recuperar as demais províncias. A coragem e a determinação dos baianos impediram que isso acontecesse. "A resistência baiana decidiu a unidade nacional", afirma o historiador Tobias Monteiro.[1]

Em 1822, a Bahia era um ponto estratégico crucial para a consolidação do nascente Império brasileiro. Terceira província mais populosa, depois de Minas Gerais e Rio de Janeiro, tinha 765 mil habitantes, dos quais 524 mil eram escravos. Uma das cidades mais movimentadas do mundo, Salvador concentrava uma importante indústria naval, que até então produzira navios para diversas regiões do Império colonial português. Era também um grande centro exportador de açúcar, algodão, tabaco e outros produtos agrícolas. Sua principal atividade, no entanto, era o tráfico negreiro. O missionário norte-americano Daniel P. Kidder, que visitaria a capital baiana alguns anos depois, ficou impressionado com a quantidade de escravos nas ruas e com o aspecto geral da cidade, na sua interpretação mais africana do que brasileira:

> *A Cidade Baixa não é feita para causar boa impressão aos visitantes. Os edifícios são antigos, embora tenham a fachada bonita. As ruas são estreitas, esburacadas e caóticas, congestionadas por carregadores e pessoas de toda espécie. O esgoto sem tratamento corre pelo meio delas espalhando uma fedentina insuportável. É o segundo entreposto comercial da América do Sul. E tudo é carregado nos ombros e cabeças dos escravos. São milhares de caixas de açúcar e fardos de algodão. Negros altos e atléticos podem ser vistos movendo-se em duplas ou grupos maiores — de quatro, seis ou oito pessoas — com pesadas cargas suspensas entre eles. Muitos estão espalhados pelas ruas, deitados sobre suas cargas ou no chão, lembrando uma gigantesca serpente negra enrolada sob o sol. Cantam e dançam enquanto caminham, mas o ritmo é lento e melancólico, como numa marcha fúnebre. Outro grupo é dedicado ao transporte de passageiros, em cadeirinhas equipadas com poltronas e almofadas.*[2]

Ao amanhecer de 19 de fevereiro de 1822, os moradores foram acordados com o som de tiros disparados na região mais alta da cidade, próxima a Campo Grande. Era uma rebelião de militares brasileiros contra uma decisão das cortes de Lisboa. Segundo as ordens de Portugal, o brigadeiro Manuel Pedro de Freitas Guimarães, brasileiro e simpático à causa de dom Pedro, seria substituído no comando das tropas da Bahia pelo general português Ignácio Luiz Madeira de Melo, nomeado governador de armas da província.

Nascido em 1775 na cidade portuguesa de Chaves, Madeira de Melo era um veterano nas lutas contra o exército de Napoleão Bonaparte em Portugal e conhecia bem o Brasil. Nos anos anteriores, comandara unidades militares em Salvador e em Santa Catarina. Semianalfabeto, tinha fama de durão e honesto.[3] Durante a guerra na Bahia, o Império brasileiro tentaria suborná-lo para que mudasse de lado. Um emissário do ministro José Bonifácio ofereceu-lhe uma propina de cem contos de réis em ouro e prata, uma fortuna para a época, mais o posto de tenente-coronel do Exército brasileiro. Embora fosse um homem pobre, Madeira de Melo recusou por fidelidade à Coroa portuguesa.[4]

O problema é que, aparentemente, as virtudes do novo governador de armas se limitavam à honestidade e à dureza no tratamento com os subordinados. Madeira de Melo não tinha sensibilidade nem paciência para entender a delicada situação política que se estabelecera na capital baiana às vésperas da Independência. "É um ignorante, um estúpido", resumiu o deputado José Lino Coutinho, falando sobre sua nomeação perante as cortes em 30 de abril de 1822.[5] Ao assumir o cargo, o inflexível Madeira avisou logo que não estava para brincadeiras. No seu entender, a única alternativa de Portugal naquele momento era o uso da força militar contra os baianos. "Se Vossa Majestade quer conservar esta parte da monarquia, precisa-se de mais tropas", alertou em correspondência a dom João VI.[6] "O Brasil, depois de se haver sublevado e proclamado a sua independência, já não pode ser restituído ao seu antigo estado senão por meio de guerra", repetiria em outra carta ao rei.[7] Seu estilo acirrou os ânimos já exaltados da população.

Na revolta do dia 18 de fevereiro, centenas de oficiais, soldados, milicianos e civis favoráveis à Independência se aquartelaram no Forte de São Pedro, construção da época da colônia que ainda hoje abriga uma unidade militar em Salvador. No começo da tarde do dia seguinte, um mensageiro do general Madeira apresentou-se no local exigindo a rendição dos rebeldes. Coube ao cirurgião do Regimento de Caçadores, Francisco Sabino Alves da Rocha Vieira, dar a resposta: "Não nos entregamos!". Sabino era um mulato de olhos claros, bom orador, médico e jornalista, dono de uma grande biblioteca e fanático pelas ideias da Revolução Francesa. Tinha sido acusado de matar a esposa e "servia-se de homem como se fora mulher", segundo um cronista da época. Ou seja, era homossexual.[8] Em novembro de 1837, lideraria no mesmo Forte de São Pedro, com o apoio dos escravos, uma rebelião conhecida como a Sabinada, na qual tentou em vão fundar uma República Baianense (ou Bahiense, dependendo da fonte consultada).

Irritado com a resposta, Madeira de Melo mandou bombardear o quartel rebelde. Enquanto isso, portugueses e brasileiros se enfrentavam nas ruas de Salvador. Saques, tumultos e quebra-quebras tomaram conta da cidade. Em quatro dias, de duzentas a trezentas pessoas foram mortas. O confronto produziu também os dois primeiros mártires da Independência. Joana Angélica de Jesus, de sessenta anos, madre superiora do convento da Lapa, morreu atravessada por golpes de baionetas ao defender a clausura — local de isolamento, frequentado apenas pelas freiras internas — contra um grupo de soldados e marinheiros portugueses bêbados que tentou invadi-la. O outro mártir foi um padre idoso, o capelão Daniel da Silva Lisboa, brutalmente espancado a coronhadas no mesmo local.

Sem condições de resistir ao bombardeio português, na madrugada de 20 de fevereiro, os brasileiros abandonaram o Forte de São Pedro. Usaram cordas e lençóis para descer até o fosso situado ao pé da muralha. Dali se esgueiraram pelo denso matagal para fugir de Salvador e organizar a resistência no Recôncavo. Assustados com a violência, centenas de civis seguiram o mesmo caminho, evacuando a cidade com suas famílias e os pertences que conseguiam carregar. Em poucos dias, as vilas e fazendas do Recôncavo se transformaram em imensos campos de refugiados brasileiros. O restante da Bahia aderiu em peso à Independência do Brasil formando um cinturão de isolamento aos portugueses encastelados em Salvador.

A primeira vila do Recôncavo a se pronunciar foi a Vila de Nossa Senhora da Purificação e Santo Amaro, cidade hoje famosa porque teve entre seus moradores dona Canô, falecida em 2012 aos 105 anos, mãe de Caetano Veloso e Maria Bethânia. No dia 14 de junho de 1822, a câmara de Santo Amaro reuniu-se para produzir um documento memorável. Além de declarar seu apoio a dom Pedro, os vereadores elaboraram um detalhado programa de governo para o Brasil independente. Pediam que o novo país organizasse um Exército e uma Marinha de guerra, um tesouro público e um Tribunal Supremo de Justiça. Propunham também uma Junta de Governo eleita pelo povo — novidade extraordinária numa época em que o povo não era chamado para decidir coisa alguma. Por fim, defendiam tolerância religiosa, a criação de uma universidade e a atração de investidores e capitais estrangeiros para estimular a indústria nacional.[9]

Na semana seguinte, o coronel de milícias José Garcia Pacheco de Moura Pimentel e Aragão reuniu cem homens armados em Santo Amaro e marchou para a vizinha vila de Cachoeira. Foi recebido com entusiasmo pela população. Novos grupos de voluntários se juntaram ao seu improvisado destacamento militar. Na manhã de 25 de junho, a câmara de Cachoeira reconheceu a autoridade do príncipe regente dom Pedro. Os moradores se reuniram para comemorar na atual praça da Aclamação, onde foi feita a leitura da ata dos vereadores seguida de um

Te Deum na igreja matriz. A festa, porém, foi interrompida por tiros disparados de uma canhoneira portuguesa estacionada no rio Paraguaçu, em frente à cidade. Portugueses entrincheirados em suas casas também abriram fogo contra as pessoas que se aglomeravam nas ruas. Um tiro de canhão ricocheteou na coluna de uma casa colonial e matou um soldado que tocava tambor no meio da multidão.

O tiroteio continuou por três dias. Na primeira noite a canhoneira portuguesa despejou contínuas rajadas de metralha sobre as casas dos brasileiros. Na escuridão era fácil identificá-las porque os moradores haviam colocado lanternas acesas nas janelas para celebrar a decisão da câmara. Quando o dia amanheceu, a situação se inverteu. Uma improvisada flotilha de canoas e pequenos barcos de pesca cercou a canhoneira de todos os lados. Na falta de equipamentos mais modernos, os brasileiros usavam espingardas de caça e um canhão antiquíssimo, exibido até então como relíquia na praça da cidade. Sem comida e munições, na tarde do dia 28 o comandante português e seus 26 marinheiros finalmente se renderam. Foi a mais singela, e talvez a mais heroica, de todas as batalhas navais da Independência brasileira.[10]

As notícias dos acontecimentos na Bahia repercutiram em todo o Brasil. Na manhã chuvosa de 21 de maio de 1822 os baianos residentes no Rio de Janeiro mandaram celebrar uma missa fúnebre na igreja de São Francisco de Paula pelos mortos de fevereiro. Dom Pedro e a princesa Leopoldina compareceram em roupas de luto. Três dias depois, uma comissão de baianos foi ao palácio de São Cristóvão para assegurar a fidelidade da província ao príncipe regente. Animado com essas demonstrações de apoio, no dia 15 de junho, dom Pedro tentou repetir com o general Madeira de Melo a bem-sucedida bravata que encenara contra o general Avilez na semana do Dia do Fico. Em uma carta régia ordenou "como príncipe regente deste Reino, do qual jurei ser Defensor Perpétuo, (que) embarqueis para Portugal com a tropa que dali tão impoliticamente foi mandada". Madeira de Melo fez de conta que não era com ele. Em vez de acatar as ordens do príncipe, fortificou a capital baiana, decretou lei marcial e ficou aguardando os reforços prometidos por Lisboa.

Do lado brasileiro, a euforia dos momentos iniciais logo deu lugar à preocupação. Apesar do entusiasmo das decisões tomadas em Santo Amaro, Cachoeira e cidades vizinhas, faltavam recursos e organização ao Exército brasileiro. Os soldados estavam descalços, famintos e com os soldos atrasados. Muitos morriam de tifo e impaludismo, febres endêmicas no Recôncavo. Faltavam médicos, enfermeiros, remédios e hospitais. As armas eram fabricadas de forma improvisada pelos próprios oficiais e soldados. Nas trincheiras encharcadas pela chuva, os combatentes eram atacados por um verme chamado bicho-de-pé — "não só nos pés, mas em todo o corpo", segundo uma testemunha.[11]

Na tentativa de dar alguma ordem ao caos, no dia 6 de julho as autoridades do Recôncavo decidiram criar uma Comissão Administrativa da Caixa Militar, depois substituída por entidade de nome mais pomposo: Conselho Superior Interino de Governo. O objetivo era arrecadar e fiscalizar a aplicação de fundos, recrutar voluntários e organizar a distribuição de "munições de boca e de guerra necessários para o prosseguimento da campanha", segundo os termos da ata da reunião. O comando das operações foi entregue provisoriamente ao tenente-coronel Felisberto Gomes Caldeira, primo e protegido do general Felisberto Caldeira Brant Pontes de Oliveira e Horta, representante do Brasil em Londres e futuro marquês de Barbacena. Batalhões de voluntários foram recrutados às pressas entre agricultores pobres, escravos e crioulos plantadores de cana, fumo e mandioca. O mais famoso foi batizado de "Voluntários do Príncipe", mas se tornou conhecido entre os baianos como "Batalhão dos Periquitos", pela cor verde usada na gola dos uniformes. A tarefa definitiva de organizar esse exército irregular, indisciplinado e carente de tudo caberia a um oficial estrangeiro, o general francês Pierre Labatut.

Labatut partiu do Rio de Janeiro para a Bahia no dia 14 de julho de 1822 com uma pequena frota sob o comando do chefe de Divisão Rodrigo Antônio de Lamare. Levava mosquetes, canhões, pólvora e 274 oficiais. De Lamare tinha ordens para desembarcar o general francês no Recôncavo e entregar as armas e munições às forças brasileiras. Em seguida, deveria bloquear a entrada da baía de Todos os Santos para evitar que Madeira de Melo recebesse reforços de Portugal. A missão, porém, resultou em fracasso. Ao se aproximar de Salvador, a frota brasileira foi interceptada por seis navios de guerra lusitanos. Por três dias, as duas esquadras navegaram em cursos paralelos, até que De Lamare, sem ânimo para entrar em combate, decidiu mudar os planos e seguir para Maceió.

Desembarcados no litoral alagoano, Labatut e seus oficiais seguiram até Recife, onde recrutaram mais homens, e só então marcharam para a Bahia numa viagem penosa de quase três meses. Para os portugueses de Salvador foi um alívio. Mal a frota de De Lamare sumiu no horizonte, o navio *Calypso*, trazendo setecentos soldados de Lisboa, entrou no porto sem ser molestado. No dia 30 de outubro, chegaram mais oito navios com um total de 1.200 soldados, protegidos pela nau *Dom João* VI, com 74 canhões, uma das maiores embarcações de guerra lusitanas. "A viagem tinha sido uma experiência humilhante, que abria perspectivas sombrias para o futuro do Brasil", escreveu o historiador inglês Brian Vale sobre a fracassada incursão de De Lamare.[12]

Ao chegar à Bahia, Labatut estabeleceu o quartel-general na localidade de Engenho Novo e deu um ultimato a Madeira de Melo: "General, [...] um tiro de vossa tropa contra qualquer brasileiro será o sinal de nossa eterna divisão, [...] de nunca mais o Brasil se unir a Portugal. [...] Respondei-me categoricamente, ou me espere, para combater-vos".[13] O turrão Madeira de Melo obviamente ignorou a mensagem. O francês renovou a ameaça: "General, o canhão e a baioneta vão decidir a sorte dos tiranos do Brasil, dos cruéis opressores da excelsa capital dos honrados baianos".[14]

Durante dez meses Labatut comandou as forças brasileiras, mas a nomeação de um oficial estrangeiro para um cargo tão importante causou desconforto na Bahia. O general mal falava a língua portuguesa e insistia em alistar escravos nas tropas brasileiras, medida que os senhores de engenho temiam por acreditar que, uma vez armados, os negros poderiam se voltar contra eles.[15] Cercado de intriga por todos os lados, Labatut acabaria preso e destituído do comando pelos seus próprios oficiais cinco semanas antes do fim da guerra. A glória de entrar em Salvador à frente das tropas brasileiras no dia 2 de julho caberia a seu substituto, o coronel José Joaquim de Lima e Silva. Era tio do jovem Luís Alves de Lima e Silva, futuro duque de Caxias e atual patrono do Exército brasileiro, que também participou dos combates na Bahia como tenente-ajudante no Batalhão do Imperador.

Labatut ainda combateria sob as cores do Império nas revoltas que se seguiram à Independência no Ceará e na Revolução Farroupilha do Rio Grande do Sul. Promovido a marechal de campo, morreu em 1849, aos 73 anos, em Salvador. O nome Labatut, porém, se perpetuou de forma curiosa no folclore do sertão nordestino. Na chapada do Apodi, na divisa entre o Ceará e o Rio Grande do Norte, é usado ainda hoje para designar uma entidade mítica, semelhante ao lobisomem e à caipora em outras regiões do país. Antropófago, o monstro Labatut tem o corpo coberto de pelos longos, pés arredondados e garras afiadas na ponta dos dedos cumpridos. Nas noites de vento ou de lua cheia sai pelas ruas e estradas desertas à caça de viajantes solitários.[16]

Mais bem organizados depois da chegada de Labatut, os brasileiros ainda assim preferiram evitar um confronto direto com os portugueses. Em vez disso, decidiram cercá-los na capital, impedindo que recebessem armas, munições e, principalmente, alimentos. Com as estradas de acesso à rica e fértil região do Recôncavo bloqueadas por terra, Madeira de Melo só poderia receber ajuda pelo mar. Isso de fato aconteceu durante alguns meses, mas era uma operação cara e arriscada. Enquanto as forças brasileiras cresciam em número e entusiasmo, o comandante português ficava cada vez mais ilhado e refém da ajuda de Lisboa, situada do outro lado do oceano, a quase 10 mil quilômetros de distância.

Em maio de 1823, também essa rota de suprimentos seria fechada com a entrada em cena do almirante Cochrane e sua esquadra de mercenários e patriotas brasileiros. Os preços dispararam e a fome assolou a população de Salvador. Uma galinha viva, que no Rio de Janeiro era comprada por 880 réis, custava na Bahia cinco vezes mais, 4.800 réis. Pelo preço de um ovo comprava-se uma dúzia em outras regiões.[17] "As nossas privações vão crescendo porque não entra para a cidade gênero algum de primeira necessidade", queixou-se Madeira de Melo ao rei dom João VI.[18]

Por duas vezes os portugueses tentaram romper o cerco brasileiro. Primeiro, no dia 8 de novembro de 1822 na localidade de Pirajá, a dez quilômetros do centro de Salvador. O resultado foi a maior batalha dessa guerra. O confronto durou dez horas e envolveu cerca de 10 mil brasileiros e portugueses. Entre os combatentes estava a mais famosa heroína da Independência. Nascida em Feira de Santana, filha de lavradores pobres, Maria

Quitéria de Jesus Medeiros tinha trinta anos quando a Bahia começou a pegar em armas contra os portugueses. Diante da proibição de mulheres nos batalhões de voluntários, decidiu alistar-se às escondidas. Cortou os cabelos, amarrou os seios, vestiu-se de homem e incorporou-se às fileiras brasileiras como "soldado Medeiros". Duas semanas depois foi descoberta pelo pai, que tentou levá-la à força de volta para casa. Os colegas de quartel, já impressionados com a habilidade com que manejava armas, imploraram para que ela ficasse. O oficial comandante concordou, mas impôs uma condição: em vez da farda masculina, ela usaria um saiote à moda escocesa.

Maria Quitéria participou de pelo menos três combates e em todos se destacou pela bravura. Antes de ser destituído do comando, o general Labatut lhe conferiu o posto de primeiro cadete.[19] Seu substituto, o coronel Lima e Silva, prestou-lhe uma homenagem em público descrevendo suas façanhas. "Apresentou feitos de grande heroísmo, avançando, de uma delas, por dentro de um rio, com água até os peitos, sobre uma barca que batia renhidamente nossas tropas", assinalou. A suprema glória, no entanto, viria no dia 20 de agosto de 1823, quando Maria Quitéria foi recebida no Rio de Janeiro pelo imperador Pedro I e condecorada com a Ordem do Cruzeiro. A inglesa Maria Graham, que a conheceu na ocasião, descreveu-a como "viva, de inteligência clara e percepção aguda". E acrescentou: "Nada se observa de masculino nos seus modos, antes os possui gentis e amáveis".[20] De volta à Bahia, Maria Quitéria casou-se com um antigo namorado, o agricultor Gabriel Pereira de Brito, com quem teve uma filha. Morreu em Salvador aos 61 anos.

A Batalha do Pirajá também deu origem a um mito. É a história do corneteiro Luís Lopes. Segundo o relato do historiador Tobias Monteiro, a certa altura do confronto os brasileiros estavam em grande desvantagem, correndo risco de serem massacrados pelos portugueses. Acreditando que a batalha estivesse perdida, o major José de Barros Falcão de Lacerda teria ordenado a Luís Lopes o toque de recuar. Por engano, no entanto, o corneteiro fez exatamente o contrário e inverteu o toque para "cavalaria, avançar e degolar!". Obviamente, não havia nenhum regimento de cavalaria pronto para entrar em ação, mas o toque assustou os portugueses, que teriam fugido desordenadamente, dando a vitória ao Exército brasileiro. A façanha, boa demais para ser verdade, nunca foi comprovada.

Uma segunda tentativa de romper o cerco brasileiro ocorreu na manhã de 7 de janeiro de 1823. Foi um ataque cerrado à ilha de Itaparica, comandado pelo próprio chefe da Armada portuguesa, o almirante João Félix Pereira de Campos, recém--chegado de Lisboa. De uma só vez, os portugueses lançaram quarenta barcas, dois brigues de guerra e lanchas canhoneiras contra a fortaleza de São Lourenço e o povoado de Itaparica. Escaleres repletos de soldados e marujos tentaram desembarcar sob a proteção dos navios. Foi a batalha do tudo ou nada. Uma eventual tomada da ilha teria aberto um rombo na linha de defesa brasileira ao redor da baía de Todos os Santos. Os baianos resistiram bravamente e alcançaram a vitória ao final de três dias de combates. As baixas do lado português foram pesadas: cerca de quinhentos mortos.[21]

O dia 2 de julho de 1823 amanheceu radiante em Salvador. O mar estava sereno; havia sol e céu azul. Ao acordar, os moradores souberam que os portugueses tinham partido de madrugada. O fracasso nas investidas de Pirajá e Itaparica selou o destino de Portugal no Brasil. Trezentos anos depois da chegada de Pedro Álvares Cabral a Porto Seguro, a esquadra lusitana singrava os mesmos mares de volta para casa. Deixava para trás uma colônia que em três séculos se enriquecera e prosperara até o ponto de se tornar um país independente. Apesar da pressa do embarque, Madeira de Melo não deixou ninguém para trás — nenhum soldado, nenhum ferido ou doente. Ao partir, levava entre 10 e 12 mil pessoas.[22] Curiosamente, era um número próximo ao total de passageiros que havia cruzado o Atlântico rumo a Salvador quinze anos antes com a família real portuguesa. Ali também, ao chegar em 1808, o príncipe regente dom João decretara a abertura dos portos iniciando o processo irreversível de separação entre Brasil e Portugal.

Os primeiros soldados brasileiros entraram na cidade ainda pela manhã. Nem de longe lembravam um exército vitorioso. Eram "homens descalços e quase nus, mostrando na miséria dos andrajos a grandeza de seus sacrifícios", segundo a descrição do historiador Ignacio Accioli de Cerqueira e Silva.[23] Foram recebidos com festa pelos moradores. E com festa ainda são lembrados todos os anos no dia 2 de julho.

A Bahia decidiu o futuro do Brasil na sua forma atual, mas a festa do Dois de Julho é hoje praticamente desconhecida pelos brasileiros das outras regiões. Ao contrário do Carnaval, e apesar de também reunir milhares de pessoas, raramente é notícia em jornais e emissoras de rádio e televisão fora da Bahia. Porém, um visitante desavisado que chegasse à capital baiana nessa data perceberia logo ao desembarcar uma nota dissonante: o aeroporto de Salvador, que até alguns anos atrás se chamava Dois de Julho, mudou de nome. Agora, chama-se Deputado Luís Eduardo Magalhães, em homenagem ao político baiano falecido em 1998. É uma prova de que o coronel da atualidade será sempre mais lembrado do que todas as lutas gloriosas do passado.

O DIA 12 DE OUTUBRO de 1822, data da aclamação do imperador Pedro I, amanheceu nublado e chuvoso no Rio de Janeiro. Mas nem a chuva nem as rajadas de vento conseguiram atrapalhar a primeira grande festa cívica do Brasil independente. Logo ao alvorecer, a cidade foi acordada por uma ensurdecedora salva de canhões disparados das fortalezas situadas na entrada da baía de Guanabara e dos navios de guerra ancorados no porto. Às nove horas chegaram ao campo de Santana — atual praça da República — duas brigadas do Exército. Uma delas era comandada por José Maria Pinto Peixoto, aquele mesmo oficial que promovera uma rebelião contra dom Pedro às vésperas da famosa viagem do príncipe a Minas Gerais no começo do ano. De rebelde, e promovido de tenente-coronel a brigadeiro, havia se tornado um dos mais fiéis aliados de dom Pedro e assim permaneceria pelo resto da vida. As ruas estavam ocupadas pela multidão, e das varandas pendiam colchas, toalhas bordadas e outros adereços. Os moradores vestiram suas melhores roupas e saíram às janelas para ver o espetáculo. "Senhoras que, pela elegância de seus vestidos, em que sobressaíam as cores verde e amarela e riqueza de enfeites, ofereciam uma cena capaz de despertar sentimentos de alvoroço na alma mais tíbia", descreveu o jornal *O Espelho*.[1]

No centro da praça foi erguido um palacete especialmente para a ocasião. Ostentava os novos símbolos nacionais criados por decreto de dom Pedro no dia 18 de setembro. Em verde e amarelo, o escudo de armas e o distintivo, também chamado de "tope nacional", combinavam elementos da heráldica portuguesa, como a esfera armilar (representação da abóbada celeste e do império) e a cruz da Ordem de Cristo, com motivos tropicais: um ramo de café e outro de tabaco ao redor de um campo verde. Era uma simbologia de duplo sentido. O verde representava as florestas, mas também era a cor da tradição no escudo da real família de Bragança. O amarelo remetia simultaneamente ao ouro do Brasil e à cor da casa de Lorena, usada na Áustria pelos Habsburgo da imperatriz Leopoldina.[2]

Dom Pedro saiu do palácio da Quinta da Boa Vista, em São Cristóvão, às dez horas, acompanhado por dona Leopoldina e pela filha mais velha do casal, a princesa e futura rainha de Portugal, Maria da Glória, então com um ano. O novo imperador completava 24 anos naquele dia, catorze dos quais havia passado no Brasil. A guarda de honra, composta de soldados paulistas e fluminenses, abria o cortejo, precedida por oito batedores. A cor e o desenho dos uniformes inspiravam-se na vestimenta do Exército austríaco. Seguiam-se três rapazes representando a diversidade racial brasileira: um índio, um mulato e um negro. Atrás vinha o coche imperial ladeado por quatro pajens e escoltado por mais um destacamento da guarda de honra. Dois carros com autoridades e camaristas do palácio fechavam o séquito.

Ao chegar ao campo de Santana, dom Pedro foi recebido com gritos e vivas da multidão. Ao subir no palacete, onde já estavam os ministros e outras autoridades, ouviu um longo discurso do presidente do Senado da Câmara, José Clemente Pereira, e aceitou solenemente o título de imperador e defensor perpétuo do Brasil. O povo reagiu com entusiasmo ainda maior, sacudindo lenços brancos. Era uma consagração popular como nunca se vira no Brasil. Muitas pessoas se abraçavam e choravam. Segundo o pintor Jean-Baptiste Debret, que registrou a cena, o próprio imperador também chorou, dando "pleno desafogo à sensibilidade de sua alma, oprimida pelo aluvião de paixões que a assaltavam". Novamente a cidade estremeceu sob o impacto de 101 tiros de canhão seguidos de duas cargas da infantaria.

Terminada a cerimônia, Leopoldina e a filha saíram de carruagem. Dom Pedro preferiu usufruir por completo a nova condição de herói nacional. Seguiu a pé, no meio da multidão, apesar da ameaça de chuva. Caminhou até a capela Imperial debaixo de um pálio sustentado por representantes de várias câmaras e acompanhado da guarda de honra, juízes, funcionários públicos e pessoas do povo. No percurso passou por cinco arcos triunfais, enquanto "nuvens de flores" eram jogadas de todas as janelas, segundo uma testemunha. Ao chegar à igreja, foi saudado pelo bispo e assistiu ao *Te Deum*, ritual de ação de graças. A etapa seguinte aconteceu no Paço Imperial, atual Praça XV, onde foi novamente recebido por uma salva de 101 disparos de canhões. Por fim, a cerimônia do beija-mão, uma antiga tradição da monarquia portuguesa na qual os súditos faziam fila para beijar a mão do soberano e prestar-lhe homenagem.

A festa se repetiria no dia 1º de dezembro, data da coroação de dom Pedro. O imperador apareceu sob uma túnica verde, calçando botas de montaria — de cano longo, até os joelhos, e esporas — e usando um manto também verde em forma de poncho forrado de cetim e bordado em ouro. Uma murça (pequena capa sobre os ombros, presa por um cordão ao redor do pescoço) feita com papos de tucano lembrava a arte plumária dos indígenas brasileiros.[3] Mais uma vez, a escolha das cores e datas revelava o cuidado em sinalizar uma ruptura sob controle. O dia 1º de dezembro era também o aniversário da família real de Bragança. Fora nessa data, em 1640, ao fim de sessenta anos da União Ibérica com a Espanha, que o primeiro rei da dinastia, dom João IV, chegara ao trono português. A mensagem, portanto, era clara: o Brasil separava-se de Portugal, mas os vínculos que ligavam a monarquia nos dois países se mantinham.

Proclamada a Independência, aclamado e coroado o imperador, ainda pairavam muitas incertezas e preocupações no horizonte do novo Brasil. O ambiente estava mais para confronto do que para celebrações. "O império era novo e frágil", observou o historiador britânico Brian Vale. "Sob o clima de euforia pela vitória resistiam as tensões políticas e um incipiente republicanismo."[4] Na prática, haveria duas guerras em andamento nos anos que se seguiram ao Grito do Ipiranga — uma externa e outra interna. A primeira, resultante do choque de interesses entre brasileiros e portugueses, iria resolver-se nos campos de batalha, como se viu nos capítulos anteriores, e depois em negociações diplomáticas. A outra guerra seria entre os próprios brasileiros em razão das profundas diferenças de opinião a respeito da forma de organizar e conduzir o novo país.

Monarquistas absolutos e liberais, republicanos e federalistas, abolicionistas e escravagistas, entre outros grupos, se confrontariam pela primeira vez na Assembleia Geral Constituinte e Legislativa, cujo objetivo era organizar o novo país. Ali apareceriam os temas que dominariam a arena política do Primeiro Reinado e também reivindicações inteiramente novas, como liberdade religiosa e de pensamento, direitos individuais e de propriedade, imprensa sem censura e governo firmado no consentimento geral. A Constituição seria a fiadora de um novo "pacto social", expressão igualmente nova no vocabulário político brasileiro.[5] A agitação tinha como foco irradiador os jornais.

No *Correio do Rio de Janeiro*, o jornalista João Soares Lisboa defendia "Pedro I sem II". Ou seja, a monarquia seria uma solução transitória. Depois, república.

O debate se expressava também no modo de se vestir, nos adereços e no vocabulário. O laço verde e amarelo, adotado após o Grito do Ipiranga, definia a fronteira entre brasileiros e portugueses. O uso de uma flor na lapela, a sempre-viva, indicava adesão às ideias republicanas e federalistas. Outra flor, a camélia, era o símbolo dos abolicionistas. O chapéu de palha, feito de taquaruçu, expressava o espírito nativista mais exaltado. Custava três patacas, ou 960 réis, enquanto o chapéu de feltro, redondo, de fabricação europeia, símbolo do partido moderado, chegava ao Rio de Janeiro por 8 mil-réis. Deputados constituintes usavam casaca e cartola (chapéu redondo de copa alta). Era a indumentária da aristocracia brasileira. Os portugueses eram chamados de "pés de chumbo", "chumbáticos", "chumbistas" ou "chumbeiros". Retrucavam chamando os brasileiros de "cabras". Havia ainda os "corcundas", definição dos absolutistas, opositores dos "constitucionais".[6]

Convocada por dom Pedro em junho de 1822, a Constituinte só seria instalada um ano mais tarde, no dia 3 de maio de 1823, mas acabaria dissolvida seis meses depois, em 12 de novembro. Entre a convocação e a dissolução foram dezessete meses de tumulto, em que as paixões políticas brasileiras se expressaram pela primeira vez de forma desenfreada. As discussões giravam em torno do papel do imperador.

Um grupo sustentava que a legitimidade e o poder do soberano eram delegados pela nação brasileira. Aclamado pelo povo, o imperador teria de se submeter à Constituição, a ser elaborada pelos representantes do povo. Portanto, não poderia invocar direito divino ou dinástico (como herdeiro da Coroa portuguesa) para exercer sua autoridade de forma arbitrária. Era o grupo dos chamados liberais, tidos como democratas e antimonárquicos, ligados às correntes mais revolucionárias da maçonaria, como o advogado Joaquim Gonçalves Ledo, o cônego Januário da Cunha Barbosa, o brigadeiro Domingos Alves Branco Muniz Barreto e o juiz de fora português José Clemente Pereira. A segunda corrente, dos liberais moderados do ministro José Bonifácio, sustentava que a autoridade do imperador, decorrente da tradição e da herança histórica, sustentava-se por si mesma. Era, portanto, superior à da Constituinte e de todo o restante da sociedade brasileira.

A primeira crise da Constituinte irrompeu antes ainda da sua instalação. Estava relacionada à chamada cláusula do juramento prévio. Em 17 de setembro de 1822, três dias após o retorno de dom Pedro da sua histórica jornada a São Paulo e às margens do Ipiranga, José Clemente Pereira, presidente do Senado da Câmara, enviou uma circular às câmaras das demais províncias. Gestado nas reuniões da maçonaria no Rio de Janeiro, o documento propunha aclamar dom Pedro imperador do Brasil no dia 12 de outubro. Mas havia uma ressalva importante. Ele não seria um soberano qualquer, mas um "imperador constitucional", cujos poderes estariam limitados por uma constituição. Mais do que isso, teria de jurar a Constituição antes ainda que ela fosse elaborada.[7] Era essa a cláusula do juramento prévio. José Bonifácio usou toda sua influência como ministro e chefe da maçonaria para impedir que dom Pedro jurasse, às cegas, uma Constituição que ainda não existia. Chegou a ameaçar prender Clemente Pereira numa fortaleza do Rio de Janeiro caso insistisse em incluir a cláusula de juramento no dia da aclamação.

Avançado e libertário na defesa das questões sociais, Bonifácio revelou-se no poder tão autoritário e conservador quanto o próprio dom Pedro. Usou mão de ferro para silenciar os adversários, ordenou prisões e deportações de portugueses suspeitos de conspirar contra a autoridade do imperador e manteve atenta vigilância sobre o grupo mais radical da maçonaria. Ledo, Clemente e Januário foram presos e exilados. A imprensa voltou a circular sob censura. Bonifácio criticava os "furiosos demagogos e anarquistas", membros de "facção oculta e tenebrosa" que queriam a ruína do trono ao "plantar e disseminar desordens, sustos e anarquia, abalando igualmente a reputação do governo e rompendo assim o sagrado elo que deve unir todas as províncias deste grande Império ao seu centro natural e comum". Segundo ele, o objetivo da nova Constituição seria "centralizar a união e prevenir os desordeiros que procedem de princípios revoltosos".[8] O alvo dessas críticas eram, obviamente, os republicanos. Foi nesse ambiente de repressão e silêncio que se instalou a Constituinte.

Ameaçados e perseguidos, os radicais abriram mão da cláusula de juramento prévio, mas logo surgiria uma segunda crise, relacionada ao direito de veto do imperador. José Bonifácio defendia o veto absoluto, pelo qual dom Pedro poderia anular ou mudar qualquer artigo da nova Constituição. A ala de Clemente Pereira e Gonçalves Ledo discordava. O imperador não tinha direito a veto algum. Só lhe caberia cumprir, como qualquer outro cidadão brasileiro, o que a Constituinte determinasse. Um terceiro grupo, mais moderado, propunha o veto suspensivo, pelo qual o imperador poderia adiar por tempo indeterminado a aplicação do artigo com o qual não estivesse de acordo. Causa principal da dissolução da Constituinte em novembro de 1823, essa divergência, ao contrário da primeira (a respeito do juramento prévio), nunca seria superada.

Os membros da Constituinte eram escolhidos pelos mesmos critérios da eleição dos deputados às cortes de Lisboa.[9] Os eleitores eram apenas os homens livres, com mais de vinte anos, pelo menos um ano de residência na localidade em que viviam e proprietários de terra. Cabia a eles escolher um colégio eleitoral que, por sua vez, indicava os deputados de cada região. Estes por sua vez tinham de saber ler e escrever, e possuir bens e "virtudes". Numa época em que a taxa de analfabetismo alcançava mais de 90% da população, só um entre cem brasileiros era elegível. No caso de nascidos em Portugal, tinham de residir pelo menos doze anos no Brasil.

Do total de cem deputados eleitos, só 88 tomaram posse. Era a elite intelectual e política do Brasil, composta de magistrados, membros do clero, fazendeiros, senhores de engenho, altos funcionários, militares e professores. Desse grupo, sairiam mais tarde 33 senadores, 28 ministros de Estado, dezoito presidentes de província, sete membros do primeiro conselho de Estado e quatro regentes do Império, sendo que alguns deles ocuparam mais de um desses cargos. "Quase todas as principais personalidades políticas do Império, na primeira metade do século, fizeram parte de uma Assembleia Constituinte por nenhuma outra excedida em cultura, probidade e civismo", assinalou o historiador Manuel de Oliveira Lima.[10]

Muitos dos eleitos tinham representado o Brasil até um ano antes nas cortes de Lisboa, caso de Antônio Carlos Ribeiro de Andrada, que na Constituinte dividiria os assuntos com os irmãos José Bonifácio e Martim Francisco. Uma exceção curiosa foi o médico e jornalista baiano Cipriano Barata, que, apesar de eleito com o maior número de votos, negou-se a tomar posse. Alegava que tudo não passava de um jogo de cartas marcadas controlado pelo imperador. No seu jornal *Sentinela da Liberdade* passou a convocar a população a formar "um só corpo maciço a fim de fazer oposição e dissolver qualquer trama que possa ser inventada para desorganizar o sistema liberal".[11]

O local das reuniões era a antiga cadeia pública, que em 1808 havia sido remodelada pelo vice-rei conde dos Arcos para abrigar parte da Corte portuguesa de dom João. No dia da abertura dos trabalhos, dom Pedro chegou ao prédio numa carruagem puxada por oito mulas. Discursou de cabeça descoberta, o que por si só sinalizava alguma concessão ao novo poder constituído nas urnas. A coroa e o cetro, símbolos do seu poder, também foram deixados sobre uma mesa.

Logo, porém, o imperador fixou os limites da tarefa entregue aos deputados: "Uma Constituição que, pondo barreiras inacessíveis ao despotismo, quer real, quer aristocrático, quer democrático, afugente a anarquia e plante a árvore daquela liberdade a cuja sombra deve crescer a união, tranquilidade e independência deste Império, que será o assombro do mundo novo e velho". Por fim, acrescentou que a assembleia deveria fazer uma Constituição que fosse "digna do Brasil e de mim".[12]

A expressão fora copiada do preâmbulo da Constituição francesa de 1814, no qual o rei Luís XVIII tentava recuperar algum espaço de poder para a monarquia um quarto de século depois da Revolução Francesa. Os liberais ficaram apavorados com a mensagem. No seu entender, bastava à Constituição ser digna do Brasil, cabendo ao imperador cumpri-la como todo mundo. "O julgar se a Constituição que se fizer é digna do Brasil só compete a nós como representantes do povo", afirmou o deputado mineiro José Custódio Dias.[13]

Em artigo no *Sentinela da Liberdade*, Cipriano Barata resumia a posição dos liberais da seguinte forma:

> *Quem presta serviços, presta-os à nação e nunca ao imperador, que é apenas uma parte da nação [...]. Nosso imperador é um imperador constitucional e não o nosso dono. Ele é um cidadão que é imperador por favor nosso e chefe do Poder Executivo, mas nem por isso autorizado a arrogar-se e usurpar poderes que pertencem à nação. [...] Os habitantes do*

Brasil desejam ser bem governados, mas não submeter-se ao domínio arbitrário.[14]

A Constituinte funcionava quatro horas por dia, das dez da manhã às duas da tarde. Em um país até então não habituado a propor, discutir e aprovar leis, os trabalhos demoraram a ganhar ritmo. "Reclamações, queixas e súplicas choviam de toda a vastidão do Brasil", relatou o historiador Octávio Tarquínio de Sousa.[15] Havia gente presa, sem culpa formada, em todas as regiões. E todos se julgavam no direito de recorrer à Constituinte em busca de justiça. Funcionários mal remunerados pediam aumento de salário. Nenhum requerimento era ignorado. Luís Caetano, dono de uma taberna em Itaguaí, interior do Rio de Janeiro, reclamou de ter de pagar ao Estado 12.800 réis anuais pela licença de oferecer café aos seus fregueses quando já desembolsava 4.800 réis pelo direito de servir comida. O tema consumiu longas discussões até que a assembleia chegou à óbvia conclusão de que não lhe cabia decidir questões tão triviais.

Com tantos assuntos paralelos, só em 1º de setembro, quatro meses depois de instalada, a assembleia conseguiu finalmente ler o projeto de Constituição que deveria discutir e aprovar. Não deu tempo. Nos dois meses que lhe restavam de vida foi engolfada por um inacreditável turbilhão de crises. O gabinete de José Bonifácio caíra em meados de julho. O motivo fora aparentemente banal. Luís Augusto May, redator do jornal *Malagueta*, que se opunha a dom Pedro, teve a casa invadida na noite de 6 de junho de 1823 por um grupo que lhe aplicou uma surra e o deixou com uma das mãos imobilizada. O atentado foi atribuído ao grupo de José Bonifácio. Mais tarde descobriu-se que os responsáveis eram amigos de dom Pedro. Mesmo assim, acusado de excessivo rigor no tratamento dos adversários, o ministro seria demitido no dia 16 de julho.

Na verdade, havia uma razão maior e mais grave para a mudança no governo. Bonifácio trombou com os poderosos interesses dos latifundiários e senhores de escravos ao sugerir à Constituinte a proibição do tráfico negreiro e a abolição gradual da escravidão no Brasil. Seu projeto, que nem chegou a ser apresentado, compunha-se de um preâmbulo com 22 páginas e 32 artigos intitulado "Representação à Assembleia Geral Constituinte e Legislativa do Império do Brasil sobre a Escravatura". Dois anos mais tarde, já no exílio em Paris, Bonifácio explicaria a razão da proposta:

> *A necessidade de abolir o comércio de escravatura, e de emancipar gradualmente os atuais cativos é tão imperiosa que julgamos não haver coração brasileiro tão perverso, ou tão ignorante que a negue, ou desconheça. [...] Qualquer que seja a sorte futura do Brasil, ele não pode progredir e civilizar-se sem cortar, o quanto antes, pela raiz este cancro moral, que lhe rói e consome as últimas potências de vida, e que acabará por lhe dar morte desastrosa.*[16]

Bonifácio, obviamente, cometeu um erro de cálculo. Acreditou que, uma vez silenciados os radicais republicanos e preservado o poder do imperador, conseguiria avançar nas reformas sociais de que, em sua opinião, o Brasil tanto necessitava para se considerar uma nação plenamente soberana. Era uma ilusão. Dependente até a medula da mão de obra escrava, a aristocracia rural brasileira aceitaria qualquer coisa da Constituinte, menos mudanças nas estruturas sociais que sustentavam a economia brasileira e garantiam seus privilégios. O Brasil era escravagista e assim permaneceria por mais 65 anos, até a assinatura da Lei Áurea em 1888.

Com a queda do gabinete, Martim Francisco, irmão de José Bonifácio, seria substituído na pasta da Fazenda por Manuel Jacinto Nogueira da Gama, futuro marquês de Baependi, rico fazendeiro e grande proprietário de escravos.[17] Fora do ministério, Bonifácio e os irmãos se bandearam imediatamente para a oposição. Juntos criaram o jornal *O Tamoio*, que passou a fazer pesadas críticas ao governo, o que contribuiu para azedar ainda mais as relações da Constituinte com o imperador.

As horas que antecederam o fechamento da Constituinte passaram para a história como a "Noite da Agonia". No dia 11 de novembro, os deputados declararam-se em sessão permanente numa derradeira tentativa de resistir às pressões de dom Pedro e da tropa que cercava o edifício. Todos passaram a noite em claro. Às onze horas da manhã seguinte, o ministro do Império, Francisco Vilela Barbosa, coronel do Exército, entrou no recinto. Sua indumentária indicava o desfecho do grande drama: estava fardado e de espada na cintura. O deputado baiano Francisco Jê Acaiaba de Montezuma perguntou quais eram as exigências do imperador. Restrição à liberdade de imprensa e expulsão dos Andrada da Constituinte, respondeu Vilela. Os deputados recusaram.

Duas horas depois chegou um oficial com a ordem do imperador. A assembleia estava dissolvida porque "perjurara ao seu solene juramento de salvar o Brasil", segundo a justificativa de dom Pedro. Antônio Carlos, última voz a se pronunciar no recinto, avisou: "Já não temos o que fazer aqui. O que resta é cumprir o que Sua Majestade ordena...". Era a primeira de muitas vezes que o parlamento brasileiro teria de se curvar à força das armas. Na saída, catorze deputados foram presos. Entre eles estavam os três irmãos Andrada, que seriam deportados para a França, e o padre Belchior, testemunha do Grito do Ipiranga.[18]

Na declaração de dissolução da Constituinte, dom Pedro prometia dar ao país uma Constituição "duplicadamente mais liberal do que o que a extinta assembleia acabou de fazer". E foi, de fato, o que aconteceu. A primeira Constituição brasileira, outorgada pelo imperador no dia 25 de março de 1824, era uma das mais avançadas da época na proteção dos direitos civis. "Embora tivesse imperfeições, era a melhor entre todos os países do hemisfério ocidental, com exceção dos Estados Unidos", afirmou o historiador Neill W. Macaulay.[19] Foi a mais duradoura Constituição brasileira. Bem-sucedida ao organizar o Estado e discriminar as fronteiras entre os diferentes poderes, sucumbiu apenas em 1891, substituída pela primeira Constituição republicana.

Uma das novidades da Constituição de 1824 era a liberdade de culto. A Igreja católica mantinha-se como a religião oficial do Império, mas, pela primeira vez na história brasileira, judeus, muçulmanos, budistas, protestantes e adeptos de outras crenças poderiam professar livremente sua fé. Também assegurava plena liberdade de imprensa e de opinião. Ninguém poderia ser preso sem culpa formada em inquérito policial, nem condenado sem amplo direito à defesa. Apesar de todos esses avanços, excluía dos direitos políticos os escravos, os índios, as mulheres, os analfabetos, os menores de 25 anos[20] e os pobres em geral. Só podiam votar e ser candidatos aos cargos eletivos os cidadãos do sexo masculino e "ativos", assim definidos pelo critério de propriedade e renda anual. Para votar, era preciso comprovar renda mínima de 100 mil-réis. Para se candidatar a deputado, o mínimo eram 400 mil-réis. E, para senador, cargo vitalício, o dobro disso, 800 mil-réis.

A maior de todas as novidades, no entanto, era o chamado Poder Moderador. Exercido pelo imperador, constituía-se na prática de um quarto poder, que se sobrepunha e arbitrava eventuais divergências entre os outros três — Executivo, Legislativo e Judiciário. O artigo 98 da Constituição afirmava que o Poder Moderador era "a chave de toda a organização política, e é delegada privativamente ao imperador, como Chefe Supremo da Nação, e seu Primeiro Representante, para que incessantemente vele sobre a manutenção da Independência, equilíbrio e harmonia dos mais poderes públicos". O artigo seguinte afirmava: "A pessoa do imperador é inviolável, e sagrada: ele não está sujeito a responsabilidade alguma". Lido ao pé da letra, poderia dar a entender que dom Pedro I mantinha a condição de monarca absoluto, tanto quanto haviam sido seu pai, dom João VI, sua avó, dona Maria I, e seu bisavô, dom José I. Mas era só aparência. O simples fato de haver uma Constituição, ainda que outorgada, significava que o poder do imperador, daquele dia em diante, tinha limites.

A criação do Poder Moderador inspirava-se nas ideias do pensador franco-suíço Henri-Benjamin Constant de Rebecque (e em cuja homenagem seria batizado anos mais tarde um dos mentores da República brasileira, o professor e tenente-coronel Benjamin Constant Botelho de Magalhães). Na opinião de Benjamin Constant de Rebecque, caberia ao soberano mediar, balancear e restringir o choque entre os poderes do Estado. Era, portanto, uma tentativa de reconciliar a monarquia com liberdade, direitos civis e Constituição. No caso do Brasil, entre as atribuições do imperador estavam a faculdade de nomear e demitir livremente os ministros, dissolver a Câmara dos Deputados e convocar novas eleições parlamentares. Entre 1824 e 1889, dom Pedro I e dom Pedro II invocaram o Poder Moderador doze vezes para dissolver a câmara — em média uma a cada cinco anos.[21]

O texto original da Constituição de 1824 jaz atualmente no Arquivo Nacional, no Rio de Janeiro. Sua mera existência é ignorada por cem entre cem brasileiros, com a óbvia exceção de advogados constitucionalistas, historiadores e outros estudiosos das leis e documentos antigos. É um destino bem diferente do reservado à primeira e única Constituição dos Estados Unidos, hoje objeto de culto no santuário em que é mantida — o Arquivo

Nacional norte-americano, situado na Rotunda, em Washington. Guardado numa caixa de vidro à prova de bala e de umidade, o documento é visitado todos os dias por milhares de turistas que dele se aproximam com reverência quase religiosa. À noite, é recolhido a cofre de aço inoxidável revestido por uma laje de concreto de 55 toneladas resistente a ataque nuclear.[22]

O tratamento dedicado aos dois documentos tem explicação nas suas origens. A Constituição dos Estados Unidos é uma obra coletiva. Considerada a certidão de nascimento da moderna democracia norte-americana, foi redigida e assinada por 39 representantes do povo reunidos na Convenção da Filadélfia, em 1787. Já a Constituição brasileira hoje esquecida no Rio de Janeiro é obra da vontade de um homem só, o rei. E, por mais avançada que tenha sido, nela o povo nunca se reconheceu.

EXISTE UM DRAMA HISTÓRICO NA geografia do Nordeste brasileiro. Duzentos anos atrás, Pernambuco era uma das maiores províncias do Brasil. Com 278 mil quilômetros quadrados, seu território era do tamanho do Rio Grande do Sul e pouco inferior ao do Maranhão. A faixa litorânea começava nos penhascos da foz do rio São Francisco, que hoje delimita Sergipe e Alagoas, e se prolongava até a Paraíba. No interior, os domínios pernambucanos avançavam pelo sertão até a atual divisa entre Bahia, Minas Gerais e Goiás, a menos de duzentos quilômetros de Brasília, formando o desenho de uma abóbora — ou jerimum, para os nordestinos —, longa e delgada. Incluía, entre outras cidades importantes, Barreiras, hoje um município baiano e um dos maiores produtores de soja do país. Essa geografia se alterou de forma brusca no começo do século XIX. Em menos de uma década, Pernambuco perdeu dois terços de sua extensão original, ficando reduzido a uma nesga de terra com 98.311 quilômetros quadrados, tamanho da pequena Santa Catarina e inferior ao Ceará e ao Piauí. Entre 1817 e 1824, a província foi sistematicamente fatiada, retalhada, castrada e espoliada no seu território por razões políticas.

O regime de emagrecimento forçado em seus domínios foi o preço que Pernambuco pagou pelas guerras e revoluções que liderou nesse período. Ao longo da história, vários outros estados e províncias tiveram mudanças no território. O Paraná foi parte de São Paulo até 1853, ano em que ganhou autonomia. Mato Grosso foi dividido ao meio em 1977. Onze anos depois foi a vez de Goiás perder a sua metade norte, transformada no atual estado do Tocantins. Em todos esses casos, porém, as mudanças obedeceram a critérios práticos, com o objetivo de facilitar a administração das novas regiões, até então distantes e mal atendidas pelas antigas capitais. Pernambuco é o único caso de divisão territorial como punição pela rebeldia. Nenhuma região brasileira promoveu tantas revoluções de consequências tão drásticas.

A primeira fatiada aconteceu depois da Revolução de 1817, quando os pernambucanos se insurgiram contra o rei dom João VI e proclamaram uma república independente. Derrotados, perderam Alagoas, transformada em província autônoma. A segunda ocorreu sete anos depois, como resultado da Confederação do Equador, rebelião também de tendência separatista e republicana. Dessa vez, o corte foi bem maior: por decisão do imperador Pedro I, Pernambuco perdeu a antiga Comarca do São Francisco, que correspondia a 60% do seu território, transferida "provisoriamente" para Minas Gerais. Três anos mais tarde, a comarca seria incorporada, também "provisoriamente" à Bahia, onde permanece até hoje. "A mutilação obedeceu apenas a motivos políticos, ao desejo de evitar que chegassem até Minas Gerais os pruridos revolucionários", afirmou o jornalista e historiador pernambucano Barbosa Lima Sobrinho, autor de um estudo sobre o assunto.[1]

A proclamação da Confederação do Equador, em 1824, foi consequência direta da dissolução da Constituinte. Como mostrou o capítulo anterior, diferentes visões de Brasil se confrontaram na assembleia convocada em 1822 por dom Pedro. Uma delas era a dos federalistas. Esse grupo abrigava tanto republicanos quanto monarquistas constitucionais e concentrava-se em Pernambuco, até então a província que mais desconfianças alimentava a respeito das intenções do imperador na condução dos negócios brasileiros. As reclamações eram antigas. Uma das razões da Revolução de 1817 haviam sido as taxas e os impostos cobrados para sustentar a corte de dom João VI no Rio de Janeiro. Nada menos que 32% da arrecadação total da província foi transferida para a corte em 1816.[2] Na Independência, muitos pernambucanos temiam a possibilidade de substituir a opressão da metrópole portuguesa pela tirania de um governo no sudeste do país.

Os federalistas defendiam que o Brasil independente se constituísse em uma associação de províncias mais ou menos autônomas. Cada uma teria seus próprios presidente, parlamento, forças armadas, orçamento e tesouro, entre outras prerrogativas.[3] Seria, portanto, um país mais parecido com o atual, em que os estados, organizados em uma federação, elegem governadores e deputados encarregados de fazer leis nas assembleias legislativas, possuem desembargadores e juízes locais, cobram impostos e administram o orçamento, além de controlar suas próprias polícias militares. José Bonifácio, ao contrário, queria um governo monárquico e forte centralizado no Rio de Janeiro, com a desculpa de que isso evitaria o risco de fragmentação territorial.

Por causa dessas divergências, Pernambuco aderiu com muita relutância à causa de dom Pedro em 1822. A condição era que o imperador mantivesse a promessa de convocar a Constituinte e aceitar suas decisões. Os argumentos dos federalistas baseavam-se numa sutileza segundo a qual o Brasil se tornara independente de Portugal, mas ainda não estava constituído como império. Essa segunda etapa dependia de um "pacto social" a ser celebrado na Constituinte. Era na assembleia que os brasileiros das diferentes regiões definiriam a forma ideal de governo para o novo país. "Sem representação nacional, sem cortes soberanas que [...] formem a nossa Constituição, não há império", afirmava o padre carmelita Joaquim do Amor Divino Caneca, líder dos federalistas pernambucanos, mais conhecido como frei Caneca. "Debaixo desta condição é que aclamamos Sua Majestade."[4]

Frei Caneca fazia parte de uma das gerações mais revolucionárias da história brasileira. Nascido no Recife em 1779 — dez anos antes da Revolução Francesa e três após a Independência norte-americana —, ordenou-se padre em 1801. Após a ordenação, mudou o sobrenome Silva Rabelo para Amor Divino e acrescentou o apelido Caneca porque era filho de um português tanoeiro (artesão especializado na fabricação de tonéis, barris, pipas e utensílios domésticos como bacias, pratos e canecas). Estudou no famoso Seminário de Olinda, um dos poucos centros intelectuais do Brasil colônia onde se podiam discutir as ideias que chegavam da Europa e dos Estados Unidos. Deu aulas de geometria, retórica, filosofia racional e moral. Os poemas que escreveu sugerem que, apesar do voto de castidade, foi apaixonado por uma mulher chamada Marília, com quem aparentemente teve filhos.[5] Depois de participar da fracassada Revolução de 1817, ficou preso na Bahia, sendo solto em 1821 por decisão das cortes de Lisboa.

Na opinião de frei Caneca, em 1824 o Brasil tinha todas as condições para formar um estado republicano e federativo. Só não o fizera até aquele momento porque os brasileiros haviam confiado no juramento de dom Pedro de respeitar a Constituinte. A dissolução da assembleia, além de confirmar as suspeitas a respeito da índole autoritária do imperador, significava que o acordo havia sido quebrado. Portanto, cada província poderia seguir a estrada que lhe parecesse mais adequada. "Está dissolvido o pacto, e o Brasil seguirá o seu destino através da mais sanguinolenta guerra", bradava frei Caneca. "Do Rio [de Janeiro], nada, nada; não queremos nada!" Era uma paródia da carta em que dom Pedro dizia ao pai dom João VI não querer nada de Portugal.[6] Cipriano Barata, deputado baiano nas cortes portuguesas, que fugira para a Inglaterra e se abrigara no Recife ao regressar ao Brasil, afirmava que Pernambuco não baixaria a cabeça aos atos de força do imperador porque "o povo está vigilante e não é besta como o da Bahia".[7]

A história da Confederação do Equador mostra que as divergências de opiniões na época da Independência não eram apenas uma questão de preferência, como em um duelo entre torcidas de futebol. Resultavam de um violento choque de interesses envolvendo poder, dinheiro e prestígio. Até o fim do século XVIII, a classe dirigente pernambucana era dominada pelos senhores de engenho, produtores de açúcar e donos de vastas porções de terras férteis na Zona da Mata sul. Compunham o que o historiador Evaldo Cabral de Mello chamou de "açucarocracia" e tinham seus interesses profundamente enraizados na metrópole portuguesa, que comprava e revendia seu produto em regime de monopólio. Nas décadas seguintes, no entanto, surgira uma nova classe de ricos e prósperos produtores e comerciantes. Era ligada à produção de algodão, concentrados na Zona da Mata norte e em parte do agreste e do sertão. Como mostrou o capítulo 3, esse grupo já não dependia tanto da metrópole porque vendia seu produto para as modernas fábricas da Revolução Industrial inglesa, equipadas com teares mecânicos movidos a vapor. A intermediação de Portugal nesse caso não interessava aos produtores brasileiros nem aos compradores ingleses, porque só encarecia e dificultava as relações comerciais entre as duas partes.

Os reflexos disso na política foram inevitáveis. Enquanto os senhores de engenho da Zona da Mata sul eram conservadores e tradicionais, mais fiéis à Coroa portuguesa e sua extensão no Rio de Janeiro após a mudança da família real, os novos produtores de algodão da Zona da Mata norte se mostravam permeáveis às ideias revolucionárias que levassem à quebra dos antigos interesses e monopólios. O conflito se estendia às províncias vizinhas — Paraíba, Rio Grande do Norte e Ceará — em que a produção algodoeira se tornara igualmente expressiva. Foram esses diferentes perfis econômicos que se confrontaram na Revolução de 1817 e novamente na Confederação do Equador. "Nosso ciclo revolucionário foi um movimento baseado na sub-região algodoeira e no núcleo urbano e comercial do Recife", apontou Evaldo Cabral de Mello.[8]

A primeira junta de governo de Pernambuco, após a convocação das cortes portuguesas, era presidida por Gervásio Pires Ferreira, rico comerciante do Recife e veterano da Revolução de 1817, também punido com prisão na Bahia. Apoiado pelos grandes produtores e exportadores de algodão, Gervásio tentou nos primeiros meses reafirmar a autonomia de Pernambuco, mantendo uma posição equidistante de Lisboa e do Rio de Janeiro. Parabenizou dom Pedro pelo Dia do Fico, enquanto enviava ofício às cortes portuguesas declarando-se rompido com o príncipe regente.[9] No início de agosto de 1822, mandou uma delegação ao Rio de Janeiro com uma mensagem em que reiterava tímidos "protestos de obediência". Terminada a audiência, dom Pedro apareceu nas janelas do Paço Imperial e gritou para a multidão reunida na praça: "Pernambuco é nosso!".[10] Era, mas não muito. A adesão formal só aconteceria mesmo em 26 de agosto. Ainda assim, Gervásio recusou-se a obedecer às ordens do ministro da Fazenda para que os estoques de pau-brasil fossem a partir de então mandados para o Rio de Janeiro com o objetivo de ajudar a amortizar a dívida do Banco do Brasil.

Gervásio caiu em outubro, substituído pela "Junta dos Matutos", composta dos senhores da "açucarocracia". Esta, sim, apoiou dom Pedro de forma decidida mediante a promessa de que o governo imperial não aboliria a escravidão e protegeria suas propriedades caso fossem atacadas "por gente de cor".[11] Ainda assim, a política na província se manteve instável nos meses seguintes. As notícias da dissolução da Constituinte foram a gota d'água. Ao chegar ao Recife em meados de novembro de 1823, puseram fim à morna lua de mel entre os pernambucanos e dom Pedro I. Em dezembro, o "Grande Conselho" — colégio eleitoral composto de fazendeiros, comerciantes, juízes, padres e intelectuais — reuniu-se na catedral de Olinda e substituiu a já enfraquecida "Junta dos Matutos" por outra, presidida por Manuel de Carvalho Paes de Andrade.

Filho de um funcionário público português, Paes de Andrade era um rico comerciante e fazendeiro. Tinha ligações com a maçonaria tanto quanto frei Caneca, Cipriano Barata e inúmeros outros revolucionários pernambucanos. Depois da derrota em 1817, tinha se refugiado nos Estados Unidos, cujas ideias políticas o encantaram de tal maneira que batizou as três filhas com nomes de uma cidade e dois estados norte-americanos: Filadélfia, Carolina e Pensilvânia.[12] Em contrapartida, detestava os portugueses. "A perfídia e a crueldade são as duas notas que distinguem os portugueses dos outros povos da Europa", escreveu em abril de 1824.[13] "Barbárie e amor à escravidão foram o que lhes coube em partilha."

A eleição de Paes de Andrade colocou os pernambucanos em confronto direto com o imperador, que no dia 25 de novembro do mesmo ano havia nomeado outro presidente para a província, Francisco Paes Barreto, futuro marquês do Recife, dono de engenho na Zona da Mata sul. Novamente reunido em 8 de janeiro, o "Grande Conselho" rebelou-se contra a nomeação e manteve Paes de Andrade no cargo. Exigiu também que dom Pedro cancelasse a dissolução da Constituinte e chamasse de volta todos os deputados eleitos, incluindo o grupo que havia sido preso e deportado após a "Noite da Agonia". O imperador ainda tentou uma conciliação substituindo Paes Barreto pelo mineiro José Carlos Mayrink da Silva Ferrão, irmão de Marília de Dirceu, a musa inspiradora do poeta e inconfidente Tomás Antônio Gonzaga. A essa altura, porém, os ânimos estavam tão exaltados que o mineiro se recusou a assumir o cargo.

O primeiro semestre de 1824 foi todo dedicado à preparação da guerra em Pernambuco. Paes de Andrade mandou capturar quatro brigues e escunas da Marinha imperial que se encontravam em águas da província. Um deles, o brigue *Independência ou Morte*, foi rebatizado como *Constituição ou Morte*. Também encomendou dois navios a vapor na Inglaterra e meia dúzia de canhoneiras e uma corveta com 38 canhões nos Estados Unidos. Nenhum chegaria a tempo de defender a Confederação. O governo imperial, por sua vez, despachou para Pernambuco uma pequena frota sob o comando do capitão John Taylor, o mesmo que em julho de 1823 perseguira a esquadra portuguesa de Salvador até as imediações da foz do rio Tejo, em Lisboa. Depois de bloquear o porto do Recife por alguns dias, Taylor teve de voltar ao Rio de Janeiro diante dos rumores de que Portugal havia despachado uma poderosa frota com o objetivo de recapturar a capital brasileira.

A Confederação do Equador foi oficialmente proclamada a 2 de julho de 1824. Paes de Andrade convocou as províncias do Norte a juntar-se a Pernambuco na Constituição de um país "análogo ao sistema norte-americano" e não mais seguindo o exemplo da "encanecida Europa".[14] A fronteira da nova nação seria a margem esquerda do rio São Francisco, de Alagoas até o Maranhão. Na sua bandeira exibia um quadrado com uma cruz no meio e as palavras "religião, independência, união, liberdade". Os ramos de café e tabaco, que apareciam na bandeira do Império brasileiro, foram substituídos pelos da cana-de-açúcar e do algodão. Paes de Andrade também despachou um representante aos Estados Unidos incumbido de pleitear o reconhecimento da independência da Confederação. O governo norte-americano ignorou o pedido.

Nos documentos do governo revolucionário não há menção à palavra *república*, regime que, desde a derrota em 1817, "ainda não ousava dizer o nome", segundo a observação do historiador Evaldo Cabral de Mello.[15] Em momento algum há referências à separação do Brasil. Ao contrário, nas suas proclamações Paes de Andrade convidava as demais províncias a juntar-se à causa dos pernambucanos. Era só aparência. Como as demais regiões estavam firmes no apoio a dom Pedro, na prática a criação da Confederação só poderia levar à divisão do país. E as simpatias republicanas das lideranças do movimento, quase todas veteranas da Revolução de 1817, eram inegáveis.

A província que mais apoiou os pernambucanos na Confederação do Equador foi o Ceará. No começo de 1824, ao saber da dissolução da Constituinte, as câmaras de Quixeramobim e Icó proclamaram a república e declararam dom Pedro I destronado. Em abril, o presidente Pedro José da Costa Barros foi destituído por Tristão Gonçalves de Alencar Araripe e José Pereira Filgueiras, heróis da expulsão dos portugueses no Piauí e no Maranhão. Alencar Araripe, que também participara da Revolução de 1817, escreveu a Paes de Andrade em abril de 1824: "Está feita a nossa íntima união, quer de reciprocidade de sentimentos, quer de riscos e de perigos".[16]

A reação de dom Pedro I ao saber da proclamação da Confederação foi imediata e devastadora. Além de suspender as garantias constitucionais na província, despachou tropas por terra e mar e amputou o território pernambucano retirando dele a Comarca do São Francisco. À meia-noite de 28 de agosto, vencido o prazo final para a rendição (no dia anterior) os navios de guerra comandados pelo almirante Cochrane começaram a bombardear as casas e as igrejas de pedras brancas da velha cidade do Recife, enquanto o exército do brigadeiro Francisco de Lima e Silva, pai do futuro duque de Caxias, invadia a província pelo sul. Paes de Andrade ainda tentou subornar Cochrane oferecendo-lhe a soma de quatrocentos contos de réis, o equivalente a 80 mil libras esterlinas (cerca de 25 milhões de reais atualmente), para que mudasse de lado. O almirante, que tinha muito mais dinheiro a receber de dom Pedro, recusou.[17]

No fim de agosto, o brigadeiro Lima e Silva fez uma proclamação aos revolucionários:

Malvados, tremei. A espada da Justiça está por dias a decepar--vos a cabeça, rendei-vos ou [...] estas bravas tropas que eu comando entrarão como se fosse por um país inimigo. Não espereis mais benevolência, o modo do vosso julgamento não admite apelo; uma comissão militar, da qual sou presidente, é que vos há de fazer o processo e mandar-vos punir.[18]

A capital pernambucana foi ocupada no dia 12 de setembro. Paes de Andrade refugiou-se a bordo de uma fragata inglesa. Voltaria da Inglaterra, onde permaneceu exilado, depois da abdicação de dom Pedro I para retomar uma bem-sucedida carreira política na qual seria presidente da província e senador do Império. Outro personagem importante da Confederação, o poeta José da Natividade Saldanha, asilou-se na Venezuela e depois em Bogotá, hoje capital da Colômbia, onde exerceu a advocacia e faleceu em 1830. Frei Caneca, com o que restava do esfarrapado exército da Confederação, empreendeu uma longa jornada pelo sertão rumo ao Ceará. Foi interceptado e preso no dia 29 de novembro. Dezesseis confederados foram condenados à morte — onze em Pernambuco e cinco no Ceará.

Na manhã de 13 de janeiro de 1825, dia da execução de frei Caneca, as tropas ocuparam as principais ruas e cruzamentos da velha cidade do Recife. O objetivo era impedir qualquer manifestação popular. Caneca dormia profundamente quando o capelão foi chamá-lo na cela em que estava recolhido. Antes de subir ao patíbulo, submeteu-se a um ritual humilhante de destituição das ordens sacras. Postado de frente para um altar improvisado e sob a vigilância dos soldados, que fizeram um círculo em torno dele, foi paramentado com todas as vestimentas usadas na celebração da missa. Em seguida, dois padres foram retirando um a um os paramentos, até deixá-lo apenas de calça e camisa, como um simples civil. Levado para o alto do patíbulo, de onde pendia a corda da forca, três carrascos sucessivamente se recusaram a executá-lo. Ao saber da informação, a comissão militar presidida por Francisco de Lima e Silva mandou que fosse "arcabuzado" (fuzilamento com tiros de arcabuz) ao lado do muro do Forte das Cinco Pontas. Assim que a vítima caiu, a tropa gritou vivas "à Sua Majestade Imperial", "à Constituição" e à "Independência do Brasil". Recolhido pelos carmelitas num humilde caixão de madeira, o corpo foi sepultado em uma das catacumbas da ordem.[19]

Em 1972, ano do Sesquicentenário da Independência, quando os restos mortais de dom Pedro i foram trasladados de Portugal para o Brasil, parte do povo pernambucano, tendo à frente o Instituto Histórico e Arqueológico, pediu que o navio passasse ao largo do Recife. O pedido foi recusado. Em plena ditadura militar, protestos dessa natureza eram impensáveis. Os despojos do imperador foram solenemente reverenciados no Palácio do Campo das Princesas, como queriam os militares, patrocinadores do traslado. Ainda hoje, porém, persiste entre os pernambucanos a sensação de que, pelo menos nesse pedaço do Brasil, não havia motivos para prestar-lhe homenagens.[20]

UM DOS MITOS DA HISTÓRIA do Brasil está relacionado ao papel desempenhado pela maçonaria em 1822. De acordo com o mito, a separação de Portugal teria sido inteiramente tramada e decidida dentro das lojas maçônicas nos meses que antecederam o Grito do Ipiranga. A maçonaria teve papel fundamental na Independência, mas é um erro apontá-la como um grupo homogêneo. Nem de longe os maçons foram unânimes nas suas opiniões. Ao contrário, foi ali que se travaram algumas das disputas mais acirradas do período e que envolveram ninguém menos do que o jovem príncipe regente e futuro imperador Pedro I.

Em 1822, a maçonaria brasileira estava dividida em duas grandes facções.[1] Ambas eram favoráveis à Independência, mas uma delas, liderada por Joaquim Gonçalves Ledo, defendia ideias republicanas. A outra, de José Bonifácio de Andrada e Silva, acreditava que a solução era manter dom Pedro como imperador em regime de monarquia constitucional. Esses dois grupos disputaram o poder de forma passional, envolvendo prisões, perseguições, exílios e expurgos, como já se viu no capítulo 14.

Por curiosidade e interesse em vigiar e controlar as diversas correntes políticas da época, dom Pedro participou ativamente das duas facções. Frequentava as lojas do grupo de Gonçalves Ledo reunidas no Grande Oriente do Brasil, mas também esteve na fundação do Apostolado da Nobre Ordem dos Cavaleiros de Santa Cruz, dissidência liderada por José Bonifácio. Em lugar de "lojas", o Apostolado tinha "palestras", batizadas significativamente de "Independência ou Morte", "União e Tranquilidade" e "Firmeza e Lealdade". Eleito "arconte-rei" na primeira sessão, dom Pedro jurou "promover com todas as forças e à custa da própria vida e fazenda a integridade, Independência e felicidade do Brasil como reino constitucional, opondo-se tanto ao despotismo que o altera como à anarquia que o dissolve".[2] Era o programa de governo de José Bonifácio.

Nas lojas maçônicas foram estudadas, discutidas e aprovadas várias decisões importantes, como o manifesto que resultou no Dia do Fico (9 de janeiro de 1822), a convocação da Constituinte, os detalhes da aclamação de dom Pedro como "defensor perpétuo do Brasil" e, finalmente, como imperador, no dia 12 de outubro. "Imensa foi a contribuição da maçonaria para o movimento da Independência", afirmou o historiador Octávio Tarquínio de Sousa.[3] "Essa atividade encoberta, esses juramentos em segredo deixam fora de dúvida como a Independência já estava decidida alguns meses antes de setembro de 1822 e como o príncipe se dera sem reservas à causa brasileira."[4]

Numa época em que ainda não havia partidos políticos organizados, foi o trabalho das sociedades secretas que levou a semente da Independência às regiões mais distantes e isoladas do território brasileiro. O historiador Manuel de Oliveira Lima diz que a maçonaria funcionou em 1822 como "uma escola de disciplina e de civismo e um laço de união entre esforços dispersos e dispersivos".[5] Um exemplo é a distante vila de São João da Parnaíba, responsável pelo primeiro grito da Independência no Piauí em outubro daquele ano. A iniciativa partiu da loja maçônica local, liderada pelo juiz de fora João Cândido de Deus e Silva e pelo coronel Simplício Dias da Silva.[6]

Formado em Coimbra, o coronel Simplício era um dos homens mais ricos do Brasil. Seu pai, o capitão Domingos Dias da Silva, português de nascimento, tinha 1.200 escravos e, no fim do século XVIII, chegou a abater 40 mil bois por ano, transformados em carne de charque, banha e couro curtido. Depois da abertura dos portos, em 1808, esses produtos eram transportados por uma frota privada de cinco navios que cruzavam o Atlântico em direção à Europa, aos Estados Unidos e às capitais do Nordeste e do Sul do país — sem nenhuma intermediação da metrópole, o que distanciava o coronel dos interesses portugueses. Na época da Independência, Simplício acumulara uma fortuna tão grande que mantinha uma orquestra particular nos seus domínios, requinte difícil de imaginar naquele tempo. Teria presenteado dom Pedro com um cacho de bananas em tamanho natural, todo em ouro maciço incrustado com pedras preciosas. Também sustentava uma capela e um pároco exclusivos na catedral da cidade, onde seu túmulo exibe hoje uma variada simbologia maçônica, segundo estudo feito pelo historiador piauiense Diderot Mavignier.[7]

No começo do século XIX, a maçonaria era uma organização altamente subversiva, comparável ao que seria a internacional comunista no século XX. Nas suas reuniões, conspirava-se pela implantação das novas doutrinas políticas que estavam transformando o mundo. Cabia aos seus agentes propagar essas novidades nas "zonas quentes" do planeta. A mais quente de todas era, obviamente, a América, que, depois de três séculos de colonização, começava a se libertar de suas antigas metrópoles e a testar essas novas ideias políticas implantando regimes até então praticamente desconhecidos, como a república. A presença de militares e intelectuais maçons estrangeiros nas guerras de independência do continente nesse período é marcante. Segundo o historiador Oliveira Lima, ela "mostra bem que as ideias subversivas dos tronos eram espalhadas pelas sociedades secretas, [...] e passavam de um país para outro, de um continente a outro, com celeridade e eficácia".[8]

No Brasil há dois casos exemplares. O primeiro é o do general francês Pierre Labatut, que comandou as tropas brasileiras na guerra da Independência na Bahia. Labatut é ainda hoje um personagem misterioso. As informações sobre ele são relativamente escassas. Sabe-se que nasceu na cidade francesa de Cannes, serviu no Grande Exército de Napoleão Bonaparte, lutou contra os ingleses nos Estados Unidos e, algum tempo depois, estava ao lado de Simón Bolívar fazendo a independência da Venezuela. Teria chegado ao Rio de Janeiro depois de brigar com o grande libertador da América espanhola. Curiosamente, sem que houvesse mais referências sobre seu passado, foi imediatamente contratado por dom Pedro para comandar o exército na Bahia. De onde viria tanto prestígio?

O historiador baiano Braz do Amaral dá uma pista: a indicação para o posto nasceu dentro da maçonaria. Seu nome fora sugerido a José Bonifácio pelo frei Francisco de Santa Teresa de Jesus Sampaio, importante líder maçônico do Rio de Janeiro (já citado no capítulo 5), em cuja cela no convento de Santo Antônio foram tramados alguns lances decisivos da Independência.[9] Outro historiador, o norte-americano Neill W. Macaulay Jr., afirma que, antes de embarcar para a Bahia, Labatut prestou juramento em sessão do Grande Oriente, entidade máxima da maçonaria brasileira.[10] Todos esses indícios sugerem que o general francês fosse um agente internacional empenhado em disseminar as ideias plantadas pela Revolução Francesa.

Outro caso curioso é o do português João Guilherme Ratcliff, um dos réus da Confederação do Equador. Maçom e republicano, viajou por diversos países e aprendeu várias línguas. Ainda em Portugal, foi um dos líderes da Revolução Liberal do Porto de 1820. No ano seguinte, redigiu o decreto de banimento da rainha Carlota Joaquina, que se recusara a prestar juramento à nova Constituição liberal na volta da corte de dom João a Lisboa. Ratcliff pagaria um alto preço pela atitude. Em 1823 fugiu de Portugal depois do golpe absolutista de dom Miguel, que dissolveu as cortes constituintes. Passou pela Inglaterra, pelos Estados Unidos e chegou a Pernambuco em plena efervescência revolucionária.

Logo foi preso e despachado para o Rio de Janeiro. Por decreto de 10 de setembro de 1824, dom Pedro I ordenou que ele e seus companheiros fossem "breve, verbal e sumarissimamente sentenciados". Condenado à morte na forca, fez do alto do patíbulo um discurso antes de ser executado no dia 17 de março de 1825: "Brasileiros! Eu morro inocente, pela causa da razão, da justiça e da liberdade. Praza aos céus que o meu sangue seja o último que se derrama no Brasil e no mundo por motivos políticos". Numa versão nunca comprovada, sua cabeça teria sido salgada e enviada secretamente por dom Pedro à mãe Carlota Joaquina, como vingança pelo decreto de banimento de 1821.[11]

As origens da maçonaria se perdem nas brumas do tempo. Na falta de documentos, as informações têm mais o aspecto de lenda do que de realidade comprovável. Entre os maçons, acredita-se que as sociedades secretas seriam herdeiras dos símbolos e códigos dos antigos construtores do templo de Salomão, em Jerusalém, ou mesmo das pirâmides do Egito. Esses segredos teriam chegado ao Ocidente pelos cavaleiros templários, ordem militar criada pela Igreja no tempo das Cruzadas para proteger as relíquias sagradas e o caminho dos peregrinos europeus que se dirigiam à Terra Santa. No começo do século XIV, os templários haviam acumulado tanto prestígio e dinheiro que seu poder rivalizava com o dos reis e do próprio papa. Entre outras propriedades, eram donos de um terço de todos os imóveis da cidade de Paris. Também haviam se tornado um banco internacional, financiando guerras e expedições dos monarcas europeus.

Entre os seus grandes devedores estava o rei da França, Filipe IV. Sem condições de pagar a dívida, teria convencido o papa Clemente V a extinguir a ordem e confiscar seus tesouros. O último grão-mestre templário, Jacques de Molay, foi executado em Paris em 1314. Muitos dos monges guerreiros, no entanto, sobreviveram à perseguição. Parte deles se refugiou na Escócia, considerada o berço mundial da maçonaria. Outros foram acolhidos na cidade de Tomar, em Portugal, pelo rei dom Dinis. O dinheiro e os conhecimentos dos templários serviriam para financiar e viabilizar a partir do século XIV as grandes navegações portuguesas, cujas caravelas ostentavam como símbolo a cruz vermelha da Ordem de Cristo, nova denominação dada aos templários por dom Dinis.[12]

Os primeiros grupos maçônicos teriam surgido nos canteiros de obras da Idade Média, na construção das grandes catedrais que hoje deslumbram turistas e peregrinos. Os profissionais responsáveis por essas obras eram altamente qualificados, reunindo conhecimentos de arquitetura, engenharia, escultura, marcenaria, forja e carpintaria, entre outras qualificações, o que lhes assegurava remuneração e tratamento privilegiados. Para defender seus interesses, os mestres construtores se reuniam em guildas, associações precursoras dos atuais sindicatos que serviam também de escola, onde o conhecimento especializado era passado de uma geração para outra. Na Inglaterra, os locais das reuniões eram chamados de *lodges*, mais tarde traduzidos para o português como "lojas".

Em 1717, ano oficial do nascimento da maçonaria, os quatro *lodges* de Londres se unificaram numa única Grande Loja. A primeira reunião se realizou em uma cervejaria chamada Goose and Gridiron, situada no pátio da catedral de Saint Paul.[13] A essa altura, porém, os maçons não guardavam apenas segredos profissionais. Tinham uma agenda política. Empenhados em combater a tirania dos reis absolutos, lutavam contra a escravidão e por leis que assegurassem direito de defesa, liberdade de pensamento e de culto, participação no poder e ampliação das oportunidades para todos. Isso os colocava em confronto com a nobreza que até então comandava os destinos dos povos.

A maçonaria estaria por trás de teoricamente todas as grandes transformações ocorridas nos dois séculos seguintes. Na Revolução Francesa, criou o lema "liberdade, igualdade e fraternidade". Em uma de suas lojas foi composta a *Marselhesa*, marcha revolucionária adotada depois como hino da França. E também nas lojas maçônicas foi cunhada a expressão "Independência ou morte", usada por dom Pedro às margens do riacho Ipiranga, como já se viu em capítulo anterior. Três libertadores da América espanhola, Simón Bolívar, Bernardo O'Higgins e José de San Martín, frequentaram a mesma loja em Londres, a Gran Reunión Americana, situada no número 27 da Grafton Street. Seu fundador, o venezuelano Francisco de Miranda, tinha sido colega de George Washington, primeiro presidente norte-americano, em uma loja maçônica da Filadélfia, nos Estados Unidos.[14]

Em nenhum outro episódio a atuação da maçonaria foi tão decisiva quanto na Independência norte-americana. Dos 56 homens que discutiram a aprovação da Declaração de Independência, cinquenta eram maçons, incluindo Benjamin Franklin e o próprio George Washington, na época grão-mestre da Loja Alexandria.[15] Os símbolos maçônicos estão hoje na nota de um dólar e espalhados pela arquitetura da capital norte-americana, como mostra o livro *O símbolo perdido*, do escritor Dan Brown. São obeliscos, estrelas, esquadros, prumos e compassos, colunas com ramos de acácia em alto-relevo, a letra G (de *god*, em inglês) e o grande olho, que tudo vê.

No Brasil, a Independência foi proclamada por um grão--mestre maçom, dom Pedro I. E a República, por outro, o marechal Deodoro da Fonseca. Entre doze presidentes da Primeira República, oito eram maçons. O primeiro ministério era todo maçom, incluindo Rui Barbosa, Quintino Bocaiuva e Benjamin Constant.[16] As primeiras lojas maçônicas teriam surgido no país ainda no fim do período colonial. Existem vagas referências, todas sem comprovação, da presença de maçons na Inconfidência Mineira de 1789 e na Conjuração Baiana, também conhecida como Revolta dos Alfaiates, de 1798. Álvares Maciel, principal ideólogo dos inconfidentes mineiros, pertenceria a uma sociedade secreta chamada Illuminati. A própria bandeira desenhada pelos rebeldes, um triângulo verde sobre fundo branco com as palavras *Libertas quae sera tamen* (Liberdade, ainda que tardia), seria uma referência à simbologia maçônica. A frase e o triângulo foram mantidos na atual bandeira do estado de Minas Gerais, mas a cor verde deu lugar à vermelha.

Em Pernambuco, é comprovada a presença da maçonaria a partir de 1796, ano da fundação do Areópago de Itambé por Manuel de Arruda Câmara, padre carmelita paraibano, médico pela Universidade de Montpellier com passagem por Coimbra e grande defensor das ideias políticas francesas. Arruda Câmara fora iniciado na "irmandade" enquanto estava na Europa. De volta ao Brasil, resolveu propagar as novas doutrinas sob o disfarce de academias científicas e literárias. Era uma forma de burlar a severa vigilância da Coroa portuguesa sobre a circulação dessas ideias.

O Areópago de Itambé foi dissolvido cinco anos mais tarde, quando a justiça real descobriu um complô para a criação de uma república em Pernambuco com o apoio do então primeiro cônsul francês, Napoleão Bonaparte. A proposta ressurgiria em 1817. Entre os integrantes do Areópago de Arruda Câmara estavam os senhores de engenho de uma família rica e tradicional, os Cavalcanti, condenados a quatro anos de prisão acusados de participar da conspiração republicana. Soltos, fundariam em um dos seus engenhos uma "Escola Democrática" batizada de Academia Suassuna, na verdade mais um disfarce para o funcionamento de uma loja maçônica.[17]

Datam também desse período as divergências entre as muitas correntes da maçonaria brasileira. O historiador Evaldo Cabral de Mello afirma que a Revolução Pernambucana de 1817 foi "uma insurreição que escapou ao controle da maçonaria portuguesa e fluminense". Segundo ele, enquanto as lojas do Rio de Janeiro permaneceram até as vésperas da Independência controladas de perto pelo Grande Oriente Lusitano, que defendia o ponto de vista da Coroa portuguesa, o ramo de Pernambuco filiou-se à maçonaria inglesa por intermédio de Domingos José Martins, líder da rebelião de 1817. Desde então, as lojas pernambucanas haviam se tornado "exclusivamente brasileiras", proibindo a entrada de portugueses.[18]

Uma curiosidade é que havia lojas maçônicas em funcionamento na própria corte do rei dom João VI. Duas delas, fundadas no Rio de Janeiro em 1815, chamavam-se Beneficência e São João de Bragança. O nome da segunda seria uma homenagem velada a dom João, suspeito de ter conhecimento e tolerar as atividades da maçonaria nas dependências do palácio real. Um de seus ministros mais poderosos, dom Rodrigo de Sousa Coutinho, o conde de Linhares, responsável pela mudança da família real portuguesa para o Brasil, teria sido maçom.

As lojas foram proibidas depois da Revolução Pernambucana de 1817, mas voltaram a funcionar em 1821. No dia 17 de junho de 1822 todas elas se congregam na Grande Oriente do Brasil por iniciativa de João Mendes Viana, grão-mestre da Comércio e Artes, do Rio de Janeiro.[19] A data é considerada o momento em que a maçonaria fluminense rompeu definitivamente seus laços com o Grande Oriente Lusitano e se converteu à causa da Independência brasileira, seguindo o exemplo das lojas pernambucanas. O então poderoso ministro José Bonifácio foi eleito grão-mestre, mas seria substituído quatro meses mais tarde por ninguém menos que o príncipe regente dom Pedro num golpe tramado pelo grupo rival, de Joaquim Gonçalves Ledo.

A passagem de dom Pedro pela maçonaria é meteórica. Pelo menos oficialmente. Iniciado na loja Comércio e Artes no dia 2 de agosto de 1822 com o nome de Guatimozim — em homenagem ao último imperador asteca —, foi promovido ao grau de mestre três dias depois e elevado ao posto máximo da organização, o de grão-mestre, dois meses mais tarde. Exerceu a função por apenas dezessete dias. Em 21 de outubro (uma semana depois da aclamação como imperador), mandou fechar e investigar as lojas que o haviam ajudado a proclamar a Independência. Quatro dias depois, sem que as investigações sequer tivessem começado, determinou a reabertura dos trabalhos "com seu antigo vigor".

Há fortes indícios, porém, de que dom Pedro frequentasse as atividades da maçonaria bem antes disso. No Museu Imperial de Petrópolis há uma carta que o então príncipe regente escreveu a José Bonifácio com vocabulário e sinais maçônicos no dia 20 de julho de 1822, data anterior à sua iniciação oficial: "O Pequeno Ocidente toma a ousadia de fazer presentes ao Grande Oriente, duas cartas da Bahia e alguns papéis periódicos da mesma terra há pouco vindas. Terra a quem o Supremo Arquiteto do

Universo tão pouco propício tem sido. É o que se oferece por ora a remeter a este que em breve espera ser seu súdito e I ∴ *Pedro*". No canto superior esquerdo da página, há o desenho de um sol e a palavra *Alatia*, em que as letras foram substituídas por esquadro, compasso, martelo, uma pá de pedreiro e um olho. A assinatura é acompanhada do símbolo ∴, os três pontinhos em forma de pirâmide que indicam a filiação maçônica.[20]

O comportamento aparentemente errático e contraditório do imperador em relação à maçonaria é uma prova de que a instituição esteve longe de funcionar como um corpo monolítico em 1822, decidindo de forma uníssona os destinos do país nas suas reuniões secretas. Ou que, numa outra hipótese, tenha sido uma vítima inocente das arbitrariedades de dom Pedro I. Segundo uma acusação muito comum entre os maçons atualmente, o imperador teria traído seu juramento ao mandar fechar as lojas e proibir suas atividades. Pagaria por isso em 1831, ao ser obrigado a abdicar ao trono brasileiro em movimento outra vez liderado pela maçonaria.

Na verdade, a maçonaria usou e foi usada pelos diferentes grupos de pressão na época da Independência, de acordo com as circunstâncias do momento. No episódio do Dia do Fico, no do Grito do Ipiranga e no da aclamação do imperador, saiu triunfante. Sairia vitoriosa novamente em 1831, na abdicação do imperador. Na dissolução da Constituinte e na Confederação do Equador e outros momentos, perdeu. Foi, portanto, um elemento importante no poderoso jogo de pressões que se estabeleceu no momento em que o Brasil dava seus primeiros passos como nação independente, mas não o único nem o mais decisivo.

EM 1820, DOIS ANOS ANTES da Independência, Francisco Estevão Raimundo Cailhé de Geines — um coronel francês aventureiro, jogador profissional e morador no Rio de Janeiro — apresentou ao intendente-geral de polícia da corte, Paulo Fernandes Viana, um memorando de tom premonitório: "Toda revolução que se efetuará no Brasil será a sublevação dos escravos que, quebrando os seus ferros, incendiarão as cidades e as plantações, trucidarão os brancos".[1]

No ano seguinte, circulou na cidade um panfleto com alerta para o risco de que se repetisse no Brasil o banho de sangue ocorrido em 1791 na ilha de São Domingos, onde hoje se situam o Haiti e a República Dominicana, durante uma rebelião dos negros cativos. "Os escravos são sempre inimigos naturais de seus senhores", dizia seu autor, José António de Miranda. "São contidos pela força e pela violência." E acrescentava:

Em toda parte onde os brancos são muito menos que os escravos e onde há muitas castas de homens, uma desmembração ou qualquer outro choque de partidos pode estar ligada com a sentença de morte e um batismo geral de sangue para os brancos, como aconteceu em São Domingos e poderá acontecer em toda parte em que os escravos forem superiores em força e números aos homens livres.[2]

Um pouco mais tarde, em abril de 1823, Maria Bárbara Garcez Pinto, dona de escravos no Recôncavo Baiano, escrevia ao marido, que se encontrava em Portugal, dizendo-se escandalizada com as notícias de que os negros da região tinham encaminhado petições às cortes de Lisboa reivindicando a liberdade: "A crioulada de Cachoeira fez requerimentos para serem livres. Em outras palavras, os escravos negros nascidos no Brasil ousavam pedir, organizadamente, liberdade! [...] Estão tolos, mas a chicote tratam-se...".[3]

Em 1824, o mineiro Felisberto Caldeira Brant Pontes, futuro marquês de Barbacena, defendia em relatório de Londres a importação de mercenários europeus, "homens altos e claros", para promover o branqueamento da população brasileira e evitar que "os naturais do país se reduzam a anões cor de cobre". Brant também se preocupava com "a peste revolucionária" que poderia se propagar "em um país de tantos negros e mulatos".[4]

Esses documentos revelam o clima de medo entre a parcela mais privilegiada da sociedade brasileira na Independência. "São indícios do pessimismo sobre o futuro do Brasil que prevalecia na época", segundo observou o historiador Hendrik Kraay, professor na Universidade de Calgary, no Canadá.[5] No grande confronto de opiniões e interesses observado no período, a ameaça de uma rebelião escrava era vista como um perigo mais urgente e assustador do que todas as demais dificuldades. Era esse o inimigo comum, o verdadeiro fantasma que pairava no horizonte do jovem país. E contra ele se uniram os nascidos de aquém e além-mar, monarquistas e republicanos, liberais e absolutistas, federalistas e centralizadores, maçons e católicos, co-merciantes e senhores de engenho, civis e militares.

Todos esses grupos, que formavam a até então dispersa e desorganizada elite brasileira, tinham consciência de que o enorme fosso de desigualdade aberto nos três séculos anteriores de exploração da mão de obra escrava poderia se revelar incontrolável se as novas ideias libertárias que chegavam da Europa e dos Estados Unidos animassem os cativos a se rebelar contra seus opressores. O sentimento de medo funcionou como um amálgama dos grupos antagônicos na época da Independência, segundo a historiadora Maria Odila Leite da Silva Dias. Diante de uma ameaça maior — a da rebelião escrava e o previsível caos resultante de uma guerra civil de natureza étnica — conservado-res e liberais convergiram em torno do imperador para preser-var os seus interesses.[6] Dessa forma, o Brasil conseguiu romper seus vínculos com Portugal sem alterar a ordem social vigente. "A solução monárquica [...] oferecia a garantia de uma revolução de cima para baixo, dispensando grande mobilização popular", resumiu a historiadora Emília Viotti da Costa.[7]

Tensões latentes e mantidas sob controle pela Coroa por-tuguesa no período colonial vieram à tona de forma violenta de-vido aos ecos da Revolução Francesa e seus desdobramentos em Portugal e no Brasil. Foi como se uma panela de pressão entrasse de repente em processo de fervura sem uma válvula que deixas-se escapar o vapor. O novo ambiente das ideias revolucionárias e a mobilização para as lutas da Independência inocularam nos escravos esperanças de melhorias que não se concretizaram. "Em Portugal proclamou-se a Constituição que nos iguala aos brancos", anunciou o negro Argoim, líder de uma rebelião escra-va que mobilizou 21 mil homens no interior de Minas Gerais em 1821, ao tomar conhecimento da Revolução Liberal do Porto. "Vede vossa escravidão: já sois livres. No campo da honra derramai a última gota de sangue pela Constituição que fizeram nossos irmãos em Portugal!".[8] Os rebeldes logo se dariam conta de que a revolução em Portugal era liberal apenas na metrópole e dizia respeito somente aos brancos.

Outro exemplo das expectativas despertadas nos escravos é o grande número de petições que essa parcela da população encaminhou à Assembleia Constituinte de 1823. Numa delas, Inácio Rodrigues e um grupo de escravos pediram que os deputados servissem de mediadores numa longa disputa judicial que travavam com sua proprietária, Águeda Caetana, acusada de tratá-los de forma violenta e desumana. Por isso, reivindicavam a alforria nos tribunais. Os parlamentares se ocuparam do caso durante três sessões. Os adjetivos usados nos seus pronunciamentos revelam a forma pejorativa com que os brancos viam os cativos de então: "miseráveis", "desgraçados", "infelizes", "órfãos, pródigos, mentecaptos", "desvalidos". Por fim, os deputados chegaram à conclusão de que não era tarefa deles resolver a disputa e encaminharam o caso ao imperador Pedro I, que, por sua vez, também se negou a interferir no processo alegando respeito ao direito de propriedade.[9]

Na Guerra da Independência, milhares de cativos recrutados pelo Exército e pela Marinha defenderam a causa brasileira esperando que, em troca, teriam a liberdade. "Eles puseram armas nas mãos dos novos negros enquanto as lembranças da pátria, do navio negreiro e do mercado de escravos ainda lhes estão frescas na memória", anotou a inglesa Maria Graham referindo-se ao perigo de incorporar escravos recém-chegados da África — os novos negros — às forças nacionais na luta contra os portugueses.[10] Terminada a guerra, tudo continuou como antes. Os escravos ficaram, assim, na condição de órfãos da Independência, tanto quanto os índios, negros forros (recém-libertos), mulatos, mestiços, analfabetos e pobres em geral que compunham a maioria dos brasileiros e cujas condições de vida permaneceram inalteradas.

Fazia mais de trezentos anos que o tráfico incessante de negros africanos sustentava a prosperidade da economia colonial. Os escravos eram o motor das lavouras de algodão, fumo e cana-de-açúcar e também das minas de ouro e prata que drenavam a riqueza para a metrópole. Só durante o século XVIII haviam entrado no Brasil quase 2 milhões de escravos para trabalhar nas regiões auríferas de Minas Gerais, Goiás e Mato Grosso. A presença de tantos cativos era potencialmente explosiva. O pavor das rebeliões de escravos tirava o sono das famílias brancas, abastadas e bem-educadas.[11]

Na chamada Revolta dos Alfaiates, ocorrida em Salvador em meados de 1798, os revoltosos afixaram manifestos manuscritos nos lugares públicos da cidade exigindo "o fim do detestável jugo metropolitano de Portugal", a abolição da escravatura e a igualdade para todos os cidadãos, "especialmente mulatos e negros".[12] Os mais radicais pregavam o enforcamento de parte da população branca de Salvador. A repressão do governo português foi duríssima. Foram presos 47 suspeitos, dos quais nove eram escravos. Três deles — todos mulatos livres — acabaram decapitados e esquartejados. Pedaços de seus corpos foram espetados em estacas pelas ruas da capital, onde ficaram até se decomporem totalmente. Dezesseis prisioneiros ganharam a liberdade. Os demais seriam banidos para a África. Entre 1807 e 1835, os escravos promoveram mais de duas dezenas de revoltas e conspirações na Bahia. Numa delas, seiscentos negros saídos das armações, onde trabalhavam no fabrico e conserto de barcos pesqueiros, atacaram Salvador e região gritando "Liberdade, vivam os negros e seus reis... e morram os brancos e mulatos".[13]

De todos os problemas brasileiros na Independência, a escravidão foi o mais camuflado e mal resolvido. Serviu também para expor uma estranha contradição no pensamento dos homens mais revolucionários da época. Documentos, manifestos e discursos falavam em liberdade, direitos para todos e participação popular nas decisões, mas seus autores conviviam naturalmente com a escravidão, como se a defesa dessas ideias não dissesse respeito aos negros. Inácio José de Alvarenga Peixoto, líder da Conjuração Mineira, era dono de 57 escravos. Cipriano Barata, o incendiário jornalista baiano defensor de ideias libertárias que lhe valeram muitos anos de cadeia, tinha cinco negros cativos.[14] Os revolucionários republicanos de Pernambuco em 1817, embora defendessem os direitos dos homens contra a tirania dos reis, fizeram questão de divulgar um documento no qual tranquilizavam os senhores de engenho e grandes proprietários rurais. Sob o novo regime, explicavam, a escravidão seria mantida: "A suspeita tem-se insinuado nos proprietários rurais: eles creem que a benéfica tendência da presente liberal revolução tem por fim a emancipação indistinta dos homens de cor e escravos [...]. Patriotas, vossas propriedades ainda as mais opugnantes ao ideal de justiça serão sagradas".[15]

Em comunicação secreta ao ministro britânico George Canning, em 31 de dezembro de 1823, o cônsul-geral da Inglaterra no Rio de Janeiro, Henry Chamberlain, dizia-se surpreso com a força do tráfico de escravos no Brasil:

> *Não há dez pessoas em todo o império que considerem esse comércio como um crime ou o encarem sob outro aspecto que não seja o de ganho e perda. [...] Acostumados a não fazer nada, a ver só os negros trabalharem, os brasileiros em geral estão convencidos de que os escravos são necessários como animais de carga, sem os quais os brancos não poderiam viver.*[16]

Por convicção, alguns dos homens mais poderosos da época defendiam o fim do tráfico negreiro e a abolição da escravatura. Por força das circunstâncias, no entanto, foram incapazes de colocar em prática suas ideias. É o caso de ninguém menos do que o imperador Pedro I, autor de um documento surpreendente de 1823 e guardado até hoje no Museu Imperial de Petrópolis. Nele, o imperador defende o fim da escravidão no Brasil. As ideias ali expressadas são claras, lógicas e de uma lucidez que poderiam ser assinadas por qualquer dos grandes abolicionistas que, meio século mais tarde, dominariam a cena política brasileira.

"Ninguém ignora que o cancro que rói o Brasil é a escravatura, é mister extingui-la", escreveu dom Pedro I no documento de 1823. Segundo ele, a presença dos escravos distorcia o caráter brasileiro porque "nos fazem uns corações cruéis e inconstitucionais e amigos do despotismo". Observava também que "todo senhor de escravo desde pequeno começa a olhar ao seu semelhante com desprezo". Em seguida, afirmava que o Brasil poderia viver sem a escravidão e propunha que o tráfico negreiro fosse proibido como primeiro passo para a total abolição do cativeiro: "Um hábito que faz contrair semelhantes vícios deve ser extinto". Desse modo, "os senhores olharão os escravos como seus semelhantes e assim aprenderão por meio do amor à propriedade a respeitarem os direitos do homem, que o cidadão que não conhece os direitos dos seus concidadãos também não conhece os seus e é desgraçado toda vida".[17]

Se, um ano após a Independência, até o imperador era contra a escravidão, por que ela continuou a existir no Brasil por tanto tempo? A resposta mostra que nem sempre a vontade de quem está no poder é suficiente para mudar o curso da história. Existem pressões que as circunstâncias exercem sobre eles e limitam suas ações e decisões. O Brasil estava de tal forma viciado e dependente da mão de obra escrava que, na prática, sua abolição na Independência revelou-se impraticável. Defendida em 1823 por Bonifácio e pelo próprio dom Pedro, só viria 65 anos mais tarde, já no finalzinho do século.

O tráfico de escravos era um negócio gigantesco, que movimentava centenas de navios e milhares de pessoas dos dois lados do Atlântico. Incluía agentes na costa da África, exportadores, armadores, transportadores, seguradores, importadores e atacadistas que revendiam no Rio de Janeiro para centenas de pequenos traficantes regionais, que, por sua vez, se encarregavam de redistribuir as mercadorias para as cidades, fazendas e minas do interior do país. Os lucros do negócio eram astronômicos. Em 1810, um escravo comprado em Luanda por 70 mil-réis, era revendido no Distrito Diamantino, em Minas Gerais, por até 240 mil-réis — ou três vezes e meia o preço pago por ele na África. Em 1812, metade dos trinta maiores comerciantes do Rio de Janeiro se constituía de traficantes de escravos.[18]

Diante desse cenário, manter a escravatura e proteger os grandes proprietários contra uma eventual rebelião dos cativos foi uma das moedas de troca que dom Pedro e seu ministro José Bonifácio de Andrada e Silva usaram em 1822 na defesa de seu projeto monárquico constitucional. Bonifácio, um abolicionista convicto, enviou a Pernambuco em julho de 1822 um emissário com a promessa de que, em troca do apoio, o governo imperial protegeria os senhores de engenho de uma eventual rebelião escrava.[19] Para confirmar os temores da "açucarocracia" pernambucana, em fevereiro do ano seguinte, o governador de armas da província, Pedro da Silva Pedroso, liderou uma rebelião de negros e mulatos, na qual prometia represálias contra brancos e "caiados".[20] O trauma da "pedrosada", como ficou conhecido o movimento, serviu de lição para que as elites locais se identificassem de uma vez por todas com o regime imperial.

Domitila de Castro Canto e Melo, a marquesa de Santos: romance com dom Pedro marcado por cartas e cenas escandalosas

Marquesa de Santos, de Francisco Pedro do Amaral. Fotografia: Romulo Fialdini. Acervo: Museu Histórico Nacional. MHN/Ibram/MinC 022/2015

Chalaça: alcoviteiro de dom Pedro

Francisco Gomes da Silva, de Simplício Rodrigues de Sá. Fotografia: Romulo Fialdini. Acervo: Museu Histórico Nacional. MHN/Ibram/MinC 022/2015

Nicolau Pereira de Campos Vergueiro

Retrato por Sébastien Auguste Sisson. In: *Galeria dos Brasileiros Ilustres*. Acervo: Biblioteca Brasiliana Guita e José Mindlin

Diogo Antônio Feijó

Retrato por Sébastien Auguste Sisson. In: *Galeria dos Brasileiros Ilustres*. Acervo: Biblioteca Brasiliana Guita e José Mindlin

Felisberto Caldeira Brant, marquês de Barbacena

Retrato por Sébastien Auguste Sisson. In: *Galeria dos Brasileiros Ilustres*. Acervo: Biblioteca Brasiliana Guita e José Mindlin

Dom Miguel, irmão mais novo de dom Pedro

Sua Alteza o sereníssimo infante Dom Miguel, Regente dos Reinos de Portugal e Algarves e neles lugar-tenente de Sua Majestade Fidelíssima, de Johann Nepomuk Ender. Acervo: Fundação Biblioteca Nacional – Brasil

Lorde Thomas Cochrane: herói da guerra contra Napoleão, fugitivo da cadeia em Londres e contratado para assegurar a Independência do Brasil

Thomas Cochrane, décimo conde de Dundonald. Fonte: Hulton Archive/ Getty Images

**Dom Pedro executando os acordes do Hino da Independência:
um poeta medíocre, mas bom compositor**

Hino da Independência, de Augusto Bracet. Fotografia de Romulo Fialdini.
Acervo: Museu Histórico Nacional. MHN/Ibram/MinC 022/2015

Sessão do conselho de Estado presidido por Leopoldina na véspera do Grito do Ipiranga: momento de tensão e confronto

Sessão do conselho de Estado, de Georgina de Albuquerque. Fotografia de Romulo Fialdini. Acervo: Museu Histórico Nacional. MHN/Ibram/MinC 022/2015

A vizinhança do Paço Imperial: paisagem dominada pela escravidão

Os refrescos do Largo do Palácio, de Jean-Baptiste Debret. Litografia de Thierry Frères.
Acervo: Biblioteca Brasiliana Guita e José Mindlin

O Rio de Janeiro em meados do século XIX

Rio de Janeiro Palais Imperial et Cathédrale. Autor desconhecido/Coleção Martha e Erico Stickel.
Acervo: Instituto Moreira Salles

Cena da corte do Primeiro Reinado: roupas e costumes importados da Europa

Uniforme dos ministros, de Jean-Baptiste Debret. Litografia de Thierry Frères.
Acervo: Biblioteca Brasiliana Guita e José Mindlin

**Dom Pedro I na companhia dos ministros:
impaciente com as regras e restrições do cerimonial**

O imperador acompanhado de um camareiro e de um primeiro pajem, de Jean-Baptiste Debret.
Litografia de Thierry Frères. Acervo: Biblioteca Brasiliana Guita e José Mindlin

Vista da entrada da baía do Rio de Janeiro

De Jean-Baptiste Debret. Litografia de Thierry Frères.
Acervo: Biblioteca Brasiliana Guita e José Mindlin

Aceitação provisória da Constituição portuguesa no Rio de Janeiro em 1821: parte da revolução que levaria à Independência do Brasil no ano seguinte

Aceitação provisória da Constituição de Lisboa, no Rio de Janeiro, em 1821, de Jean-Baptiste Debret. Litografia de Thierry Frères. Acervo: Biblioteca Brasiliana Guita e José Mindlin

Panorama da baía do Rio de Janeiro, tomado do morro do Corcovado

De Jean-Baptiste Debret. Litografia de Thierry Frères. Em *Voyage pittoresque*, de 1839. Acervo: Biblioteca Brasiliana Guita e José Mindlin

Vista do largo do Paço no Rio de Janeiro

De Jean-Baptiste Debret. Litografia de Thierry Frères.
Acervo: Biblioteca Brasiliana Guita e José Mindlin

O Rio de Janeiro: uma cidade transformada pela presença da corte de dom João

Vista da cidade de S. Sebastião do Rio de Janeiro tirada da ilha das Cobras, do barão Von Planitz.
Acervo: Fundação Biblioteca Nacional – Brasil

Na Bahia de 1822, segundo o historiador Luís Henrique Dias Tavares, para a maioria dos proprietários de escravos, terras, canaviais, engenhos, currais de gado e sobrados era indiferente que o Brasil fosse monárquico absolutista ou constitucional, se separasse ou permanecesse vinculado a Portugal, com uma única condição: a garantia de que a escravidão permaneceria intocada. "Valeria para essa camada social baiana o que fosse mais seguro para que não ocorresse a quebra do tráfico negreiro e do sistema de trabalho escravo", escreveu Dias Tavares. "As proclamações das vilas do Recôncavo [...], em junho de 1822, viam no reconhecimento da autoridade do príncipe regente dom Pedro o melhor e mais seguro caminho para a Independência sem a quebra da ordem. Ou seja, sem afetar o tráfico de escravos e a escravidão."[21]

A escravidão estava de tal forma enraizada no Brasil que resistiu a todas as pressões exercidas contra ela pela Grã-Bretanha, a maior potência econômica e militar da época e cuja opinião pública exigia a imediata abolição do tráfico negreiro. Em 1810, o então príncipe regente dom João assinou com a Inglaterra um tratado comercial que incluía uma cláusula sobre o tema. "Uma abolição gradual do tráfico de escravos é prometida por parte do regente de Portugal e os limites do mesmo tráfico, ao longo da costa da África, serão determinados", rezava o documento.[22] Nada aconteceu. Em 1815, no Congresso de Viena, sob pressão de todos os lados, os representantes portugueses concordaram em assinar um acordo pelo qual ficava banido o comércio negreiro nas águas ao norte do Equador e se comprometiam também a se envolver em novas negociações com o objetivo de acabar definitivamente com o tráfico entre a África e o Brasil. Dom João ratificou o tratado em junho de 1815.[23] E, uma vez mais, tudo ficou no papel.

Nas negociações para o reconhecimento da Independência, a abolição do tráfico tornou-se questão de honra para o governo britânico. "Que o governo brasileiro nos comunique sua renúncia (ao tráfico africano) e o Senhor Andrada pode estar seguro de que essa só e única condição decidirá a vontade deste país (a Inglaterra) e facilitará enormemente o estabelecimento da amizade e de cordiais relações entre a Grã-Bretanha e o Brasil", afirmava o ministro George Canning em comunicado ao cônsul Henry Chamberlain no Rio de Janeiro. "O melhor caminho para lograr (o reconhecimento do novo Império) é a declaração por parte do Brasil de que renuncia ao comércio de escravos."[24]

Como resultado dessas negociações, dom Pedro assinou em 1826 um novo acordo com a Grã-Bretanha, no qual se comprometia a extinguir o tráfico quatro anos mais tarde, em 1830. A decisão só foi referendada por lei brasileira de 1831, que também declarava livres todos os escravos vindos de fora do Império e impunha penas aos traficantes. Como nas ocasiões anteriores, não passou de promessa. Nunca se importaram tantos escravos quanto após esse acordo. Entre 1830 e 1839 entrariam no Brasil mais de 400 mil negros africanos. O motivo foi o crescimento das lavouras de café. As novas fazendas precisavam de braços — e o tráfico era a solução. A oferta de novos cativos foi tão grande que houve uma queda dos preços, de setenta libras esterlinas por cabeça em 1830 para 35 libras em 1831.[25] O tráfico só terminaria depois de 1850. "O interesse dos agricultores foi mais poderoso do que o respeito aos convênios internacionais", observou o historiador Oliveira Lima.[26]

Durante o debate para a ratificação do tratado de 1826, o deputado Raimundo José da Cunha Matos, representante de Goiás, resumiu as preocupações dos senhores escravagistas que dominavam o parlamento. Segundo ele, o tratado era "um insulto à honra, aos interesses, à dignidade, à Independência e à soberania da nação brasileira" pelas seguintes razões: "ataca a lei fundamental do império; prejudica enormemente o comércio nacional; arruína a agricultura, vital para a existência das pessoas; aniquila a navegação; desfere um golpe cruel nas receitas do Estado; além de ser prematuro e extemporâneo". Concluía sua justificativa com um argumento surpreendente: os cristãos que compravam escravos estavam na verdade livrando-os da morte ou de algum destino mais cruel do que a escravidão nas selvas africanas. Por "destino mais cruel", entendia-se na época canibalismo, idolatria, homossexualidade, entre outros "horrores".[27]

Uma única voz se levantou em defesa do tratado: o paraense dom Romualdo Antonio de Seixas, arcebispo da Bahia. Enquanto todos os demais parlamentares se revezavam na tribuna para defender a escravidão, dom Romualdo argumentou que a imediata suspensão do infame comércio com a África era o melhor caminho para a construção de um Brasil mais livre e civilizado. Por contrariar os interesses da aristocracia rural, dom Romualdo não foi reeleito na legislatura seguinte, de 1830. Tampouco voltou ao parlamento seu protegido no Pará, o deputado José Tomás Nabuco de Araújo, que teve de se consolar com o cargo de presidente da província da Paraíba. Um dos netos de Nabuco de Araújo, o pernambucano Joaquim Nabuco, nascido em 1849, se tornaria o maior de todos os abolicionistas brasileiros.[28]

As expectativas frustradas em 1822 se materializariam em inúmeras rebeliões nos anos seguintes por todo o Brasil e contribuiriam para aumentar as dificuldades da Regência, o período de transição entre a abdicação de dom Pedro I, em 1831, e a maioridade de seu filho, dom Pedro II, em 1840. Movimentos como a Guerra dos Cabanos, em Pernambuco (1832-1835), a Balaiada, no Maranhão e no Piauí (1838-1841), a Cabanagem, no Pará (1835-1840), e a Revolta do Malês, na Bahia (1835), tinham caráter difuso, com reivindicações às vezes difíceis de entender, mas nasceram sempre das camadas mais humildes da população deixada à margem do processo de Independência. É um passivo que, a rigor, o Brasil carrega até hoje.

O RETRATO MAIS CONHECIDO DA marquesa de Santos é de autoria do pintor Francisco Pedro do Amaral, discípulo do francês Jean-Baptiste Debret na Academia Imperial de Belas-Artes. O quadro mostra uma mulher de rosto redondo, olhos grandes e negros, sobrancelhas espessas e bem delineadas, lábios finos e o nariz levemente pontiagudo. Os contornos da boca fechada lhe dão um ar sério e enigmático. O pescoço é longo e delgado. O corpo de curvas generosas indica peso acima do que recomendaria o padrão de beleza atual. O conjunto não chega a ser belo nem sensual, mas revela uma pessoa altiva, insinuante e determinada.

Testemunhas da época confirmam essa impressão. Felisberto Caldeira Brant Pontes, visconde e depois marquês de Barbacena, definiu-a como "mediocremente bonita". Condy Raguet, representante dos Estados Unidos no Rio de Janeiro, anotou que ela conseguiu encantar dom Pedro "sem possuir grande beleza que a recomendasse". Outro diplomata, o conde de Gestas, cônsul-geral da França no Brasil, afirmou que possuía "um exterior agradável que pode passar por beleza num país onde ela é rara". Para o aventureiro alemão Carl Seidler, "a marquesa absolutamente não era bonita, e era de uma corpulência fora do comum". O também alemão Carl Schlichthorst acrescentou que "não lhe falta bastante gordura, o que corresponde ao gosto geral".[1]

Os poucos textos de autoria da marquesa que sobreviveram à passagem do tempo indicam que, apesar de poderosa, era semianalfabeta, como de resto quase a totalidade dos brasileiros daquele tempo. Um exemplo é a carta sem pontuação e repleta de erros de ortografia que enviou a dom Pedro em 1828, já na fase final do romance: "Sinhor. Perdoe-me que le diga isto eu não perciso de conçelhos não sou como Vossa Majestade as minhas respostas ção nascidas do meu coração".[2]

O romance de dom Pedro I com a paulista Domitila de Castro Canto e Melo — nome completo da marquesa — se entrelaça e se confunde com o Grito do Ipiranga. É a grande história de amor que serve de moldura à proclamação da Independência do Brasil. Suas marcas estão nos personagens, no calendário, na paisagem e em todos os acontecimentos decisivos da mais importante semana da história brasileira, como se pode observar na lista a seguir:

1. Uma das testemunhas do Grito do Ipiranga, o alferes Francisco de Castro Canto e Melo, era irmão de Domitila. Tinha saído do Rio de Janeiro no reduzido grupo que acompanhava o príncipe regente a São Paulo e deixou um registro precioso dos acontecimentos nas margens do Ipiranga;

2. Santos, a cidade que o então príncipe regente visitou na véspera da Proclamação da Independência, emprestaria seu nome ao título nobiliárquico com o qual dom Pedro premiaria a amante alguns anos mais tarde — marquesa de Santos. Isso por si só é um mistério, pois Domitila morava

em São Paulo e não consta que tivesse qualquer ligação especial com a cidade do litoral paulista;

3. No exato local da Proclamação, a colina do Ipiranga, estava situada a casa de campo do coronel reformado João de Castro Canto e Melo, pai de Domitila. O historiador Alberto Rangel assegura que dom Pedro já visitara essa casa. Teria sido seu primeiro compromisso ao chegar a São Paulo duas semanas antes;

4. Rumores nunca confirmados dizem que dom Pedro e Domitila se encontraram na casa do coronel Canto e Melo nos momentos que antecederam o Grito, razão pela qual o príncipe teria ordenado que a guarda de honra se adiantasse e o aguardasse na venda próxima ao riacho do Ipiranga;

5. Em outra versão, dom Pedro teria descido a serra do Mar no dia 5 de setembro com o propósito de encontrar-se às escondidas com a amante, longe dos olhos curiosos dos moradores da pequena cidade de São Paulo. A visita às fortalezas e à família de José Bonifácio, motivo alegado para a viagem, seria mera desculpa para o encontro amoroso;

6. Segundo esses boatos, Domitila teria viajado a Santos no mesmo dia 5 de setembro em caravana separada, tomando o cuidado de não participar de nenhuma cerimônia ou homenagem prestada ao príncipe no litoral paulista.

Nenhum desses rumores foi comprovado, mas há fortes evidências de que no dia 7 de setembro de 1822 dom Pedro tinha uma agenda paralela à dos negócios de Estado na cama da mulher que seria a maior de todas as suas muitas paixões, avassaladora a ponto de comprometer a sua imagem e o próprio desfecho do Primeiro Reinado.

Um ano mais velha que o príncipe, Domitila nasceu em São Paulo no dia 27 de dezembro de 1797. Seu pai, açoriano da ilha Terceira e coronel reformado de cavalaria, dizia-se amigo de dom João VI e era conhecido como "Quebra Vinténs". À primeira vista, o apelido se deveria à grande força física do coronel, capaz de quebrar uma moeda de cobre entre os dedos. Carlos Oberacker Jr., biógrafo da imperatriz Leopoldina, afirma, porém, que na linguagem popular da época "vintém" era sinônimo de virgindade. A alcunha seria, portanto, uma referência à vida sexual do "Quebra Vinténs".[3]

Em janeiro de 1813, ainda uma adolescente de quinze anos, Domitila se casou com o alferes mineiro Felício Pinto Coelho de Mendonça. Começava ali uma impressionante história reprodutiva, que a levaria a engravidar pelo menos dezesseis vezes, das quais vingaram catorze filhos de três homens diferentes. Em 1819, já mãe de dois filhos com Felício, ficou grávida em um aparente caso extraconjugal. O marido acusou-a de adultério com o coronel Francisco de Assis de Lorena, filho do governador que havia construído a famosa "calçada do Lorena", a estrada percorrida na serra do Mar por dom Pedro no dia da Independência. No Brasil daquela época, traições geralmente resultavam em crimes de honra — desde que o rival não fosse o imperador do Brasil, como se verá nos parágrafos mais adiante. Em um país profundamente católico e conservador, a vigilância sobre a moralidade das famílias era severa e às vezes cruel.

Por um costume herdado de Portugal ainda no século XVI, no Brasil colônia tinha-se o hábito perverso de colocar às escondidas, durante a noite, uma guirlanda de pequenos chifres pendurada na porta de maridos e mulheres traídos. O homem vítima da traição era chamado de "corno" ou "corno manso", expressão usada ainda hoje entre os brasileiros. Era uma forma de expor em público, de forma traiçoeira e acobertada pela noite, o que todo mundo sabia por mexericos nas ruas e esquinas.[4] No caso de Domitila, não há notícias de que o casal tenha sido alvo da famosa guirlanda de cornos, mas o desfecho foi o previsível: além de processá-la por adultério, o marido traído tentou matá-la a facadas. Apesar de gravemente ferida, Domitila sobreviveu e se refugiou na casa do pai, onde o príncipe regente a encontrou duas semanas antes do Grito do Ipiranga.[5]

Segundo o historiador Alberto Rangel, Domitila foi apresentada a dom Pedro pelo irmão dela, que o acompanhava desde o Rio de Janeiro. Na véspera de entrar em São Paulo, em 24 de agosto de 1822, o príncipe teria ido visitar a família Canto e Melo, na casa vizinha à colina do Ipiranga. Domitila vivia um momento de grande angústia e tensão. Além de ter tentado matá-la, o ex-marido reivindicava a guarda dos filhos do casal. Por isso, com a ajuda do irmão, intercedeu a dom Pedro para que interferisse a seu favor no processo. Depois desse primeiro encontro, cujos detalhes são desconhecidos, teria havido outro, casual, numa das ruas da cidade.

O príncipe passava a cavalo quando cruzou com Domitila sendo transportada por dois escravos numa cadeirinha de arruar. O galanteador dom Pedro apeou do cavalo e a saudou, enaltecendo sua beleza. Em seguida, dispensou os escravos e, ajudado pela guarda de honra, suspendeu ele próprio uma das alças da cadeira de arruar. Domitila não perdeu a oportunidade: "Como Vossa Alteza é forte!", teria reagido. Ao que dom Pedro respondeu: "Nunca mais Vossa Excelência terá negrinhos como esses". Em seguida, transportou-a nos ombros até em casa. Menos de uma semana depois, na noite chuvosa e cortada por relâmpagos de 29 de agosto de 1822, os dois dormiram juntos pela primeira vez nos aposentos de Domitila situados na rua do Ouvidor, atual José Bonifácio, no centro de São Paulo.[6]

Dom Pedro e Domitila nunca mais seriam os mesmos. Ambos pagariam um alto preço pela paixão avassaladora que os consumiu desde então. Ela reforçaria nele a imagem de um homem promíscuo e inconsequente, capaz de traficar na cama os altos interesses do Estado em troca de favores sexuais. Ao saber do novo romance, o imperador Francisco I, pai da imperatriz Leopoldina, anotou na margem da comunicação que recebera do barão Wenzel de Mareschal, representante da corte de Viena no Rio de Janeiro: "Que homem miserável é o meu genro".[7] Domitila passaria igualmente para a posteridade de forma pejorativa, como a amante interesseira que teria seduzido o príncipe e futuro imperador em busca de cargos, dinheiro, promoções e privilégios de toda a natureza. "Dom Pedro iniciou em São Paulo com dona Domitila de Castro a aventura romanesca de maior repercussão em sua vida, o seu grande amor, a extravasar da alcova para refletir-se nas relações de família, na política, no comportamento do futuro monarca, no seu conceito dentro e fora do Brasil", afirmou Octávio Tarquínio de Sousa.[8]

Na verdade, dom Pedro iniciou em São Paulo não apenas um, mas dois romances. Além de Domitila, começou a namorar a irmã dela, Maria Benedita, oito anos mais velha do que ele e casada com o português Boaventura Delfim Pereira. Ela engravidou do imperador no começo de 1823, mas, nesse caso, não houve crime de honra. Ao contrário, o marido traído fingiu não tomar conhecimento da história. Além de suportar tudo em silêncio, batizou em seu nome o filho bastardo de dom Pedro com Maria Benedita. Rodrigo Delfim Pereira nasceu no Rio de Janeiro em 4 de novembro de 1823 e morreu em 1891, aos 67 anos, em Lisboa.

Como recompensa, Boaventura foi promovido ao cargo de superintendente da Real Fazenda de Santa Cruz, depois administrador das Imperiais Quintas e Fazendas, veador (ou camarista) da imperatriz Leopoldina e, por fim, barão de Sorocaba, título que ostentou pelo resto da vida com a mulher, de quem nunca se separou.[9] Comportamento bem diferente teve a própria Domitila. O romance paralelo teria sido o motivo de um misterioso atentado que Maria Benedita sofreria na noite de 23 de agosto de 1827, quando sua carruagem foi atingida por dois tiros de pistola na ladeira da Glória, no Rio de Janeiro. Um inquérito rapidamente engavetado por ordem de dom Pedro apontou a já então marquesa de Santos como suspeita de ser a mandante da tentativa de homicídio contra a irmã.

A ascensão de Domitila na corte de dom Pedro foi meteórica. O primeiro fruto do seu novo relacionamento com o imperador veio dos tribunais. A ação movida pelo ex-marido Felício, que até a véspera da Independência se arrastava na Justiça de São Paulo, resolveu-se rapidamente com a providencial boa vontade da Igreja católica. Por interferência do monarca, um processo canônico de anulação do casamento ficou pronto em apenas 48 horas e, sem nenhum pudor, inverteu o conteúdo das acusações. A sentença, assinada em 5 de março de 1824 pelo cônego José Caetano Ferreira de Aguiar, culpou o ex-marido de adultério e maus-tratos, enquanto Domitila era apontada como esposa de "boa conduta" — decisão surpreendente, uma vez que, a essa altura, o Brasil inteiro já sabia que ela era amante de dom Pedro.

Embora tenha passado de acusador a réu, o ex-marido deixou de se defender no processo de modo a facilitar o desfecho. Em troca da boa conduta e da promessa de jamais voltar a importunar a ex-mulher, foi nomeado administrador da feitoria imperial de Periperi. A segunda parte do trato foi quebrada uma única vez, quando Felício inadvertidamente escreveu uma carta a um amigo na qual criticava o relacionamento de Domitila com o imperador. O conteúdo da correspondência chegou ao conhecimento de dom Pedro, que, enfurecido, cavalgou cerca de sessenta quilômetros para aplicar-lhe uma surra com as próprias mãos. Em seguida, obrigou o alferes a assinar um papel no qual se comprometia novamente a nunca mais incomodar Domitila.

Dessa vez, Felício não só cumpriu o combinado como, algum tempo depois, sujeitou-se à humilhação de pedir à ex-mulher que intercedesse ao imperador para que fosse promovido a sargento-mor da localidade de Pilar da Serra.[10]

Em 16 de janeiro de 1827, também o ex-sogro Felício Moniz Pinto Coelho da Cunha (pai do alferes) julgou-se no direito de escrever a Domitila em busca de favores. Pediu ajuda para vender aos ingleses suas lavras de minérios na província de Minas Gerais. O preço estimado era de 1 milhão de cruzados, mas o ex--sogro prometia pagar à marquesa uma comissão "como se fossem vendidas por 2 milhões". Não se sabe se a venda se realizou, mas a carta comprova que Domitila era "acessível a negociatas", na opinião de Octávio Tarquínio de Sousa.[11]

Alguns meses depois de iniciado o namoro, Domitila mudou-se de São Paulo para o Rio de Janeiro a convite de dom Pedro, que, numa carta, anunciava a decisão de ir buscá-la com a família, "que não há de cá morrer de fome, muito especialmente o meu amor, por quem estou pronto a fazer sacrifícios".[12] O imperador abrigou-a de início em uma casa amarela situada no relativamente modesto bairro de Mata-Porcos, atual Estácio, mas logo foi transferida para um luxuoso palacete encostado ao muro do palácio da Quinta da Boa Vista, onde hoje funciona o Museu do Primeiro Reinado. O historiador Alberto Rangel afirma que nos aposentos do imperador existiria uma saída secreta pela qual ele escapava durante a noite para se encontrar às escondidas com a amante.[13]

Discreta no início, a presença da "favorita" (designação dada a Domitila pelo diplomata austríaco Wenzel de Mareschal) logo virou motivo de escândalo no Rio de Janeiro. Em setembro de 1824, ela foi barrada na entrada do Teatrinho Constitucional de São Pedro, onde se apresentavam os atores da Companhia Apolo e suas Bambolinas. Ao saber da notícia, dom Pedro deu ordens para que o intendente-geral de polícia, Francisco Alberto Teixeira de Aragão, nomeado já por influência de Domitila, suspendesse as representações da peça teatral, despejasse os atores do edifício e mandasse queimar seus pertences numa fogueira em frente à igreja de Santana.[14]

Outro incidente aconteceu na Semana Santa de 1825. Quando Domitila subiu à tribuna reservada às damas do Paço para assistir às cerimônias religiosas, as senhoras da nobreza retiraram-se em protesto. Para reparar a ofensa, dias depois, dom Pedro elevou-a ao posto de dama de honra da imperatriz Leopoldina. Dessa forma, conferia à amante o direito de ocupar lugar privilegiado em todas as reuniões, passeios, viagens e outros eventos da corte. Em 12 de outubro, aniversário de dom Pedro, deu-lhe o título de viscondessa de Santos, "pelos serviços que prestara à imperatriz", segundo o decreto. Na mesma data, no ano seguinte, promoveu-a, finalmente, a marquesa de Santos, título com o qual passaria para a história.

As regalias e os privilégios se estenderam à família da amante. Seus irmãos e parentes receberam empregos, títulos e benesses de dom Pedro. O pai morreu em 2 de novembro de 1826 e foi sepultado com honras de Estado no convento de Santo Antônio. O pomposo funeral, ao qual foi convidado todo o corpo diplomático e as mais altas autoridades do Império, custou 628.280 réis, preço de seis escravos ou seis cavalos de raça, pagos por dom Pedro I, que também anunciou que honraria todas as eventuais dívidas que o morto tivesse deixado na praça.

A comunidade estrangeira do Rio de Janeiro ficou impressionada com o poder da amante de dom Pedro. O diplomata norte-americano Condy Raguet dizia, com certo exagero, que nenhum despacho imperial se obtinha sem o patrocínio de Domitila. "A paixão do imperador por essa mulher vai ao ponto de fazê-lo esquecer a moral e os bons costumes", acrescentou Lourenço Westin, cônsul-geral da Suécia. "Ela tira partido disso para enriquecer." Charles Stuart, negociador britânico do trata- do de reconhecimento da Independência do Brasil por Portugal em 1825, afirmou que devia "à influência da senhora Domitila de Castro a remoção de um obstáculo que teria feito malograr todas as negociações".[15] Mareschal, o representante da Áustria, dizia que "quem pretende favores ou graças faz-lhe a corte; é o canal das promoções".[16]

Nos sete anos de duração do romance, Domitila engravi- dou pelo menos cinco vezes de dom Pedro. Na primeira, algu- mas semanas após o Grito do Ipiranga, abortou ou deu à luz um menino prematuro. Da segunda, nasceu Isabel Maria, a 23 de maio de 1824 — dois dias após o anúncio da sentença de divórcio em que a mãe era apontada como uma "esposa de boa conduta". Dom Pedro não a reconheceu imediatamente como filha, mas dois anos depois, quando o poder de Domitila chegava ao auge, brindou-a com todas as honrarias possíveis. Isabel ganhou o tí- tulo de duquesa de Goiás e o direito de ser chamada de "Alteza", tratamento normalmente reservado às princesas, foi condecora- da com a Ordem do Cruzeiro e de Santa Isabel e virou nome de três dos navios da nova Marinha de guerra brasileira. Quando dom Pedro abdicou ao trono, Isabel Maria estudava no Sacré Coeur de Paris, um dos colégios mais caros e exclusivos da épo- ca, cujo prédio abriga hoje o Museu Rodin. Outros dois filhos morreram precocemente. A última filha, Maria Isabel de Bra- gança, futura condessa de Iguaçu, nasceu em 28 de fevereiro de 1830, quando o imperador já havia expulsado Domitila do Rio de Janeiro para se casar com a segunda imperatriz, Amélia.

O romance de dom Pedro com a marquesa de Santos ren- deu um dos conjuntos de documentos mais pitorescos da histó- ria brasileira. São as mais de 170 cartas que o imperador escre- veu à amante entre 1822 e 1829. No começo, o tratamento é carinhoso, como "Meu amor do meu coração", "Meu amor, minha Titila" e "Meu amor e meu tudo". As assinaturas variam de "O Demonão", "Fogo Foguinho", "Pedro" e "O Imperador" — este usado nas cartas de ciúmes ou quando o romance esfriava. Com muita frequência, ele se refere a Domitila de forma paternal, como "filha" ou a si mesmo como "seu filho". Pelas cartas, sabe-se que dom Pedro cumulava a amante de presentes. A lista inclui carne de caça, um quarto de vaca, metade de um peru, perdizes e outros pássaros, um cestinho de morango, queijos e figos, botões de rosa, peça de fita, ramos de flores, papel, rosas e lírios-brancos; e também joias caríssimas, como um medalhão com a efígie do imperador (quatro contos de réis) e uma pulseira de contas de ouro com fecho de brilhantes.[17]

O estilo das mensagens varia de acordo com a temperatura do romance. Algumas eram fúteis e até infantis. Outras, repletas de paixão, erotismo e ciúmes. "Remeto-te o par de meias pretas, e não as calce sem outras por baixo", admoestou dom Pedro em 2 de dezembro de 1827. "Muito curto está o teu vestido de chita. [...] Queiras-me tu bem e a mais ninguém..."[18] Há também as cartas sinceras, que deixam entrever o lado humano do monarca: "Eu sou imperador, mas não me ensoberbeço com isso, pois sei que sou um homem como os mais, sujeito a vícios e a virtudes como todos o são".[19]

Há por fim as cartas chulas, com descrições e vocabulário mais adequados a uma borracharia de beira de estrada do que a um palácio imperial. O historiador Alberto Rangel observou que os leitores de hoje deveriam ser gratos a dom Pedro I por "não saber ele ocultar nem manter ou disfarçar os seus sentimentos em [...] boas palavras".[20] Algumas dessas correspondências trazem detalhes curiosos a respeito da anatomia do imperador em linguagem crua. "*Tua coisa* está sem novidade, está boa, e as áreas têm diminuído, e agora já as não deito tão finas, e por isso a urina vem clara", anuncia dom Pedro em missiva sem data.[21] A "tua coisa" era, obviamente, a genitália do imperador e o texto dá a entender que, enquanto se relacionava com a marquesa, aparentemente contraíra uma doença venérea, moléstia comum na época. Em outra carta, dom Pedro voltaria a se referir à própria genitália de forma ainda mais divertida — "máquina triforme". Também insinua haver traído a amante e se diz arrependido:

Desgraçado daquele homem que uma vez desconcerta a máquina triforme, porque depois, para tornar a atinar, custa os diabos, e muito mais desgraçado sou eu por ter feito [...] este desconcerto com ofensa de ti, minha filha. [...] Não falo em coisas passadas, pois o remédio é a emenda, só faço chorar por tê-las feito. [...] É um apuro de falar a verdade e de te não querer encobrir nada que me obriga a fazer-te esta participação.[22]

Em tom mais carinhoso, dom Pedro comunica o envio de um presente em 12 de outubro de 1827 (data do aniversário dele): "Minha filha, já que não posso arrancar meu coração para te mandar, recebe esses dois cabelos do meu bigode, que arranquei agora mesmo". Alberto Rangel conta que junto da correspondência de dom Pedro conservada na Biblioteca Nacional do Rio de Janeiro existe "um pacote de papel, encerrando cabelos de suspeita origem", que seriam "mais recônditos" do que os do bigode citados nessa carta.[23]

Enquanto Domitila crescia em prestígio, a imperatriz Leopoldina mergulhava cada vez mais fundo no abismo depressivo que a levaria à morte em dezembro de 1826. A primeira humilhação imposta por dom Pedro à mulher fora a elevação da amante ao cargo de dama de honra da corte. Significava "infligir à imperatriz o mais odioso dos incômodos, isto é, a sua presença, desde que saía de seus apartamentos privados", segundo observou a inglesa Maria Graham, professora da princesa Maria da Glória. Desesperada com as demonstrações públicas de infidelidade do marido, Leopoldina chegou a pedir ao pai, Francisco I, que a aceitasse de volta em Viena. Diante da demora na resposta, cogitou abandonar o palácio, recolher-se ao convento da Ajuda no Rio de Janeiro e ali aguardar a decisão do pai.[24]

O auge das humilhações foi a viagem de dois meses que o imperador empreendeu à Bahia entre fevereiro e abril de 1826, bem diferente das precárias cavalgadas a Minas Gerais e São Paulo às vésperas do Grito do Ipiranga. A frota, composta de quatro navios, transportava mais de duzentas pessoas, que incluíam a amante Domitila, a imperatriz Leopoldina, a princesa Maria da Glória, diversos barões, viscondes, secretários particulares, membros do clero, funcionários públicos e militares de alta patente. Os suprimentos para a viagem, comprados no Rio de Janeiro, incluíam oitocentas galinhas, trezentos frangos, duzentos marrecos, vinte perus, cinquenta pombos, 260 dúzias de ovos, trinta porcos adultos e quinze leitões, trinta carneiros, seis cabras e dez caixas de vinho francês, sendo quatro de Château Margaux e seis de Larose Médoc, além de uma grande quantidade de frutas, verduras, legumes, biscoitos, café, chá, geleia, chocolate e queijos.[25]

Na travessia entre Rio de Janeiro e Salvador, dom Pedro costumava passear pelo convés acompanhado de Domitila e da princesa Maria da Glória. Também jantavam juntos, enquanto Leopoldina fazia as refeições sozinha em seus aposentos. Na capital baiana, o imperador e a amante ficaram hospedados no mesmo prédio. Leopoldina, em outro vizinho.[26] "A viagem da corte à Bahia provocou um grande escândalo, pois o imperador, ao se fazer acompanhar pela imperatriz, sua filha mais velha e sua amante titular, chocou logicamente todo mundo", assinalou Wenzel de Mareschal.[27]

Uma derradeira humilhação estava reservada a Leopoldina já no seu leito de morte. Em dezembro de 1826, enquanto a imperatriz agonizava no palácio da Quinta da Boa Vista, a marquesa de Santos tentou usar a prerrogativa de dama da corte para entrar no quarto. Foi barrada na porta pela marquesa de Aguiar e pelo ministro Francisco Vilela Barbosa, marquês de Paranaguá. "Por favor, minha senhora, aqui não", teria lhe dito o marquês. Ofendida, Domitila se retirou, mas se queixou a dom Pedro, que, em represália, demitiu Vilela Barbosa do ministério e puniu todos os funcionários envolvidos no episódio. A morte de Leopoldina, porém, foi um golpe fatal no romance do imperador com a marquesa.

Viúvo, dom Pedro sabia que, para manter o prestígio do trono brasileiro junto das potências estrangeiras, precisava se casar novamente com uma princesa europeia. Domitila, obviamente, era um empecilho nas negociações e tinha de ser afastada da corte o mais rapidamente possível. "Brilhante casamento, no estado atual das coisas, não se consegue sem tempo, paciência", avisou de Londres o marquês de Barbacena, encarregado de procurar uma candidata na Europa.[28] Assustadas com a má reputação do imperador, apontado como um mulherengo incorrigível cuja conduta teria sido responsável pela morte de Leopoldina, pelo menos dez princesas recusaram a proposta de casar-se com ele em segundas núpcias.

Já na quarta recusa, dom Pedro mostrava-se profundamente constrangido. "Quatro repulsas recebidas em silêncio são suficientes para comprovarem ao mundo inteiro que eu busquei fazer o meu dever procurando casar-me", escreveu ao ex-sogro, Francisco I. "Receber uma quinta repulsa envolve desonra não só à minha pessoa, mas ao império; portanto, estou firmemente decidido a desistir da empresa."[29] Em agosto de 1828, enviou novas instruções ao marquês de Barbacena indicando que, para não correr riscos de novas recusas, poderia ser mais flexível nas negociações:

O meu desejo, e grande fim, é obter uma princesa que por seu nascimento, formosura, virtude, instrução, venha a fazer a minha felicidade e a do Império. Quando não seja possível reunir as quatro condições, podereis admitir alguma diminuição na primeira e na quarta, contanto que a segunda e a terceira sejam constantes.[30]

Em resumo, a noiva poderia não ser muito nobre e até um pouco ignorante, desde que fosse bonita e virtuosa. E foi, de fato, o que aconteceu.

Com ajuda de seus diplomatas na Europa, o sortudo dom Pedro encontrou não apenas uma princesa virtuosa, mas uma mulher lindíssima na flor dos seus dezessete anos. Sua nobreza, porém, era de segunda linha. Nascida em Milão em 31 de julho de 1812, Amélia Augusta Eugênia Napoleona de Beauharnais era neta da imperatriz Josefina, primeira mulher de Napoleão Bonaparte. O pai, Eugênio de Beauharnais, fora um dos grandes generais do imbatível Exército francês e ganhara de Napoleão, como recompensa pelas vitórias, o título de vice-rei da Itália. Sua linhagem estava, portanto, contaminada pelos laços familiares do "ogro usurpador", o imperador francês que durante um quarto de século humilhara os tronos europeus.

Como estirpe, os Beauharnais nem se comparavam aos Habsburgo austríacos da primeira imperatriz, Leopoldina — estes, sim, nobres de primeira linha, admirados, respeitados e reconhecidos por todas as monarquias europeias. Nada disso, porém, parecia incomodar dom Pedro. Afinal, ele admirava Napoleão, de quem já tinha sido parente uma vez, no primeiro casamento, como se viu antes. E, acima de tudo, Amélia era uma mulher estonteante. "O original é muito superior ao retrato", avisou Barbacena ao anunciar o desfecho da negociação finalmente bem-sucedida, em maio de 1829, em carta acompanhada do retrato da princesa.[31] "Meu entusiasmo é tão grande que só me falta estar doido", reagiu o imperador brasileiro.[32]

Amélia chegou ao Rio de Janeiro em outubro de 1829, quase três anos após a morte de Leopoldina. Ao desembarcar, usava um vestido cor-de-rosa adornado de rendas. Dom Pedro ficou tão encantado que desmaiou no convés do navio. Em seguida, criou em sua homenagem uma das condecorações mais bonitas e desejadas do Império brasileiro, a "Ordem da Rosa", cujo lema seria, sugestivamente, "Amor e fidelidade".[33] Apesar de jovem e bonita, no entanto, Amélia não era ingênua. A primeira providência da nova imperatriz foi botar ordem na casa. Trocou os criados e os camareiros e impôs nova etiqueta aos maus modos da corte do Rio de Janeiro. Mudou até o idioma. Desde sua chegada, falava-se francês. Também afastou do palácio todos os amigos desqualificados do imperador e expulsou a até então paparicada filha de Domitila, a duquesa de Goiás, despachada para o internato em Paris.

O imperador aceitou tudo com resignação. E foi recompensado por isso. A segunda imperatriz deu a dom Pedro mais uma filha, Maria Amélia Augusta, nascida em 1831 e falecida em 1853, antes de completar 22 anos. Foi, principalmente, uma companheira fiel e dedicada até o fim da vida. Depois de sua chegada, há vagas referências a romances passageiros de dom Pedro, como o filho que teria tido com a freira do convento da Esperança na ilha Terceira, nos Açores. Mas nada que se comparasse ao fogo dos anos vividos com Domitila. Pode-se dizer que, na medida do possível, dom Pedro foi um homem surpreendentemente fiel a Amélia.

Antes de cair nos braços da adorável Amélia, porém, dom Pedro teve de se livrar de uma obstinada Domitila, que teimava em não deixar a corte. No começo das negociações na Europa, diante das recusas das outras princesas, ainda houve uma recaída no romance. Domitila saiu do Rio de Janeiro para São Paulo em junho de 1828, voltou em abril de 1829 e partiu definitivamente em agosto, mais uma vez grávida do imperador. Dom Pedro nunca chegou a ver a derradeira filha do casal, Maria Isabel, nascida em São Paulo. Os deveres de Estado falavam mais alto. No final, o tom das cartas é frio e distante. As assinaturas do começo do romance — "O Demonão" e "Fogo Foguinho" — dão lugar ao seco e protocolar "O Imperador".

"Sinto muito perder a tua companhia, mas não há remédio", avisou dom Pedro a Domitila em 10 de julho de 1829, quando Amélia já estava a caminho do Brasil. A marquesa ignorou. No dia 17 de agosto mandou notificá-la que tinha sete dias para deixar o Rio de Janeiro sob pena de arrancar-lhe todos os benefícios concedidos até então. Também mandou murar a saída secreta da Quinta da Boa Vista que levava ao palacete da amante e ameaçou reabrir o processo do misterioso atentado sofrido por Maria Benedita, a baronesa de Sorocaba, no qual Domitila era apontada como suspeita. Dessa vez, a marquesa cedeu.

A última carta de Domitila a dom Pedro é triste e melancólica, como todas as grandes histórias de amor que se acabam, mas cheia de dignidade. O texto, gramaticalmente correto, indica que foi escrito por outra pessoa sob orientação da marquesa:

Senhor.
Eu parto esta madrugada e seja-me permitido, ainda esta vez, beijar as mãos de V. M. (Vossa Majestade) por meio desta, já que os meus infortúnios e minha má estrela me roubam o prazer de o fazer pessoalmente. Pedirei constantemente ao céu que prospere e faça venturoso ao meu imperador. E quanto à marquesa de Santos, senhor, pede por último a V. M. que, es-

quecendo como ela tantos desgostos, se lembre só mesmo, a despeito das intrigas, que ela em qualquer parte que esteja saberá conservar dignamente o lugar a que V. M. a elevou, assim como ela só se lembrava do muito que devo a V. M., que Deus vigie e proteja como todos precisamos.
De V. M. súdita, muito obrigada,
Marquesa de Santos.[34]

Ao regressar a São Paulo, Domitila deixou para trás a vida de escândalos. No dia 14 de junho de 1842, oito anos após a morte de dom Pedro em Portugal, casou-se em Sorocaba com o brigadeiro Rafael Tobias de Aguiar, um dos grandes chefes liberais da província. Com ele teve mais seis filhos. Terminou a vida como uma grande dama da sociedade paulista. No seu solar, situado a poucos metros do Pátio do Colégio, eram realizados saraus literários e reuniões beneficentes. O poeta baiano Castro Alves apresentou-se lá. Domitila também se dedicou a obras de caridade. Entre outras, sustentava uma associação de prostitutas e mães solteiras. Isabel Burton, mulher do escritor, tradutor e cônsul britânico Richard Burton, que a encontrou já na velhice, registrou:

Conhecemos em São Paulo uma personagem fascinante. Era a marquesa de Santos. [...] Era positivamente uma grande dama, muito simpática, absolutamente encantadora, sabedora de uma infinidade de casos do Rio de Janeiro, da corte e da família imperial e das coisas daquele tempo. [...] Tinha belos olhos negros, cheios de simpatia, inteligência e conhecimento do mundo.

Numa das visitas, Isabel foi recebida na cozinha por Domitila, "sentada no chão, a fumar, não um cigarro, mas cachimbo".[35] O hábito de fumar cachimbo era comum entre as mulheres da época.

A marquesa de Santos faleceu de enterocolite no dia 13 de novembro de 1867 e foi sepultada no cemitério da Consolação, cujas terras tinham sido por ela doadas à cidade de São Paulo. No seu testamento, mandou perdoar dívidas e distribuir dinheiro aos pobres, deu a liberdade a quatro escravos e encomendou setenta missas: vinte pelos escravos mortos e cinquenta por sua própria alma.[36]

DOM JOÃO VI MORREU DE forma misteriosa em 10 de março de 1826, dois meses antes de completar 59 anos. A agonia começou na semana anterior, com uma crise de fígado que o fez vomitar uma substância esverdeada e amarga produzida pela bílis. Na manhã seguinte, mais bem-disposto, pediu que o levassem para dar um passeio de carruagem ao longo do rio Tejo. No dia 4, parecia recuperado. Acordou e almoçou, com o apetite de sempre, um frango corado, queijo, torradas e laranjas produzidas no norte da África. Depois de ingerir as frutas, porém, teve nova crise, devastadora e sem volta, com vômitos e convulsões. A hipótese de envenenamento, muito comentada na época, ganhou fôlego recentemente em análises dos restos mortais de dom João feitas durante o trabalho de restauro da igreja de São Vicente de Fora, em Lisboa, onde foi sepultado. O estudo indicou elevada concentração de arsênico nas vísceras, em quantidade suficiente para matá-lo em poucas horas.[1]

Quem teria assassinado o rei de Portugal? Em 1826, os dois maiores interessados no desaparecimento de dom João VI eram sua mulher, a rainha Carlota Joaquina, que contra ele ensaiara inúmeras conspirações fracassadas, e o filho mais novo do casal, o príncipe dom Miguel, o segundo na linha sucessória ao trono e que já uma vez tentara um golpe malsucedido contra o pai. Em conversa com o embaixador britânico William Court, dois meses mais tarde, a própria rainha reforçaria os boatos ao dizer que o marido havia sido "envenenado pelos bandidos que o cercavam". Deu até a composição da substância utilizada para matá-lo: um composto de arsênico chamado água tofana.[2]

A notícia do falecimento do rei produziu uma onda de choque que atravessou o Atlântico e causou furor no Rio de Janeiro. Em princípio, com a Independência, todos os vínculos que prendiam o Brasil a Portugal haviam se rompido. O próprio dom Pedro havia reafirmado isso às margens do Ipiranga ao anunciar que "nenhum laço mais nos une a Portugal". Em outra declaração famosa, contida em carta ao pai já citada neste livro, dissera: "De Portugal nada, nada; não queremos nada". A morte de dom João demonstrou que eram afirmações mais retóricas do que práticas. Por mais que se declarasse brasileiro de coração, dom Pedro continuava ligado à antiga metrópole por laços poderosos, que incluíam a sucessão ao trono lusitano.

Ao tomar conhecimento oficial da morte do pai, no dia 24 de abril, dom Pedro recebeu junto os papéis timbrados com a notificação de que era o legítimo herdeiro do trono português. Bastava dizer sim para usar duas coroas, a do Brasil, já sua na condição de imperador, e a de Portugal, como sucessor de dom João. Obviamente, não era uma decisão tão simples. Talvez em nenhum outro momento de sua vida dom Pedro tenha se confrontado com um dilema tão complicado de resolver.

Caso decidisse acumular as duas coroas e voltasse para Lisboa, cidade onde nascera, anularia a Independência do Brasil, cuja ruptura com Portugal custara sangue e muito sofrimento na guerra encerrada apenas dois anos antes. Numa alternativa também difícil de aceitar, se continuasse a governar do Rio de Janeiro, Portugal seria devolvido à condição de colônia do Brasil, situação que de fato vigorara durante a permanência da corte de dom João nos trópicos, entre 1808 e 1821. Recusar a Coroa portuguesa implicava igualmente consequências drásticas. Havia uma guerra em andamento em Portugal, entre liberais e absolutistas. Dom Pedro era visto como esperança de solução pelos liberais e em hipótese alguma poderia se omitir.

Assustado com a encruzilhada que o destino colocara em seu caminho, o imperador pediu orientação a oito conselheiros. Um deles, frei António de Arrábida, seu fiel confessor e português de nascimento, opinou que não haveria mal algum em assumir as duas Coroas, desde que Portugal e Brasil fossem mantidos como reinos autônomos sob a liderança de um mesmo monarca. Os brasileiros, no entanto, foram majoritariamente contrários à proposta. "Todos os argumentos que empregamos em defesa da nossa Independência se voltariam contra Vossa Majestade", alertou Felisberto Caldeira Brant Pontes, o marquês de Barbacena. Sugeriu que dom Pedro conservasse a Coroa portuguesa apenas pelo tempo necessário para garantir a independência das duas nações e colocar alguma ordem na conturbada situação política em Lisboa. Significava confirmar a regência da irmã, Isabel Maria (nomeada por dom João VI nos dias finais de sua agonia), dar anistia aos presos políticos e uma Constituição a Portugal, convocar as cortes para referendá-la e abdicar a favor da filha Maria da Glória, então ainda uma criança de sete anos.[3]

Dom Pedro acatou o parecer de Barbacena e deu a notícia na sessão inaugural da primeira legislatura do parlamento brasileiro, em maio de 1826: "Agora conheçam alguns brasileiros incrédulos que o interesse pelo Brasil e o amor por sua Independência é tão forte em mim que abdiquei à Coroa portuguesa para não comprometer os interesses do Brasil, do qual sou defensor perpétuo". A reação entre os parlamentares foi de entusiasmo. Até mesmo opositores ferrenhos, como o deputado mineiro Bernardo Pereira de Vasconcelos, futuro ministro do Império, elogiaram o gesto. "Este reconhecimento consolida o sistema brasileiro, enchendo de alegria o coração dos brasileiros", afirmou Vasconcelos, para reafirmar a seguir "as virtudes pelas quais o mundo já dá a Vossa Majestade Imperial o nome de herói do século xix".[4]

Dom Pedro foi rei de Portugal, com o nome de Pedro iv, entre 20 de março e 2 de maio de 1826, data da abdicação a favor da filha Maria da Glória. Na prática, só exerceu seus poderes por uma semana, a partir de 26 de abril, dia em que aceitou oficialmente a Coroa que lhe era oferecida pelos papéis que chegaram de Lisboa. Nesses escassos sete dias tomou decisões de grande impacto. A mais importante foi dar aos portugueses uma nova Constituição. A anterior, votada pelas cortes de 1822, havia sido revogada em maio do ano seguinte no movimento conhecido como Vilafrancada — insurreição contra os liberais comandada pelo infante dom Miguel na cidade de Vila Franca de Xira, que dissolveu as cortes e recolocou dom João vi na condição de rei absoluto.

A nova Constituição de dom Pedro era uma cópia quase literal da brasileira, outorgada pelo imperador dois anos antes, como mostra um documento hoje guardado no Museu Imperial de Petrópolis. É o projeto da nova Carta Constitucional portuguesa com as emendas feitas no texto da lei brasileira por ordem do imperador. As anotações, rabiscadas com a letra de Francisco Gomes da Silva, o Chalaça, amigo e secretário particular de dom Pedro, revelam mudanças cosméticas. Onde estava escrito, por exemplo, "Império do Brasil" passou a constar "Reino de Portugal". Inovações como o Poder Moderador, incluídas na Constituição brasileira de 1824, foram mantidas na íntegra em Portugal. Como resultado, o Brasil e sua antiga metrópole ficavam a partir daquele momento sob a égide da mesma lei — uma Constituição surpreendentemente avançada e liberal para a época, como se viu em um dos capítulos anteriores.

A intervenção de dom Pedro nos assuntos portugueses ocorreu em uma circunstância delicada. Ao morrer, dom João vi deixara um país à beira da ruptura política e profundamente debilitado pela perda do Brasil, sua maior e mais rica colônia. Seus últimos anos de reinado haviam sido de muito sofrimento para o soberano e seus súditos. Na volta a Lisboa, em julho de 1821, a nau em que viajara ficara incomunicável no cais por ordem das cortes, como se trouxesse a bordo não o rei de Portugal, mas um inimigo ou uma doença contagiosa. Parte dos seus acompanhantes foi proibida de desembarcar, por ser acusada de corrupção no Brasil (caso do visconde do Rio Seco) ou considerada inimiga do novo regime instalado em Lisboa. Da tribuna, o deputado Manuel Borges Carneiro avisou: "Saiba esta corte infame, corrupta e depravada que a nação portuguesa não há de ter com ela contemplação alguma".[5] Quando, finalmente, foi autorizado a colocar os pés em terra, dom João surpreendeu-se ao ser transformado em mero fantoche das cortes, impedido de nomear seus próprios ministros ou tomar as decisões mais elementares de governo. A situação mudou na Vilafrancada de maio de 1823, que, além de dissolver as cortes, guindou o infante dom Miguel ao posto de comandante do Exército português.

Restituído aos seus poderes, nem por isso dom João teve paz. Ao contrário, o inimigo agora estava dentro de casa. Carlota Joaquina, que fora banida da corte em 1822 por se recusar a jurar a nova Constituição liberal, recuperou seus privilégios e aliou-se ao príncipe dom Miguel em novo golpe, a Abrilada, assim batizado devido à data em que foi deflagrado, abril de 1824. Dessa vez, o alvo era o próprio rei. Transformado em um suposto prisioneiro do filho e da mulher, dom João foi salvo pela intervenção dos ingleses, que o acolheram a bordo de um de seus navios. Dom Miguel foi destituído do comando das armas e despachado para o exílio na Áustria, de onde voltaria em 1828 para usurpar o trono proclamando-se rei absoluto. O resultado foi a guerra civil portuguesa — tema do capítulo 21 deste livro —, na qual o destino da Coroa foi decidido em campo de batalha tendo de um lado o usurpador, dom Miguel, e de outro seu irmão, dom Pedro, pai da legítima sucessora, a futura rainha Maria II.

Todos esses acontecimentos colocaram dom Pedro no centro da ciranda política de Portugal. Ao contrário do que havia prometido aos brasileiros, ele jamais poderia se livrar dela. A outorga da nova Constituição, seguida da abdicação a favor da princesa Maria da Glória, o transformou em avalista do processo político português, cabendo a ele assegurar que os direitos da filha seriam respeitados até que ela atingisse a maioridade e assumisse o trono. Ao mesmo tempo, isso o enfraquecia cada vez mais no Brasil. As desconfianças em relação a dom Pedro eram tantas que alguns brasileiros o acusavam até de manter no Rio de Janeiro um suposto "gabinete secreto" — uma equipe paralela de governo, liderada por Chalaça e integrada exclusivamente pelos amigos portugueses do imperador.

O crescente envolvimento nos assuntos de Portugal fez de dom Pedro um soberano equilibrista com um pé em cada lado do Atlântico. Era uma situação dúbia, que persistia desde 1822. Na prática, ele passou boa parte do Primeiro Reinado governando simultaneamente dois países: o Brasil, na condição de imperador, e Portugal, como pai da rainha menina. Essa mistura de interesses fazia com que os representantes brasileiros na Europa ocupassem grande parte de seu tempo empenhados em discutir questões relacionadas a Portugal como se fossem temas brasileiros. Da mesma forma, diplomatas estrangeiros sediados no Rio de Janeiro eram constantemente acionados por dom Pedro para intervir na delicada situação política lusitana.[6]

Um exemplo desse malabarismo havia sido o demorado processo de reconhecimento da Independência brasileira. Os dois primeiros monarcas a aprovar o Brasil independente foram os obás Osemwede, de Benim, e Osinlokun, de Lagos, dois reinados situados na costa africana, por uma razão óbvia: eram, junto a Luanda, em Angola, os maiores exportadores de escravos para as lavouras e cidades brasileiras.[7] Em seguida veio o reconhecimento por parte dos Estados Unidos, em maio de 1824, também por uma forte motivação política e econômica. Meio século depois de se tornarem independentes da Inglaterra, os norte-americanos já começavam a emergir como a nova potência continental. Em dezembro de 1823, o presidente James Monroe proclamara a doutrina que levaria o seu nome e pautaria desde então a política externa dos Estados Unidos: "América para os americanos". Qualquer intervenção europeia no continente seria contrária aos seus interesses e considerada, portanto, um ato de hostilidade pelo governo dos Estados Unidos. O Brasil estava incluído na esfera de influência da nova potência.

No caso de Portugal, o reconhecimento só veio em 1825, depois de longa e tortuosa negociação. Ao proclamar sua Independência, o Brasil desfizera a rede de negócios, privilégios, cargos e laços familiares que durante mais de trezentos anos prevalecera entre a colônia e a metrópole. Era complicado mexer em tudo isso sem abrir feridas e provocar ressentimentos. Havia também sutilezas diplomáticas que precisavam ser levadas em consideração. Manter a linhagem real portuguesa no Brasil facilitaria o reconhecimento por parte das potências europeias, na época reunidas sob a bandeira da Santa Aliança, que defendia o direito ancestral dos reis de governar os povos por herança e delegação divina. Além disso, por vaidade pessoal, dom João VI queria manter o título de imperador do Brasil ainda que em caráter apenas honorífico. O filho relutava em contrariá-lo.

A solução encontrada foi pitoresca. Pelo tratado denominado "Paz e aliança", negociado em Lisboa e no Rio de Janeiro pelo diplomata britânico Charles Stuart, o rei dom João VI reconhecia "o Brasil na categoria de império independente e separado do reino de Portugal e Algarves, e a seu sobretudo muito amado e prezado filho dom Pedro por imperador, cedendo e transferindo de sua livre vontade a soberania do dito império ao mesmo seu filho e a seus legítimos sucessores". Ou seja, dom João reconhecia o Império do Brasil, assumia ele próprio o título de imperador para, em seguida, transferi-lo de boa vontade ao filho dom Pedro. Na prática, a Independência deixava de ser uma conquista dos brasileiros para se converter numa concessão do rei de Portugal. Além disso, por uma cláusula ainda mais curiosa, dom João VI mantinha formalmente, como era seu desejo, o título de imperador honorário do Brasil até a morte, como se dom Pedro ocupasse o trono como mero delegado do soberano português e não por livre escolha dos brasileiros.[8] "Resumia-se tudo num negócio de família", assinalou o historiador Luiz Lamego. "O pai cedia ao filho a colônia, reservando-se, porém, o título de imperador."[9]

Pelo artigo terceiro do tratado, dom Pedro também se comprometia a recusar qualquer proposta de anexação de outras colônias portuguesas ao novo Império brasileiro. O objetivo era barrar o poderoso lobby dos traficantes de escravos sediados em Salvador e no Rio de Janeiro, interessado em incorporar ao Brasil as regiões fornecedoras de mão de obra cativa na África. Quando chegaram a Angola as notícias do Grito do Ipiranga, também começaram a circular panfletos impressos no Brasil, obviamente a mando do lobby escravagista, convidando a colônia de Benguela a juntar-se ao Império brasileiro.[10]

No entender dos traficantes, se um pedaço do território africano fosse reconhecido como brasileiro, no futuro o suprimento de escravos poderia ser considerado um assunto doméstico. Desse modo, seria possível burlar as pressões britânicas a favor de um tratado internacional para banir o tráfico negreiro em todo o Oceano Atlântico — proibição que já vigorava no Atlântico norte desde 1810.

Como curiosidade, vale registrar que as discussões para o reconhecimento da Independência envolveram um interessante plano secreto para trazer dom João VI de volta ao Brasil. Seu autor era dom Pedro de Sousa Holstein, então marquês e mais tarde duque de Palmela. Inconformado em perder o Brasil, que ele definia como "tão bela e vasta herança" portuguesa, em 1824 Palmela sugeriu à Inglaterra que fornecesse navios com o objetivo de escoltar dom João a Bahia. Pelos seus cálculos, o rei seria reconhecido e aclamado em Salvador, de onde seguiria para o Rio de Janeiro, cumprindo o mesmo trajeto que havia percorrido em 1808. Palmela acreditava que a fidelidade de dom Pedro o impediria de pegar em armas contra o pai. O plano fracassou porque o governo inglês, a essa altura já empenhado em reforçar seus laços comerciais com o novo Brasil independente, recusou-se a fornecer a ajuda pedida por Palmela.[11]

Como principal negociadora do reconhecimento do Brasil independente, a Inglaterra se valeu de seu poder econômico e político para tirar vantagem da nova situação. Em 1825, o Brasil já era o terceiro mercado mais importante dos produtos ingleses, graças ao vantajoso tratado comercial assinado por dom João em 1810 que concedia à Inglaterra tarifas de importação inferiores às de seus concorrentes nos portos brasileiros.[12] O tratado venceria em julho de 1825, e todo o esforço dos ingleses se concentrou em convencer dom Pedro a renová-lo em troca do reconhecimento da Independência. E assim aconteceu. Além de assegurar a prorrogação das vantagens alfandegárias para seus produtos, a Inglaterra perpetuou no Brasil independente alguns privilégios que gozava em Portugal, como o direito de nomear magistrados especiais com a função de julgar todas as causas que envolvessem cidadãos britânicos. Os próprios ingleses residentes no país elegeriam esses juízes, que só poderiam ser destituídos pelo governo brasileiro mediante prévia aprovação do representante da Inglaterra.

A troca de cartas entre dom Pedro I e dom João VI revela que pai e filho mantiveram uma atitude cordial até o fim das negociações e conheciam os riscos envolvidos. "Vossa Majestade verá que fiz da minha parte tudo quanto podia e, por mim, no dito tratado, está feita a paz", escreveu o imperador brasileiro em setembro de 1825, pedindo que o pai ratificasse o acordo celebrado no Rio de Janeiro com a intermediação do embaixador britânico. Na mesma carta, admitia que as concessões feitas a Portugal — e "difíceis e bastantemente melindrosas" — iam além do aceitável pelos brasileiros e certamente o deixariam mais frágil no jogo político do Primeiro Reinado. Dois meses mais tarde, ao comunicar a ratificação do tratado, dom João recomendou-lhe prudência: "Tu não desconheces quantos sacrifícios por ti tenho feito, sê grato e trabalha também de tua parte para cimentar a recíproca felicidade destes povos que a Divina Providência confiou ao meu cuidado, e nisto dará grande prazer a este pai que tanto te ama e sua bênção te deita".[13]

Com a assinatura do tratado, o caminho estava aberto para que todas as demais monarquias europeias reconhecessem o Brasil independente. A primeira foi a própria Inglaterra, seguida da Áustria, governada pelo pai da imperatriz Leopoldina, Francisco I, ainda no final de 1825. Depois França, Suécia, Holanda e Prússia. Os termos da negociação com Portugal, no entanto, causaram revolta entre os brasileiros e contribuíram para desgastar a imagem de dom Pedro, em especial quando se tomou conhecimento de uma cláusula secreta pela qual o Brasil se comprometia a pagar aos portugueses a quantia de 2 milhões de libras esterlinas a título de indenização. Parte desse dinheiro seria destinado a cobrir empréstimos que Portugal havia contraído na Inglaterra com o objetivo de mobilizar tropas, navios, armas e munições para combater a emancipação do Brasil entre 1822 e 1823. Propriedades e outros bens portugueses confiscados durante os conflitos também seriam devolvidos a seus donos originais. Em resumo, depois de ganhar a guerra caberia aos brasileiros ressarcir os prejuízos dos adversários derrotados. Os oponentes acusaram dom Pedro de "comprar a independência".[14]

Na verdade, dom Pedro pagaria pelo seu duplo papel um preço bem mais alto do que a indenização assegurada a Portugal. Seria a perda do próprio trono brasileiro, em 1831.

O ACERVO DO MUSEU IMPERIAL DE PETRÓPOLIS, no Rio de Janeiro, guarda uma das trocas de correspondências mais tristes já registradas na história brasileira. São as cartas entre dom Pedro i, após abdicar ao trono brasileiro, e o seu filho, o futuro imperador Pedro ii, então uma criança de apenas cinco anos, que o pai deixava no Brasil sem esperanças de voltar a vê-lo.

Pai e filho não tiveram tempo de se despedir na madrugada de 7 de abril de 1831, data da abdicação de dom Pedro i. Ameaçado pelos tumultos que tomavam as ruas do Rio de Janeiro e as vizinhanças da Quinta da Boa Vista, em São Cristóvão, o imperador esgueirou-se pela escuridão e refugiou-se na fragata inglesa *Warspite*, que o aguardava ao largo da praia do Caju. Estava acompanhado da mulher, a imperatriz Amélia, e da pequena rainha de Portugal, Maria da Glória. Antes de partir, num gesto de grande significado político que haveria de enriquecer sua já debilitada imagem pessoal, nomeou o ex-adversário José Bonifácio de Andrada e Silva tutor dos quatro órfãos reais que ficavam para trás: dom Pedro ii e as irmãs Januária, de nove anos, Paula Mariana, de oito, e Francisca, de seis. Quando saiu do palácio, as crianças estavam dormindo. O historiador Tobias Monteiro conta que dom Pedro acercou-se da cama de cada uma delas e as beijou em silêncio, mal contendo as lágrimas.[1]

O impacto dessa ruptura familiar, forçada pelos acontecimentos políticos, pode ser medido pela correspondência entre pai e filho nos anos seguintes. A primeira carta é do pequeno dom Pedro II, uma criança franzina, melancólica e solitária, que ficara órfã de mãe com apenas um ano e agora perdia também o pai. Na ausência da família, caberia às elites brasileiras prepará-lo para assumir o trono aos catorze anos e servir ao Estado no longo e relativamente estável Segundo Reinado, entre 1840 e 1889, ano da Proclamação da República.[2] O imperador menino supostamente escreveu essa primeira carta com a orientação de suas criadas ao acordar na manhã seguinte e descobrir que o pai, a irmã mais velha e a madrasta haviam partido para sempre. Nela, pede a dom Pedro que, apesar da distância, não o esqueça:

Meu querido pai e meu senhor
Quando me levantei e não achei a Vossa Majestade Imperial e a mamãe para lhe beijar a mão, não me podia consolar nem posso, meu querido papai. Peço a Vossa Majestade Imperial que nunca se esqueça deste filho que sempre há de guardar a obediência, respeito e amor ao melhor dos pais tão cedo perdido para seu filho. Beija respeitoso as augustas mãos de Vossa Majestade Imperial. Este de Vossa Majestade Imperial saudoso e obediente filho, Pedro.[3]

A segunda carta guardada nos arquivos do Museu Imperial é a resposta de dom Pedro I, escrita em 12 de abril de 1831, cinco dias após a abdicação, já a bordo do navio inglês:

Meu querido filho e meu imperador. Muito lhe agradeço a carta que me escreveu. Mal a pude ler porque as lágrimas eram tantas que me impediam de ver. [...] Deixar filhos, pátria e amigos, não pode haver maior sacrifício! [...] Lembre-se sempre de seu pai, ame a sua e minha pátria, siga os conselhos que lhe derem aqueles que cuidarem na sua educação e conte que o mundo o há de admirar. [...] Receba a bênção de seu pai que se retira saudoso e sem mais esperanças de o ver. Dom Pedro de Alcântara.[4]

Em outra correspondência, no mesmo ano, o pequeno dom Pedro II, dilacerado pela saudade, pede que o pai lhe envie uma mecha de cabelo como recordação. É uma cartinha curta, de letra trêmula, que ele, a despeito da pouca idade, aparentemente tentou escrever sozinho: "Meu querido pai e meu senhor. Tenho tantas saudades de Vossa Majestade Imperial e tanta pena de lhe não beijar a mão. Como obediente e respeitoso filho, Pedro, peço a Vossa Majestade Imperial um bocadinho de cabelo [...]".[5]

Ao todo, pai e filho trocaram 39 cartas entre 1831 e 1834, ano da morte de dom Pedro I (Pedro IV de Portugal), em Queluz. No acervo do Museu Imperial há também uma carta que a jovem imperatriz Amélia escreveu ao enteado dom Pedro II ao partir para a Europa:

Meu filho do coração e meu Imperador. Adeus, menino querido, delícia da minha alma, alegria de meus olhos, filho que meu coração tinha adotado! Adeus para sempre! [...] Ah, querido menino, se eu fosse tua verdadeira mãe, se meu ventre te tivesse concebido, nenhum poder valeria para me separar de ti, nenhuma força te arrancaria dos meus braços! [...] Mas tu, anjo de inocência, e de formosura, não me pertences senão pelo amor que dediquei a teu augusto pai. Adeus pois, para sempre!

Em seguida, na mesma carta, Amélia fazia um apelo às mães brasileiras para que, na sua ausência, adotassem "o órfão coroado".

Apesar da forte carga emocional contida em alguns textos, essa é, obviamente, uma correspondência de Estado, que extrapola os limites da comunicação corriqueira entre duas pessoas comuns e mortais. Como ocupantes ou herdeiros dos tronos do Brasil e de Portugal, Amélia, dom Pedro I e dom Pedro II eram também instituições, e suas mensagens, cuidadosamente escritas e observadas pelos assessores que os rodeavam, indicam hoje os rumos que pretendiam dar à política nos dois países. Numa carta de 1833 (dois anos após a abdicação), dom Pedro I aconselha o filho a manter o sistema de monarquia constitucional, o único capaz de evitar a guerra civil e a "desmembração" do Brasil. Também sugere que tenha aulas de história e geografia. "Estudes e [...] te faças digno de governar tão grande Império", afirma.[6] É um tom meditado e cuidadoso, de quem escreve consciente da repercussão que tais orientações teriam na vida política brasileira e na biografia do próprio autor. Exemplo disso é este conselho que um dom Pedro I mais grave, mais sábio e amadurecido — bem diferente do "Demonão" das antigas cartas à marquesa de Santos — envia ao filho em 11 de março de 1832:

> O tempo em que se respeitavam os príncipes unicamente por serem príncipes acabou-se. No século em que estamos, em que os povos se acham assaz instruídos de seus direitos, é mister que os príncipes igualmente sejam e reconheçam que são homens e não divindades, e que lhes é indispensável terem muitos conhecimentos e boa opinião para que possam ser mais depressa amados do que mesmo respeitados.[7]

Quatro razões contribuíram de forma decisiva para a abdicação de dom Pedro I em 1831. As duas primeiras, já vistas anteriormente, foram os escândalos da vida privada e sua notória oscilação entre os interesses brasileiros e portugueses. O envolvimento com a marquesa de Santos e a morte da popular imperatriz Leopoldina, chorada até pelos escravos e por pessoas mais humildes, causaram revolta em um país ainda muito católico e conservador, cuja população considerava esse tipo de comportamento intolerável. As condições do tratado de reconhecimento da Independência, pelas quais concordara em indenizar os portugueses, eram apontadas pelos brasileiros como uma prova definitiva de que o soberano se inclinava mais a agradar seus compatriotas de nascimento do que os de sua pátria de adoção. Tudo isso fez com que dom Pedro perdesse rapidamente a aura de herói da Independência conquistada em 1822.

Um terceiro motivo para a abdicação foi a longa e desgastante guerra com a Argentina pelo controle da província Cisplatina, o atual Uruguai, também chamada de Banda Oriental pela sua localização geográfica, a leste do rio da Prata. "Um dos despojos do esfacelado império colonial espanhol", na definição dos historiadores István Jancsó e André Roberto de A. Machado,[8] a província fora invadida em 1816 pelas tropas do príncipe regente dom João, em retaliação contra a Espanha, que, aliada a Napoleão, tomara de Portugal a cidade de Olivença em 1801. Cinco anos mais tarde, foi oficialmente incorporada ao Império brasileiro para o alívio das oligarquias locais. Sem a proteção da antiga metrópole espanhola, os fazendeiros viviam até então assombrados pelos bandos armados que invadiam suas propriedades para roubar gado. A trégua, porém, foi passageira.

Em 1825, Juan Antonio Lavalleja iniciou uma insurreição com o objetivo de separar a Cisplatina do Brasil e incorporá-la às Províncias Unidas do Rio da Prata, conglomerado de regiões relativamente autônomas de cultura espanhola que daria origem à República Argentina. Dom Pedro reagiu declarando

guerra aos argentinos sem avaliar adequadamente as consequências do seu gesto. Com o Império teoricamente quebrado,
às voltas com problemas financeiros, políticos e diplomáticos, o
imperador não tinha condições de mobilizar os recursos necessários para manter a campanha militar no sul. Impopular desde
o começo, a guerra ceifou a vida de cerca de 8 mil brasileiros.
Além de drenar os recursos do tesouro nacional, flagelava as
demais regiões com os temidos recrutamentos forçados, nos
quais jovens eram capturados à força para integrar as tropas
num conflito que os brasileiros, a rigor, não identificavam como
de seu interesse.

O Império acabou derrotado de forma humilhante em
1827, quando as forças argentinas e uruguaias massacraram os
brasileiros na localidade de Ituzaingó. A paz viria em 27 de agosto de 1828 com a assinatura do tratado intermediado pela Inglaterra que deu a independência ao Uruguai. O novo país nascia
para servir de tampão, ou para-choque, entre os interesses do
Brasil e da Argentina na estratégica foz do rio da Prata, região
que Portugal e Espanha haviam disputado de forma encaniçada
durante os três séculos da colonização. O imperador foi identificado como o grande culpado pela derrota. "A perda do território
uruguaio era um duro golpe na sua imagem de depositário da
herança dos Bragança na América no seu todo, por cuja integral
preservação sua responsabilidade era intransferível", observa-
ram István Jancsó e André Roberto de A. Machado. "O encanto
que fizera do príncipe libertador e Defensor Perpétuo do Brasil,
por aclamação dos povos, se rompera."[9]

Dois efeitos colaterais da Guerra Cisplatina foram o agra-
vamento da crise financeira e a indisciplina nos quartéis. Em
1828 mais da metade do orçamento público era gasto com os
ministérios militares. Sem arrecadação de impostos suficiente
para cobrir as despesas, foi necessário buscar novos emprésti-

mos externos. A inflação disparou. Nos oito primeiros anos do país independente, as emissões de dinheiro mais do que dobraram, saltando de 9.171 contos em 1822 para 20.350 em 1830. Em 1829, o papel-moeda circulava em São Paulo com deságio superior a 40%, fazendo com que uma nota de mil-réis fosse trocada por menos de seiscentos réis.[10] Ninguém acreditava no dinheiro brasileiro.

A agitação nos quartéis, por sua vez, era decorrente da contratação de um número cada vez maior de mercenários estrangeiros para suprir as tropas nacionais. Ao chegar ao Brasil, os novos soldados eram submetidos a uma dura disciplina, que incluía açoite com chicotes — exatamente como o país estava acostumado a tratar seus escravos negros. Isso resultou em uma explosão de ódio nas ruas do Rio de Janeiro em 1828. Um soldado alemão foi preso e condenado a levar chibatadas por uma pequena falta disciplinar. Antes que o castigo chegasse ao fim, seus companheiros se rebelaram e libertaram o prisioneiro. Um oficial que tentou dominá-los foi assassinado. Todos os batalhões estrangeiros da cidade, formados por irlandeses, franceses, suíços e alemães, imediatamente se solidarizaram com os rebeldes. Embriagados e sem controle, os mercenários começaram uma onda de saques por toda a capital, só contida a muito custo. O saldo do confronto foi pavoroso: quarenta pessoas mortas do lado brasileiro contra 120 soldados estrangeiros.[11]

Todas essas dificuldades convergiram na quarta e definitiva razão para o desgaste do imperador: a permanente instabilidade política do Primeiro Reinado, resultante, em grande parte, do gênio impulsivo e autoritário do soberano. A dissolução da Constituinte, em 1823, a censura à imprensa, a perseguição aos jornalistas, ex-companheiros da maçonaria e adversários políticos em geral, o cruel tratamento aos mártires da Confederação do Equador e outras decisões minaram rapidamente a já precária rede de apoio que o imperador conseguira tecer no início de seu reinado.

Em nove anos no trono brasileiro, dom Pedro mudou dez vezes o ministério — em média, mais de uma por ano. Ao todo, teve 45 ministros nesse período, um terço dos quais era português de nascimento. Sua autoridade foi constantemente desafiada por uma oposição cada vez mais forte e bem organizada, que usava a imprensa para propagar suas ideias. Em 1830, já havia cerca de vinte jornais em circulação no Rio de Janeiro e mais de cinquenta em todo o Império — a maioria ligada aos liberais adversários do imperador.[12]

Em 1829, a Câmara dos Deputados tentou aprovar o impeachment de dois ministros, o da Justiça, Lúcio Soares Teixeira de Gouveia, e o da Guerra, general Joaquim de Oliveira Alves, acusados de má administração e abuso de poder. O alvo não era propriamente o ministério, mas o próprio monarca. Pela Constituição de 1824 cabia exclusivamente a ele nomear e demitir os ministros. No episódio do impeachment, o parlamento também reivindicava essa prerrogativa, o que significava reduzir o poder imperial. Dom Pedro venceu por escassa maioria — 39 votos a 32 —, mas a situação se complicou no ano seguinte, com a eleição da nova legislatura, em que a oposição saiu reforçada. Surpreso com o tom agressivo das trocas da comunicação entre o imperador e os opositores, o conde Alexis de Saint-Priest, representante da França no Rio de Janeiro, definiu a situação política brasileira da seguinte maneira: "Ninguém pode governar, todo mundo intriga e as relações do governo com seus adversários não são de luta, mas de conspiração".[13]

A crise política estava diretamente ligada à disputa entre portugueses e brasileiros, forte o suficiente para contaminar o círculo mais próximo do imperador. Em dezembro de 1829, dom Pedro mudou mais uma vez o ministério e entregou o cargo mais importante a Felisberto Caldeira Brant Pontes, o influente marquês de Barbacena, que, na condição de representante do Brasil em Londres, tantos serviços prestara ao Império. Barbacena tentou conduzir um governo conciliador, empenhado em estabelecer uma ponte de diálogo entre um parlamento fortalecido nas eleições recentes e um soberano cada vez mais cioso de sua autoridade. Uma de suas exigências para assumir o cargo, no entanto, foi que dom Pedro se livrasse do suposto "gabinete secreto", ou seja, da influência dos amigos portugueses, apontada como nociva no seu relacionamento com a Câmara e o Senado. Dom Pedro cedeu e demitiu do palácio Francisco Gomes da Silva, o Chalaça, e João Rocha Pinto, também apontado como integrante do "gabinete secreto". Ambos foram despachados para a Europa onde passariam a viver com uma generosa pensão vitalícia bancada pelo tesouro brasileiro.

O esperto Chalaça logo encontrou uma forma de vingar-se de Barbacena. Ao desembarcar na Europa dedicou-se a coletar indícios de corrupção contra o novo ministro. Uma das irregularidades estava relacionada ao primeiro empréstimo externo contraído pelo Brasil, no valor de 3 milhões de libras esterlinas, negociado por Barbacena e outro diplomata brasileiro, Manuel Rodrigues Gameiro Pessoa, futuro visconde de Itabaiana, em um banco inglês em 20 de agosto de 1824. Embora fossem diplomatas do Império — ou seja, funcionários públicos —, Barbacena e Gameiro receberam uma comissão de 59.998,10 libras esterlinas, equivalente a 2% sobre o total do empréstimo. Outro percentual do mesmo valor havia sido pago aos banqueiros e negociadores ingleses. Segundo o relatório de Chalaça, Barbacena também havia manipulado as taxas de câmbios e superfaturado muitas de suas despesas enquanto era representante do Brasil na Europa. O trabalho de intriga envenenou de tal modo as relações do imperador com o ministro que Barbacena acabou demitido e humilhado publicamente, embora as denúncias nunca fossem devidamente comprovadas.

Fora do governo, Barbacena reforçou o já poderoso bloco da oposição. Além de publicar nos jornais detalhes constrangedores da negociação para o segundo casamento de dom Pedro com Amélia (já citados no capítulo 18), enviou ao imperador, no dia 15 de dezembro de 1830, uma carta desaforada, na qual avisava que o ex-aliado poderia acabar seus dias "em alguma prisão de Minas a título de doido, e realmente só um doido sacrifica os interesses de uma nação, da sua família e da realeza em geral aos caprichos e seduções de criados caixeiros portugueses". Por fim, alertava que, caso o soberano continuasse a se comportar daquela forma — "português e absoluto de coração" —, sua ruína seria inevitável. "A catástrofe, que praza a Deus não seja geral, aparecerá em poucos meses; talvez não chegue a seis."[14] A profecia se cumpriria antes do prazo previsto. Dom Pedro cairia menos de quatro meses depois.

Os últimos meses do reinado de dom Pedro foram de tumultos e sobressalto em todo o país. Uma onda de boatos indicava que o imperador preparava um golpe absolutista, pelo qual mudaria a Constituição de 1824 com o objetivo de reforçar ainda mais os próprios poderes e subjugar o parlamento. Os rumores tinham fundamento. Algum tempo antes, dom Pedro chegou a fazer uma consulta a dois dos auxiliares mais próximos — o seu confessor, frei António de Arrábida, e Francisco Vilela Barbosa, o marquês de Paranaguá — a respeito da conveniência de reformar a Constituição. Frei Arrábida o desaconselhou a levar o projeto adiante de maneira enfática: "Queime, Senhor, o papel que contiver este quesito, que só pensado se julgaria crime. [...] Ele nos arrastaria à mais espantosa ruína".[15]

Um evento na França contribuiu para acirrar os ânimos. Foi a queda do rei Carlos x, um defensor tardio do absolutismo real, em julho de 1830. Em seu lugar, os franceses colocaram no trono o liberal Luís Filipe, também chamado de "o rei burguês" porque tinha o apoio da nova classe de ricos e comerciantes sem títulos de nobreza que, desde a Revolução Francesa, abalara os alicerces do poder no país. A troca, intensamente comemorada pelos liberais brasileiros, produziu uma tragédia em São Paulo. Na noite de 20 de novembro, o jornalista italiano João Batista Líbero Badaró foi assassinado com um tiro no estômago na porta de casa. Badaró era redator do jornal *Observador Constitucional*, que sustentava a causa dos liberais e ajudara a organizar uma manifestação de júbilo pelos acontecimentos na França. Suas últimas palavras teriam sido: "Morre um liberal, mas não morre a liberdade". O crime incendiou os ânimos dos paulistas e colocou a outrora fiel província contra o imperador. Um jornal exaltado chegou a apontar dom Pedro I como mandante do assassinato.[16]

Assustado com o rumo dos acontecimentos, dom Pedro decidiu ir a Minas em companhia da imperatriz Amélia. Esperava que os mineiros o acolhessem com o mesmo entusiasmo da épica jornada que antecedera a Independência em 1822. Julgava que de lá voltaria regenerado e fortalecido, exatamente como acontecera às vésperas do Grito do Ipiranga. Dessa vez, porém, colheu um resultado oposto. Foi uma viagem lenta e melancólica. Saindo do Rio de Janeiro a 29 de dezembro, dom Pedro só entrou em Vila Rica (atual Ouro Preto), a capital da província, quase dois meses depois, a 22 de fevereiro. Encontrou um clima tão ruim entre a população que permaneceu na cidade só dois dias. Em Barbacena, a passagem da comitiva coincidiu com a celebração das exéquias de Líbero Badaró. Em vez de festejar a presença do soberano, os sinos das igrejas dobraram o toque de finados. Em outras localidades, as casas em que ficou hospedado foram apedrejadas depois de sua saída.

Ao voltar para o Rio, em 11 de março, quase três meses após a partida, foi recebido com frieza pelos brasileiros. Os portugueses, em contrapartida, decidiram homenageá-lo. A organização das manifestações coube a uma entidade chamada Colunas do Trono, defensora do absolutismo real, que pregava "o imperador sem trambolho", ou seja, sem o parlamento. Foi o estopim para um confronto que passaria para a história como "A Noite das Garrafadas" e teve como epicentro a rua da Quitanda, reduto do comércio lusitano.

Ao anoitecer do dia 11, um grupo de portugueses colocou luminárias em suas casas e acendeu fogueiras dando vivas ao imperador. Os brasileiros responderam no dia seguinte com manifestações capitaneadas pelo jornalista paraibano Antônio Borges da Fonseca, federalista e redator do jornal *O Repúblico*, que se opunha a dom Pedro. No domingo, dia 13, a situação ficou mais tensa quando o grupo de Borges da Fonseca apagou algumas fogueiras e quebrou a pedradas vidraças e luminárias das casas portuguesas. Os adeptos do imperador reagiram de forma violenta, atacando os brasileiros com pedras, cacos de vidro e fundos de garrafas quebradas. Várias pessoas ficaram feridas.[17]

Os tumultos continuaram durante três dias e contribuíram para esgarçar definitivamente as relações do imperador com a Assembleia Legislativa. No dia 17, uma representação assinada por 24 parlamentares liderados pelo senador paulista Nicolau Pereira de Campos Vergueiro foi entregue a dom Pedro. Exigia providências contra os portugueses que haviam atacado os brasileiros na Noite das Garrafadas. Caso contrário, dizia o texto, ficaria o povo brasileiro autorizado a "vingar ele mesmo por todos os meios a sua honra e brio maculados". Era, na prática, um ultimato. Mais do que isso, "um anúncio de revolução", como observou o historiador Tobias Monteiro.[18] Dom Pedro ignorou o documento. A revolução começou em seguida.

No dia 1º de abril, quando uma procissão passou em frente ao Paço Imperial, no centro da cidade, o imperador saiu na janela para saudar os fiéis. Em outras circunstâncias, era costume todos tirarem o chapéu em sinal de respeito ao monarca. Dessa vez, ninguém se descobriu. No dia 3 recomeçaram as desordens. Em pleno dia, bandos armados percorriam as ruas ameaçando as pessoas e quebrando vidraças. A rua Direita foi palco de tumultos e assassinatos.

No dia 5, dom Pedro destituiu mais uma vez o ministério, empossado apenas três semanas antes e constituído só de brasileiros. Em seu lugar nomeou uma equipe de governo sem autoridade ou apoio político. No dia 6, a multidão começou a aglomerar-se no campo de Santana, tradicional ponto de manifestações políticas. O objetivo era forçar o imperador a reintegrar o Ministério dissolvido no dia anterior. Ao tomar conhecimento da exigência, que lhe foi encaminhada por três juízes, dom Pedro se manteve inflexível. "Tudo farei para o povo, mas nada pelo povo", teria respondido. De volta à praça, os juízes foram recebidos pela multidão aos gritos de "Morte ao traidor" e "Às armas!".

Às onze e meia da noite, os militares começaram a abandonar os quartéis para se juntar ao povo no campo de Santana. Entre eles estavam os oficiais e soldados do Batalhão do Imperador, encarregado de proteger a Quinta da Boa Vista. Pouco depois das três horas da madrugada, abandonado e sem uma única sentinela para guarnecer as portas do palácio, dom Pedro entregou a carta de abdicação ao major Miguel de Frias e Vasconcelos, ajudante do general Francisco de Lima e Silva (pai do futuro duque de Caxias), que também havia aderido aos rebeldes. Pediu que o texto fosse lido para o povo e à tropa reunidos na praça: "Usando do direito que a Constituição me concede, declaro que hei mui voluntariamente abdicado na pessoa do meu muito amado e prezado filho o

Sr. Dom Pedro de Alcântara. Boa Vista, Sete de abril de 1831, décimo da Independência e do Império".[19]

Faltava pouco para o sol nascer quando o imperador deixou o palácio em roupas civis — fraque marrom e chapéu redondo. Na ausência da guarda de honra, dois diplomatas, representantes da Inglaterra e da França, o acompanharam até a fragata *Warspite*, onde permaneceu nos seis dias seguintes. Nesse período, recebeu os cumprimentos do corpo diplomático e a visita de antigos colaboradores e aproveitou para fazer um inventário dos bens que deixava no Brasil. Pelas suas contas, tinha acumulado um patrimônio estimado em mil contos de réis.[20] Era uma grande fortuna, mas de longe não a maior do Brasil. Os estudos feitos pelo historiador João Luís Ribeiro Fragoso com base nos inventários dos homens ricos do Rio de Janeiro na época revelam, por exemplo, que ao morrer, em 1808, o comerciante português Braz Carneiro Leão tinha uma fortuna de 1.500 contos de réis, ou seja, 50% maior do que a do futuro imperador.[21] Se acrescentada a inflação no período, a diferença seria ainda superior.

A lista de bens de dom Pedro incluía casas, terrenos, títulos de investimentos, diversos escravos, sessenta carruagens, diamantes e objetos de ouro e prata. Depois de inventariar seu patrimônio, pediu que lhe enviassem a bordo um pequeno enxoval para a viagem: dezoito lençóis, doze fronhas, doze toalhas e "dois urinóis imperiais".[22] Em 12 de abril, carregou a própria bagagem — na qual havia um faqueiro com garfos e talheres de prata e "alguns sacos cheios de ouro em pó" — ao mudar para a fragata *Volage*, maior e mais confortável, com a qual zarpou no dia seguinte.[23]

Enquanto o imperador partia para a Europa, a abdicação era comemorada pelos brasileiros com entusiasmo ainda maior do que a proclamação da Independência nove anos antes. O Sete de Abril virou nome de praças e logradouros públicos em todo o país — caso de São Paulo, que reverencia a data em uma de suas ruas mais famosas, situada no centro da cidade. Também daria popularidade aos acordes do Hino Nacional, que hoje ecoam pelos estádios de futebol do mundo inteiro a cada jogo da seleção brasileira. A música de Francisco Manuel da Silva fora composta originalmente em 1822, para execução em banda em comemoração à Independência do Brasil, mas nunca tivera grande repercussão popular nem fora adotada como hino oficial. Em 1831, ganhou novos versos e passou a se chamar Hino ao Sete de Abril, em celebração à queda de dom Pedro I. A letra, atribuída ao desembargador e poeta piauiense Ovídio Saraiva de Carvalho e Silva, dizia em seus versos finais:

Novas gerações sustentem
Da Pátria o vivo esplendor,
Seja sempre a nossa glória
O dia libertador

Nas décadas seguintes, o Hino ao Sete de Abril revelou-se de múltiplos usos. Em 1841 foi ligeiramente modificado para homenagear dom Pedro II, recém-coroado imperador. Finalmente, em 1890, um ano após a Proclamação da República, seria adotado como o Hino Nacional, com letra de Joaquim Osório Duque Estrada, escolhida em concurso público dezenove anos mais tarde.

QUANDO ERAM ADOLESCENTES NO RIO DE JANEIRO, os irmãos Pedro e Miguel tinham entre suas brincadeiras favoritas os jogos de guerra. O pintor francês Jean-Baptiste Debret conta que os príncipes "organizavam e comandavam exércitos formados pelos filhos dos escravos, de negrinhos e mestiços", que se enfrentavam na Quinta da Boa Vista, em São Cristóvão, onde moravam, ou na Real Fazenda de Santa Cruz, onde passavam as férias de verão. Numa dessas ocasiões, Debret testemunhou "um assalto vitorioso de moleques comandados por dom Pedro sobre a guarda real de São Cristóvão, obrigando os soldados a fugirem".[1] Em 1832, essa brincadeira inocente de criança se tornaria realidade. Nos dois anos seguintes, os dois irmãos protagonizariam a mais longa e cruenta guerra civil da história de Portugal. O confronto entre os liberais, sob o comando de dom Pedro, e os absolutistas, liderados por dom Miguel, deixou milhares de mortos nos mares, campos e cidades e abriu feridas que demorariam mais de um século para cicatrizar.

Diferentes em tudo, os irmãos nasceram com os sinais trocados em relação aos pais. Dom Pedro, o preferido de dom João, herdara a índole da mãe, Carlota Joaquina. Era ativo, irrequieto, aventureiro e namorador. Dom Miguel, protegido de Carlota, tinha o caráter do pai. Menos impulsivo do que o irmão, era apegado à etiqueta, à tradição e ao protocolo. Os traços físicos delicados alimentavam rumores de que tivesse inclinações homossexuais, suspeita que também acompanhara o pai no Brasil. O jornalista José Antônio Dias Lopes, grande especialista na história gastronômica portuguesa e brasileira, descobriu outra diferença, muito curiosa, entre os dois príncipes: dom Miguel, ao contrário de toda a descendência dos Bragança, não gostava de canja de galinha nem de franguinhos passados na manteiga, a iguaria favorita de dom Pedro e do pai, dom João.[2] Seu prato predileto era a carne de caça.[3]

Em uma família marcada pela intriga e pelas conspirações, até sua filiação era colocada em dúvida. Dom Miguel nasceu em 1802, quando o casamento dos pais já andava estremecido. Rumores, obviamente nunca comprovados, o apontavam como resultado de um romance entre Carlota Joaquina e dom Pedro José Joaquim Vito de Meneses Coutinho, sexto marquês de Marialva, de quem teria herdado os traços físicos e o gosto pela equitação. Laura Junot, a marquesa de Abrantes — mulher do general Jean-Andoche Junot, comandante das tropas francesas que invadiram Portugal em 1807 —, divulgou em suas memórias uma versão ainda mais apimentada. Segundo ela, dom Miguel seria filho de João dos Santos, caseiro da Quinta do Ramalhão, onde Carlota Joaquina costumava veranear. Uma quadrinha popular na época satirizava a suposta traição:

> *Dom Miguel não é filho*
> *D'El Rei Dom João*
> *É filho de João dos Santos*
> *Da quinta do Ramalhão*

Nem de Pedro
Nem de João
Mas do caseiro
Do Ramalhão [4]

Diferentes na aparência, no caráter e nos gostos pessoais, os irmãos haveriam de divergir profundamente também na política. Maçom, admirador de Napoleão Bonaparte e leitor dos iluministas franceses, dom Pedro foi um monarca liberal e modernizador das leis e dos costumes do seu tempo. Dom Miguel, ao contrário, era conservador, avesso ao regime constitucional e adepto do absolutismo real. Foram essas divergências que resultaram na guerra civil.

Desde a morte de dom João VI, em 1826, a crise política portuguesa tinha se agravado. Duas providências tomadas por dom Pedro ainda no Rio de Janeiro — a anistia aos presos políticos e a outorga de uma Constituição liberal — dividiram Portugal ao meio. "O país profundo, rural, tradicionalista, legitimista, clerical, fechado sobre si mesmo, revia-se em dom Miguel", anotou o historiador português Eugénio dos Santos. "Dom Pedro recolhia a simpatia de uma franja da população urbana, [...] de intelectuais e burgueses, muitos deles fugitivos do regime absoluto."[5]

Na cidade do Porto, tão logo soube das decisões de dom Pedro, o governador de armas, general João Carlos de Saldanha de Oliveira e Daun, neto do marquês de Pombal, aderiu aos liberais e enviou uma delegação a Lisboa para exigir o imediato juramento da nova Carta Constitucional. Os absolutistas reagiram com levantes militares em várias cidades. Ainda esperançoso de uma solução pacífica, dom Pedro nomeou o irmão regente de Portugal por decreto de 3 de julho de 1827, mas impôs duas condições: dom Miguel deveria jurar a nova Constituição e se casar com a sobrinha e legítima herdeira do trono, Maria da Glória, que se tornaria a rainha de fato quando atingisse a maioridade.

Aparentando aceitar as exigências do irmão, dom Miguel deixou o exílio em Viena e desembarcou em Lisboa no dia 22 de fevereiro de 1828. Foi recebido em triunfo pelos absolutistas. Na condição de regente, em março dissolveu as câmaras, demitiu o ministério, proibiu a execução do Hino Constitucional, afastou os governadores liberais e convocou as cortes para decidir quem assumiria o trono no lugar de dom João VI. Em julho de 1828, ele próprio foi declarado legítimo rei com mandato retroativo a 10 de março de 1826, data da morte do pai, o que tornava nulos todos os atos de dom Pedro e também ilegítima a pretensão de sua filha, Maria da Glória, ao trono português.

Entronizado com o nome de dom Miguel I, o novo rei tinha o apoio da grande nobreza, cujos interesses eram ameaçados pelos liberais, e da Igreja católica, que o via como a salvação contra as sementes anticlericais plantadas pela Revolução Francesa. Padres e bispos usavam os púlpitos das igrejas em todo o país para envenenar o povo contra a mudança dos tempos. No dia 15 de março de 1829, o Vaticano anunciou a excomunhão de todos os liberais portugueses. Em janeiro de 1834, já no fim da guerra, o próprio dom Pedro seria excomungado pelo papa Gregório XVI. "Sua Majestade foi destinado para expulsar deste Reino escolhido os Pedreiros, que são os mais astutos e fiéis discípulos que o demônio tem tido", discursou em 1832 o pregador régio do palácio da Bemposta, Francisco do Santíssimo Coração de Maria Cardoso e Castro Magalhães, referindo-se à campanha de dom Miguel contra a maçonaria, sustentáculo dos liberais.[6]

Nos meses seguintes à aclamação de dom Miguel, o clima de terror se instalou entre os portugueses. Em março de 1829, havia 23.190 pessoas nas prisões. Outras 40.790 tinham emigrado para a América ou países vizinhos. Forcas eram erguidas em várias cidades para executar os adversários políticos. Estima-se em 1.122 o total de opositores assassinados. O episódio de maior repercussão foi o enforcamento de dez liberais no dia 7 de maio de 1829 no Porto. Depois de executados em dois patíbulos erguidos na praça Nova, atual praça da Liberdade, os mortos tiveram a cabeça decepada e exposta por vários dias nas cidades do Porto, Feira, Aveiro e Coimbra. No mesmo processo, outras treze pessoas foram condenadas ao degredo na África e na Índia. Antes de partir, quatro delas receberam açoites em praça pública. O novo governo também confiscou 17.317 propriedades e mandou queimar 868 casas.[7] "O pior era o ódio, o ódio que se alastrava como uma nódoa corrosiva", registrou o coronel aposentado inglês Hugh Owen, morador da cidade do Porto e testemunha ocular da guerra civil.[8]

Incapazes de resistir à onda absolutista, o general Saldanha e os demais chefes liberais do Porto fugiram para a Inglaterra e a Espanha, de onde começariam a tramar a derrubada do novo rei. Ainda em julho de 1828, mês da ascensão de dom Miguel ao trono, uma revolta liberal irrompeu na ilha Terceira, nos Açores, que se converteria nos anos seguintes em santuário de resistência contra o absolutismo. Para lá se transferiram em março do ano seguinte os líderes refugiados na Inglaterra. Em 11 de agosto, uma frota miguelista ensaiou reconquistar a ilha. Ao tentar desembarcar na atual praia da Vitória, foi rechaçada pela tropa comandada pelo conde de Vila Flor, futuro duque da Terceira. Fortalecidos, os liberais começaram a ocupar as ilhas vizinhas até dominarem todo o arquipélago.

Os acontecimentos em Portugal reacenderam em dom Pedro I, já impopular e desprestigiado no Brasil, a conhecida atração pelos grandes desafios. Aos 23 anos, havia se tornado o herói do Novo Mundo ao proclamar a Independência brasileira. Agora, era sua terra natal, o velho torrão português, que o atraía e fascinava. A causa era nobre e oferecia oportunidades únicas de glória. "Dom Pedro sentia assim a irresistível sedução do papel que lhe destinava a História", escreveu o historiador Tobias Monteiro. "Ser o reformador das instituições políticas de Portugal e prolongar no Velho Mundo a obra de reconstrução liberal iniciada na América."[9] A guerra contra dom Miguel seria seu último ato como homem de duas pátrias, na definição de Octávio Tarquínio de Sousa: "A de adoção (o Brasil) desamparava-o, enquanto a de nascimento (Portugal) o atraía". Pela causa de sua filha, Maria da Glória, dom Pedro gastaria seus últimos três anos de vida.[10]

Em meados de 1828, ainda sem saber do golpe encetado pelo irmão em Lisboa, dom Pedro decidira enviar Maria da Glória para Viena, onde ficaria aos cuidados do avô, Francisco I, até a época do planejado casamento com o tio. A princesa zarpou do Rio de Janeiro sob a proteção do marquês de Barbacena, ainda um fiel aliado do imperador brasileiro. Ao chegar a Gibraltar, Barbacena tomou conhecimento das alarmantes notícias em Portugal e decidiu mudar os planos. Desconfiado de um apoio velado do governo austríaco a dom Miguel, levou Maria da Glória para a Inglaterra e, depois de seis meses de expectativa, devolveu-a ao pai no Rio de Janeiro.

Após abdicar ao trono brasileiro, em 1831, dom Pedro assumiu o título de duque de Bragança e desembarcou na Europa em busca de apoio diplomático e financeiro para a guerra contra o irmão. À primeira vista, o cenário lhe parecia favorável. Na França, o novo rei liberal, Luís Filipe, era seu primo. A Inglaterra também passara por mudanças. O conservador lorde Wellington, herói da vitória contra Napoleão Bonaparte em Waterloo, fora substituído na chefia do Ministério por lorde Grey, também simpático à causa liberal. Ao cair, Wellington estava inclinado a reconhecer dom Miguel como legítimo governante de Portugal. O novo gabinete decidiu adiar a decisão e dar alguma chance aos opositores comandados por dom Pedro. A simpatia política, no entanto, não se converteu de imediato em apoio militar e financeiro. O duque de Bragança foi homenageado e tratado com deferência tanto em Londres quanto em Paris, mas nenhum dos dois governos concordou em lhe dar o suporte necessário.

O fracasso das primeiras negociações obrigou dom Pedro a iniciar a campanha contra o irmão em condições precárias. Ao partir dos Açores, em 27 de junho de 1832, comandava um exército romântico, que tinha em suas fileiras dois futuros escritores e poetas famosos — Alexandre Herculano e Almeida Garrett —, mas cujas perspectivas de vitória pareciam remotas. A tropa era composta de 7.500 voluntários, muitos deles sem nenhum treinamento militar, enquanto o exército de dom Miguel somava uma força dez vezes maior, de 80 mil oficiais e soldados regulares. Por falta de dinheiro, o pagamento dos soldos estava três meses atrasado.

Sem alternativa, restou a dom Pedro gastar parte da fortuna que acumulara no Brasil. Ainda nos Açores, autorizou o saque de 12 mil libras esterlinas de sua conta no banco Rothschild para financiar as despesas do exército.[11] Também procurou seduzir os portugueses ricos oferecendo-lhes vantagens nos negócios públicos em caso de vitória. Um deles, Joaquim Pedro Quintela do Farrobo, o segundo barão de Quintela, aceitou ajudar os liberais em troca da promessa de que teria por doze anos o monopólio da distribuição do tabaco em Portugal. Pagou pelo contrato 1.200 contos anuais, enquanto em Lisboa havia ofertas de 1.400 contos anuais. O prejuízo de 6 milhões de cruzados à Fazenda pública foi o preço cobrado pela ajuda no momento de desespero.[12]

Ao anoitecer do dia 7 de julho de 1832, as sentinelas miguelistas postadas em Villar do Paraíso, aldeia de pescadores ao sul do rio Douro, flagraram na linha do horizonte as velas da esquadra liberal, que se aproximava da costa portuguesa. Por volta das nove da noite, tambores anunciaram a novidade a todos os moradores da cidade.[13] O desembarque começou no fim da manhã do dia seguinte. O local escolhido, Arnosa de Pampelido, é uma praia de areias grossas batida pelo vento situada na localidade de Mindelo, alguns quilômetros ao norte do Porto. Na época era também conhecida como praia dos Ladrões devido aos bandos de salteadores e contrabandistas que a frequentavam. Hoje rebatizada de praia da Memória, destaca-se na paisagem por um obelisco ao pé do qual uma placa pichada por vândalos anuncia: "Onde o velho Portugal acaba e o novo começa".[14]

Para os moradores do Porto, foram horas de tensão e medo. Todos acreditavam que a cidade — a segunda mais importante de Portugal, depois da capital, Lisboa — seria atacada pelos liberais e que o exército miguelista a defenderia até o último homem. Curiosamente, não foi o que aconteceu. Os miguelistas evacuaram o Porto sem trocar tiros com a minguada força liberal que se aproximava. Esse permanece até hoje como o maior mistério da guerra civil portuguesa. Os oficiais de dom Miguel não apenas deixaram de proteger a cidade, como ali abandonaram milhares de armas, balas e munições, inclusive cinquenta canhões. Nem sequer se preocuparam em manter dois pontos estratégicos vitais da região — a fortaleza da Foz, crucial no controle das entradas e saídas de navios na barra do Douro, e a importantíssima serra do Pilar, de onde se tem o domínio de ambas as margens do rio, incluindo a cidade do Porto e sua vizinha Vila Nova de Gaia.

Se os absolutistas tivessem mantido essas duas posições, a derrota de dom Pedro estaria selada logo de início. Ao desembarcar, o exército liberal estava exausto e faminto. A artilharia não passava de um obus e dois canhões, que, na ausência de animais de carga, eram puxados com muito sacrifício pelos soldados. Os historiadores levantam três possíveis explicações para o comportamento misterioso dos absolutistas. Numa primeira hipótese, teriam como objetivo isolar os liberais no Porto, transformando a cidade numa ratoeira, da qual só sairiam humilhados ou mortos. A segunda estaria relacionada a supostas e veladas simpatias do principal comandante miguelista, o visconde de Santa Marta, à causa de dom Pedro. A terceira explicação seria a incompetência pura e simples, da qual os oficiais de dom Miguel dariam renovadas provas ao longo da guerra.

Na falta de um cavalo de grande porte, dom Pedro entrou no Porto cavalgando um garrano, pequeno animal de carga e trabalho que um morador simpático à causa liberal providenciara no percurso entre a praia e a cidade. Era a sina irônica que o acompanhava nos momentos de glória: tinha sido num animal simplório como esse, uma "besta baia" na descrição do padre Belchior, que fizera o Grito do Ipiranga, dez anos antes. Seus soldados o acompanhavam levando, na ponta dos fuzis, cachos de hortênsia recolhidos à beira da estrada, cujas pétalas azuis e brancas reproduziam as cores símbolo da monarquia constitucional. As forcas da praça Nova foram desmontadas. Os presos, libertados. O carrasco João Branco, odiado pela crueldade com que executava os adversários, foi executado a tiros de espingarda. Os moradores, porém, reagiram com uma mistura de alívio e apreensão. A cidade famosa pelas lutas libertárias, da qual sete séculos antes o príncipe Afonso Henriques saíra para expulsar os mouros de Lisboa e consolidar o reino de Portugal, celebrava a chegada do exército liberal, mas sabia que o futuro era incerto e perigoso.

Os temores logo se confirmaram. O que parecia um passeio no começo rapidamente se transformou em pesadelo. As forças miguelistas abandonaram a cidade, mas não a guerra. Ao contrário, depois do primeiro recuo, fecharam um arco em torno do Porto, impedindo a entrada de pessoas, armas, munições e alimentos. Os liberais tinham, de fato, caído em uma ratoeira. Os meses seguintes foram de fome, doença, desespero e muito sacrifício. Nenhum socorro chegava de fora. Bacalhau, carne, azeite, cebola e outros ingredientes da tradicional culinária local desapareceram do mercado. Esfomeados, soldados e moradores caçavam cães, gatos, burros, cavalos e roedores em terrenos baldios e áreas alagadiças. A madeira das casas era usada para acender fogueiras com as quais se tentava amenizar o frio. Em março o pagamento do soldo da tropa já estava um ano atrasado. Uma epidemia de cólera-morbo dizimou milhares de pessoas.

Em meio à adversidade dom Pedro revelou-se o chefe militar dedicado e carismático que haveria de ficar para sempre na memória da cidade do Porto. Cabia ao "rei-soldado", como passou a ser chamado desde então, cuidar da defesa da cidade e também alimentar e zelar pela sobrevivência de cerca de 60 mil habitantes, prisioneiros do cerco junto com seu exército. Nos dias chuvosos do inverno, percorria a cidade a pé, com as botas cobertas de lama e usando um capote militar longo até os pés, que o protegia do frio. Incansável e hiperativo, envolvia-se em tudo. Descia às trincheiras, orientava os atiradores, supervisionava os armazéns, visitava os hospitais e feridos, participava das reuniões para a tomada de decisões estratégicas. Às vezes, expunha-se a riscos desnecessários. No local chamado Bateria Vitória, situado na parte alta da cidade, uma bala disparada da margem oposta do rio Douro matou um oficial que estava a seu lado. Outra ricocheteou na parede da igreja vizinha e passou de raspão na cabeça do imperador.[15]

Curiosamente, apesar da situação aflitiva, encontrava tempo para passear, divertir-se e, detalhe ainda mais surpreendente, namorar. Ao partir para a guerra, havia deixado a imperatriz

Amélia e as duas filhas — Maria da Glória e Maria Amélia — na França. Mais tarde, incomodadas com o tratamento pouco cortês recebido das autoridades francesas, as três se transferiram para a Inglaterra, de onde partiriam para Lisboa em setembro de 1833. Quando estava distante da mulher já havia dezenove longos meses, dom Pedro procurou consolo em braços plebeus. Ainda nos Açores, enquanto organizava a expedição, envolvera-se com uma freira, Ana Augusta Peregrino Faleiro Toste, de 23 anos, sineira do convento da Esperança na ilha Terceira. Com ela, a famosa "máquina triforme" do imperador entraria em ação mais uma vez: Ana Augusta deu à luz o último filho bastardo de dom Pedro, um menino que, batizado com o mesmo nome do futuro Pedro II do Brasil — Pedro de Alcântara —, morreu cedo e foi sepultado com honras pelos chefes liberais açorianos. Alguns historiadores dizem que dom Pedro teria tido ainda um derradeiro caso amoroso durante o Cerco do Porto, com uma comerciante de louças da rua da Assunção. O resultado nesse caso teria sido uma infecção venérea, com a qual o imperador conviveria até a morte em setembro de 1834.[16]

Iniciado em julho de 1832, o Cerco do Porto durou até meados do ano seguinte. Ao todo os miguelistas fizeram 29 ataques à cidade. Alguns foram repelidos de forma desesperada pelos liberais quando os adversários já ocupavam ruas e praças importantes. Segundo os cálculos do coronel Owen, o total de mortos entre os liberais foi de 2.792 soldados. Ou seja, de cada dois voluntários que haviam embarcado com dom Pedro nos Açores, um morreu. O exército miguelista, porém, teve baixas muito maiores, de 23.004 homens. As vítimas civis foram estimadas em cerca de 3 mil, das quais mil atingidas pelo fogo dos canhões e fuzis e 2 mil de doenças.[17]

Em meio à carnificina, houve também episódios pitorescos que hoje fazem parte do anedotário da história portuguesa.

Um deles foi o fiasco de uma arma que se esperava ser decisiva para a vitória dos miguelistas. Era um poderoso canhão-obus Paixhans doado a dom Miguel por João Paulo Cordeiro, que se enriquecera com o monopólio do comércio de tabaco com o Brasil. Batizado de "mata-malhados", em referência à alcunha pela qual os liberais eram conhecidos (malhados), o canhão foi levado em procissão de Lisboa para o Porto durante várias semanas. De tão pesado, eram necessárias treze juntas de boi para arrastá-lo pelas estradas e caminhos esburacados. Conta-se que por todas as cidades e vilas por que passava era exposto à visitação dos moradores e aspergido com água-benta pelos párocos e frades adeptos da causa absolutista.

Posicionado nas barrancas do rio Douro, com o cano apontado para o centro da cidade do Porto, logo no primeiro tiro, porém, o "mata-malhados" revelou-se uma decepção. O disparo era tão potente que estourava os tímpanos dos artilheiros. A violência do estampido deslocava a arma de sua posição, fazendo com que perdesse a mira. Calibrá-la novamente exigia enorme esforço, a tal ponto que os miguelistas desistiram de usar toda a sua capacidade de tiro e passaram a carregá-la com só meia carga de pólvora. Ao final de alguns dias, tornara-se tão inofensiva que virou motivo de piada entre os abnegados moradores do Porto.[18]

O cerco foi rompido graças a uma rápida sequência de acontecimentos que mudariam os rumos da guerra em menos de dois meses. Em Londres, o embaixador informal dos liberais, dom Pedro de Sousa Holstein, marquês de Palmela, conseguiu dos ingleses, depois de muita insistência, o apoio que dom Pedro buscava desde o começo da campanha. No dia 1º de junho de 1833, cinco navios de guerra a vapor britânicos, comandados pelo almirante Charles Napier, apareceram na foz do rio Douro trazendo peças de artilharia, 150 marinheiros e 322 soldados experientes e bem treinados. Três semanas depois, Napier enganou a vigilância do inimigo e, em um golpe de grande audácia, desembarcaram no Algarve, extremo sul do território português, 2.500 soldados sob o comando do duque da Terceira. Essa tropa avançou rapidamente pelo Alentejo em direção a Lisboa, enquanto no mar o genial Napier obtinha uma vitória memorável ao destruir a esquadra de dom Miguel perto do cabo de São Vicente. Em seguida, seus navios entraram pelo rio Tejo e bloquearam a capital que, sem resistência, foi ocupada no dia 24 de junho.

No dia 28, dom Pedro deixou o Porto em direção à capital, onde foi recebido em triunfo. A guerra em Portugal, no entanto, ainda estava longe de terminar. Dom Miguel refugiou-se em Santarém, tradicional reduto absolutista, e dali passou a comandar a resistência nas cidades do interior. A capitulação só veio em 26 de maio de 1834. Pelos termos do tratado de rendição, assinado na localidade de Évora Monte, dom Miguel pôde partir em segurança para o exílio, agora em caráter definitivo.

Mesmo depois da capitulação oficial, os absolutistas imporiam um derradeiro e sinistro sacrifício aos moradores da heroica cidade do Porto. Na noite de 16 de agosto de 1833, miguelistas que se retiravam da cidade resolveram incendiar os armazéns da Companhia de Vinha do Alto Douro, em Vila Nova de Gaia, onde estavam guardadas 17.374 pipas de vinho e 533 de aguardente. O objetivo era evitar que o estoque fosse vendido ou hipotecado aos ingleses para financiar a reconstrução nacional planejada pelos liberais. Ondas de fogo desceram em direção ao Douro como uma torrente de lava vulcânica. O rio tingiu-se de vermelho. O prejuízo, de 2.500 contos de réis, foi um duríssimo golpe nas já combalidas finanças nacionais.

Ao final da guerra, o coronel Owen fez uma lista de vinte fatores que teriam contribuído para o triunfo liberal contra todas as aparentes adversidades. A vitória no começo da campanha era tão improvável que Owen batizou a sua lista de vinte milagres. "Nunca houve uma causa perdida ao abismo das impossibilidades como a dos liberais", explicou. "Nunca nenhuma outra foi auxiliada por tantos acontecimentos imprevistos e improváveis." A lista incluía a mudança do cenário político na Europa, a incompetência dos ministros e oficiais de dom Miguel, "a energia inaudita e sem paralelo dos habitantes do Porto" e, por fim, a última e mais importante de todas as explicações: "A milagrosa conservação da existência de dom Pedro, que durou o tempo necessário para a execução de seus planos, sob padecimentos de uma moléstia mortal".[19]

O legado de dom Pedro na história portuguesa seria longo e profundo. Com pequenas alterações, a Constituição liberal outorgada em 1826 regeria os destinos do país até 1910, ano da Proclamação da República. As cores azul e branca, símbolos da monarquia liberal de sua filha, dona Maria II, se manteriam na bandeira até serem substituídas, no mesmo ano, pelas cores atuais, verde e vermelho, emblema dos republicanos. Sua obra modernizadora das leis e dos costumes aprofundou-se no fim da guerra contra o irmão. De um lado, agiu com rigor ao confiscar bens da Igreja católica, extinguir o dízimo que sobrecarregava algumas atividades econômicas para sustentar os conventos e, por fim, expulsar de Portugal ordens e autoridades eclesiásticas que haviam apoiado a causa absolutista. De outro, impediu a vingança dos liberais mais exaltados, que defendiam prisões e penas de morte para os derrotados. Em vez disso, concedeu anistia aos adversários e permitiu que o irmão partisse para o exílio, sem represálias. Era seu traço característico — impor-se primeiro e contemporizar depois. "Só vencia para perdoar", afirmou o historiador Alberto Pimentel.[20]

O povo português, no entanto, queria sangue. Ninguém se conformava com o tratamento generoso dispensado aos homens que tantos sofrimentos haviam imposto ao país. Certa noite, ao chegar ao teatro São Carlos, em Lisboa, dom Pedro foi cercado pela multidão enfurecida, que atirava lama e pedras em sua carruagem. Indiferente aos gritos e ofensas, subiu ao camarote acompanhado da mulher e das filhas. A plateia o recebeu com demorada vaia. Algumas pessoas jogaram moedas em sua direção, insinuando que teria vendido a própria honra ao contemporizar com os derrotados. Pálido, o imperador teve um acesso de tosse. O lenço branco ficou vermelho de sangue. Estava tuberculoso. Surpresa com a cena, a multidão fez silêncio. Dom Pedro guardou o lenço e, com a voz rouca, ordenou que o espetáculo seguisse. Era o prenúncio do fim. A glória alcançada nos campos de batalha cobraria dele um preço altíssimo, ainda maior do que já havia pago ao abdicar ao trono brasileiro em 1831: a própria vida.

ATÉ NA MORTE DOM PEDRO continuou dividido entre Brasil e Portugal. Em 1972, ano do Sesquicentenário da Independência, seus restos mortais foram trasladados da igreja de São Vicente de Fora, local do sepultamento em Lisboa, para o Mausoléu do Ipiranga, em São Paulo, onde hoje é reverenciado pelos brasileiros. Seu coração, no entanto, permanece guardado na igreja da Lapa, situada na heroica cidade do Porto e fundada no século XVIII por iniciativa de um músico e missionário paulista, o padre Ângelo de Sequeira.[1] Foi seu último desejo antes de morrer, em sinal de gratidão aos "tripeiros", como são carinhosamente conhecidos os moradores do Porto e em cuja companhia havia enfrentado os momentos mais incertos e difíceis de sua vida, na guerra contra o irmão dom Miguel.

Dom Pedro morreu nos braços da imperatriz Amélia às duas e meia da tarde de 24 de setembro de 1834, faltando duas semanas e meia para completar 36 anos. A autópsia, feita no dia seguinte, revelou um quadro devastador. A tuberculose tinha consumido todo o pulmão esquerdo, inundado por um líquido negro e sanguinolento. Apenas uma pequena porção da parte superior ainda funcionava. O coração e o fígado estavam hipertrofiados, ou seja, bem maiores do que o normal. Os rins, onde foi encontrado um cálculo, apresentavam cor esbranquiçada. O baço, amolecido, começava a se dissolver.[2]

Os transtornos físicos, que já eram antigos em dom Pedro, agravaram-se na guerra contra o irmão. Durante o Cerco do Porto começou a sentir cansaço, irregularidade na respiração, palpitações noturnas e sobressaltos ao acordar. Um edema nos pés indicava problemas circulatórios.[3] "Dom Pedro julgava ser um homem fisicamente robusto, forte, resistente", observou o historiador Eugénio dos Santos. "A verdade era, porém, outra. Alimentava-se mal, repousava pouco, gastava-se excessivamente."[4] Epiléptico desde a infância, sofria de deficiência renal e vomitava com frequência. Aventureiro e destemido, partira diversas costelas em quedas a cavalo. As doenças venéreas eram recorrentes, como ele próprio registrara nas famosas cartas à marquesa de Santos.

Diante de um quadro de saúde tão frágil, seus dias finais foram surpreendentes. Dom Pedro enfrentou a morte como viveu, mantendo um ritmo intenso de atividades. No seu último compromisso oficial, a 27 de julho, tinha ido ao Porto. Foi recebido com fogos, repicar de sinos, salvas de canhões e festejos na rua. Ali passou dez dias animados e felizes. Ao partir sabia que jamais voltaria: "Adeus, Porto, nunca mais te verei", teria dito. A saúde piorava rapidamente. Pálido, tinha a pele macilenta e precocemente envelhecida. A longa barba escondia o rosto magro, no qual se destacavam os olhos fundos, sem brilho e emoldurados por grossas olheiras.

Nas primeiras semanas de setembro, teve uma noite repleta de maus presságios. Sonhou que morreria no dia 21. Contou isso à imperatriz Amélia. Errou por apenas 72 horas.[5] Enquanto agonizava no palácio de Queluz, construído no século anterior pelo seu avô, dom Pedro III de Portugal — e no mesmo leito em que a mãe, Carlota Joaquina, o dera à luz —, promoveu sucessivas reuniões com deputados, ministros e auxiliares, nas quais tomou decisões, pediu providências, distribuiu conselhos e, por fim, prestou homenagens a todos aqueles que julgava merecedores de sua gratidão. A seu pedido, os deputados decretaram a maioridade da rainha dona Maria II, cujo primeiro ato oficial foi conceder ao pai a Grã-Cruz da Ordem Torre e Espada, a mais alta honraria portuguesa.

Ainda no leito de morte, aconselhou a filha que concedesse liberdade a todos os presos políticos, sem exceção. Pediu também que, no seu enterro, não houvesse exéquias reais, como mandava o protocolo. Queria ser enterrado em caixão de madeira simples, como um soldado, comandante do Exército português. Em seguida, mandou chamar um soldado do Batalhão de Caçadores 5, famoso pela resistência no Cerco do Porto, de que era coronel honorário. A escolha recaiu sobre o soldado número 82, Manuel Pereira, de 37 anos, nascido na ilha de São Jorge, nos Açores. Recostado nas almofadas da cama, dom Pedro lançou o braço direito sobre o pescoço do companheiro de trincheiras e lhe sussurrou: "Transmite aos teus camaradas este abraço em sinal da justa saudade que me acompanha neste momento, e do apreço em que sempre tive seus relevantes serviços". Com as pernas trêmulas, o soldado teve um choro convulsivo e foi consolado pelo imperador moribundo.[6]

Algumas semanas mais tarde, um menino de olhar tristonho e melancólico, o futuro imperador Pedro II do Brasil, recebeu duas cartas no Rio de Janeiro. Traziam notícias da morte do pai. A primeira, da madrasta Amélia, dava detalhes da autópsia e enviava, enfim, a mecha de cabelo que o pequeno príncipe havia pedido algum tempo antes a dom Pedro na tentativa de amenizar as saudades que o dilaceravam. A segunda carta era de José

Bonifácio, parceiro do pai na Independência brasileira: "Hoje […] eu vou dar os pêsames pela irreparável perda de seu augusto pai, o meu amigo. […] Dom Pedro não morreu, só morrem os homens vulgares, e não os heróis... sua alma imortal vive no céu para fazer a felicidade futura do Brasil...".[7]

Por um curioso fenômeno fotoquímico, o coração de dom Pedro se expande continuamente dentro da ânfora de cristal em que foi depositado após sua morte, em 1834. Hoje, está tão deformado que a Venerável Irmandade de Nossa Senhora da Lapa, responsável pela sua conservação, decidiu resguardá-lo da curiosidade pública mantendo-o lacrado na escuridão atrás de uma parede da igreja. A lápide de pedra que guarda a ânfora só é aberta em ocasiões muito especiais. Uma delas ocorreu em janeiro de 2015, para as filmagens do documentário *O sentido da vida*, produzido pelo cineasta Fernando Meirelles. Na presença de diversas autoridades, historiadores e jornalistas, a lápide foi retirada da parede da igreja da Lapa. Em seguida, o presidente da Câmara Municipal do Porto, Rui Moreira, apresentou as cinco chaves que, mantidas sob sua guarda, permitem a abertura da urna, de onde finalmente foi retirado por alguns minutos o coração do herói da Independência do Brasil.

Atualmente, dezessete logradouros públicos da cidade do Porto levam nomes associados aos acontecimentos e aos personagens da história do Cerco. A rua Nove de Julho recorda o dia da chegada do pequeno e precário exército liberal, vindo dos Açores, em 1832. Outra rua, a do Heroísmo, antiga rua do Prado, homenageia a desesperada resistência dos soldados em 29 de setembro de 1832. Nessa data, dia de São Miguel, santo protetor do rei dom Miguel I, as tropas miguelistas romperam as trincheiras cavadas pelos liberais, ocuparam bairros importantes e por pouco não selaram o destino de dom Pedro no Porto. Na vizinha Vila Nova de Gaia, famosa pelos depósitos do vinho do Porto, a rua General

Torres celebra a memória de José Antônio da Silva Torres, comandante das linhas de defesa da estratégica serra do Pilar.

As estátuas de dom Pedro IV sobre um cavalo ocupam também lugares de destaque nas duas maiores cidades portuguesas. No Porto, está situada na praça da Liberdade, a antiga praça Nova, onde foram enforcados e esquartejados os chefes liberais após a ascensão de dom Miguel ao trono. Em Lisboa, pode ser observada na praça do Rossio, na Cidade Baixa. Os dois monumentos geralmente produzem sensação de estranheza nos turistas brasileiros em Portugal, que não reconhecem nas feições do rei ali talhado em bronze o herói do Grito do Ipiranga.

Curiosamente, os portugueses de hoje tampouco sabem a respeito do jovial príncipe quase imberbe que fez a Independência brasileira. Com os cabelos encaracolados mais longos, a calva levemente pronunciada e o olhar austero, o dom Pedro IV de Portugal parece mais velho, mais sábio e mais sofrido do que o dom Pedro I do Brasil. É como se, depois de abdicar ao trono brasileiro, tivesse reencarnado em Portugal na pele de algum de seus ancestrais mais remotos. Em 1834, o coronel inglês Hugh Owen o descreveu da seguinte forma: "Longa e cerrada barba preta emoldurava o pálido, bexigoso e enérgico rosto do imperador; o olhar firme, penetrante e altivo encarava a pessoa a quem se dirigia e constrangia-a muitas vezes a baixar os olhos".[8]

Como um espírito luminoso de duas silhuetas, repartido na morte entre as duas pátrias em que nasceu, viveu, lutou e morreu, dom Pedro permanece hoje como um laço de aproximação entre brasileiros e portugueses.

Apesar das divergências do passado e das incertezas de um mundo em rápido processo de transformação no presente, Brasil e Portugal têm conseguido manter e reforçar com relativo sucesso seus vínculos ancestrais. Na primeira metade do século XX, portanto, já bem depois da Independência, mais de 1 milhão de portugueses imigraram para o Brasil. Seus descendentes diretos — filhos, netos e bisnetos — são estimados hoje em 25 milhões de pessoas.[9] É um grupo que inclui nomes famosos como as atrizes Marília Pêra e Fernanda Montenegro, o diretor Antunes Filho, o escritor Rubem Fonseca, as cantoras Fafá de Belém e Fernanda Abreu, o músico e escritor Tony Bellotto (neto de portugueses, apesar do sobrenome italiano), a apresentadora Ana Maria Braga, o médico Drauzio Varella, o jogador Zico e os empresários Abilio Diniz e Antônio Ermírio de Moraes.

A partir da década de 1990, a onda migratória se inverteu. Portugal foi invadido por dentistas, publicitários, enfermeiras, manicures e administradores de empresa brasileiros, entre outros profissionais, que atualmente formam a maior comunidade estrangeira em território português, estimada em 120 mil pessoas. Todos os anos, mais de 1 milhão de passageiros atravessam o Atlântico em viagens de turismo ou negócios entre os dois países. A produção cultural brasileira — em especial a música, o cinema, as novelas e minisséries de televisão — é admirada e avidamente consumida em Portugal. Na economia, ocorre o oposto. Há cerca de setecentas empresas portuguesas em território brasileiro, algumas das quais são líderes em setores estratégicos como transportes, comunicações, energia, produção de alimentos e comércio.

Esses números são uma prova de que, dois séculos depois, o sonho do Reino Unido alimentado por inúmeros brasileiros e portugueses até 1822 ainda se mantém vivo. É um reino menos formal do que o imaginado por dom João VI, dom Pedro I e José Bonifácio de Andrada e Silva, porém mais sólido e duradouro porque tem suas raízes plantadas na língua e na cultura que sempre funcionaram como a identidade entre esses dois povos.

Heloisa Murgel Starling é historiadora e cientista política. Professora titular livre da Universidade Federal de Minas Gerais, publicou, entre outros livros: *Brasil, uma biografia* (em coautoria com Lilia Schwarcz), *Ser republicano no Brasil Colônia: a história de uma tradição esquecida* e *Linguagem da destruição: a democracia brasileira em crise* (em coautoria com Miguel Lago e Newton Bignotto), além de ter organizado a coletânea *Hannah Arendt: ação e a busca da felicidade.*

"Democracia no Brasil! Neste vasto e grande Império é um absurdo", declarou, solenemente, o imperador Pedro I, na *Proclamação sobre os procedimentos de várias Câmaras*, em 19 de julho de 1823. A Independência era uma ótima ideia, a Constituição era ainda melhor, mas sem sustentar princípios democráticos: "O Brasil, mantendo uma monarquia constitucional, vai gozar dos bens da Liberdade, sem as comoções da Democracia e sem as violências da arbitrariedade",[2] confirmou o *Revérbero Constitucional Fluminense,* um dos principais jornais de polêmica e opinião surgidos à época.

Dom Pedro estava definindo democracia para noventa deputados que assumiam suas cadeiras eleitos por catorze províncias, como um estado de anarquia: a multidão é senhora de si para fazer o que quer ou o que bem entende e o povo está dissolvido na brutalidade do próprio desejo. É bem verdade que ele reconhecia a democracia como a figura extrema da afirmação da soberania popular. Sua aversão ao assunto vinha das consequências que extraía desse reconhecimento: o povo se entusiasma e, enquanto isso, a liberdade se autorrevoga e a tirania se instala. Por esse motivo, Pedro I já tinha anunciado, em maio de 1823, que o Brasil necessitava de uma Constituição, mas não precisava de democracia: "Uma Constituição que pondo barreiras inacessíveis ao Despotismo quer Real, quer Aristocrático, quer Democrático, afugente a anarquia e plante a árvore daquela liberdade, a cuja sombra deve crescer a União, Tranquilidade e Independência deste Império que será o assombro do mundo novo e velho",[3] discursou, no primeiro parlamento brasileiro.

A palavra *dēmokratia* combina dois substantivos. *Kratos* significa força, solidez, capacidade de se afirmar. Também serve para nomear o poder soberano, isto é, o poder atribuído a quem determina as escolhas públicas numa comunidade. *Demos* designa genericamente "povo", e o grande problema da democracia, em qualquer época ou lugar, é exatamente esse: saber quem é o povo e quem faz parte dele. Para que a democracia seja viável e se transforme em realidade, é preciso encadear dois princípios: a liberdade, que significa ausência de dominação; e a igualdade, que traduz a capacidade de considerar todos os brasileiros verdadeiramente iguais em direitos. Entre nós, o problema da democracia se complicou ainda mais quando se percebeu que as raízes democráticas foram fincadas em solo nacional ao mesmo tempo que tomava forma o projeto vitorioso da Independência, a matriz da configuração do Estado brasileiro — um projeto centralizador em excesso e fortemente conservador que manteve o escravismo, a monarquia e a dominação senhorial.

Na primeira metade do século XIX, e ao contrário do que defendia Pedro I, havia quem acreditasse nas ruas que as igualdades se atraem — como se uma puxasse a outra. A imprensa brasileira nasceu na década de 1820 comprometida com o processo de Independência e soprou vida na possibilidade de surgir no país uma sociabilidade política em larga escala. Só no Rio de Janeiro circulavam 52 jornais — saíam uma ou duas vezes por semana, repercutiam as polêmicas e o debate público, tomavam partido e procuravam, a todo custo, influir sobre a opinião de alguém. Alguns jornais eram decididamente democráticos: "Só a Santa Democracia poder-nos-á salvar", escrevia, categórico, o redator de um deles, *O Clarim da Liberdade*.[4]

Em torno da ideia de democracia, o ideal de liberdade se expandiu. A palavra era arregimentadora e suscitava grandes esperanças por aquilo que evocava: a igualdade entre diferentes. O jornal *Nova Luz Brasileira* se transformou em sua voz mais desabrida; circulou entre dezembro de 1829 e outubro de 1831. O redator, Ezequiel Correia dos Santos, foi um "liberal exaltado". Na linguagem da época, o termo "liberal" nomeava qualquer pessoa disposta a defender a liberdade, combater a tirania e se insurgir com a condição de opressão colonial. Designava o indivíduo ou os membros de um grupo "que tinham sempre o vocábulo liberdade em seus lábios, e que passavam a apelidar o grupo oposto com o termo pejorativo de servis".[5]

No Brasil, onde "deve ser tudo novo, livre e mais que tudo americano", escrevia Ezequiel, na primeira página de seu jornal, a República Democrática era um sistema político perfeitamente "compatível com o nosso estado atual de coisas".[6] E seguia em frente: democracia não podia ser apenas uma maneira de organizar o poder; defender o princípio igualitário é essencial na concepção de um sistema que se pretenda democrático. Aquilo que afeta a todos precisa ser aprovado por todos. Assim sustentou no jornal *Nova Luz Brasileira*, em 1830: "Mendigo também é cidadão que pede os desvelos e a compaixão da Sociedade. [...] Miserável também é cidadão e pede os cuidados da Sociedade. [...] Pobre é Cidadão como qualquer",[7] concluía.

A publicação *Nova Luz Brasileira* sabia bem onde estava se metendo, mas não deixou por menos. São as pessoas que dominam umas as outras, e a lógica dessa dominação está encravada em padrões altamente concentrados de propriedade e de poder político e social, explicou Ezequiel Correia dos Santos. Ele descobriu na democracia uma causa que infundia convicção. E, convenhamos, o jornalista era desabusado: "[...] Entre nós, não há mais do que povo e escravos; e quem não é Povo já se sabe que é cativo. [...] Quem diz povo por desprezo, é desprezível aristocrata [...] o governo deve emanar de todos, e pender de todos em massa; [...]". Afinal, arrematou, sarcástico, "Deus, quando fez Adão, não o fez conde, frade ou marquês".[8]

A democracia nunca chega de uma vez por todas — seu horizonte de expectativas se desloca constantemente até mesmo como reação ao que foi materializado num determinado momento da nossa vida pública. E é preciso considerar outro aspecto importante. A democracia está inscrita na história — não é um fato político consumado. Aliás, não existe democracia satisfeita consigo mesma; ela é um empreendimento contínuo. Isso quer dizer que está sempre em movimento, é capaz de se refugiar nas bordas de uma sociedade que resiste à inclusão democrática — política e socialmente. Quando não pode agir, a democracia inventa mudanças; em seus momentos de euforia, não se julga plena ou completa.

Como se vê, a democracia nunca está garantida — e o futuro também depende das perguntas que se pode fazer à história.

Os fundamentos constitutivos de nossa experiência democrática estão no passado; refletir sobre eles vai nos ajudar no entendimento de tudo aquilo que será perdido se a democracia vier a desaparecer pouco a pouco no Brasil pelo número crescente de seus opositores. Na verdade, esses fundamentos são o nosso legado democrático. Buscar suas raízes históricas, políticas e culturais para encontrar a rota para um futuro mais democrático no Brasil pode ser o caminho para criar instituições e práticas mais resilientes e eficazes. O legado da democracia, o que ela intuiu e o que realizou marcam a reflexão sobre uma agenda do presente. Sem esse legado, não há como reativar ou revigorar a crença na democracia. Tampouco haverá como reconstruí-la se ela necessitar recomeçar de novo entre nós.

Jean Marcel Carvalho França é professor titular de História do Brasil da Universidade Estadual Paulista Júlio de Mesquita Filho e autor, entre outros, de: *A construção do Brasil na literatura de viagem dos séculos XVI, XVII e XVIII, Piratas no Brasil* (com Sheila Hue) e *Franceses no Brasil: cartas e relatos, 1817-1828.*

Em 1820, o francês Jacques Arago, escrevendo a um amigo em Paris, quando de sua segunda passagem pelo Rio de Janeiro, relatou-lhe, não sem surpresa, que em curto espaço de tempo ocorrera no Brasil, ao menos na sua capital, uma mudança notável no espírito da população:

> Estou diante de um novo país, meu querido Battle: não mais o Brasil de 1817, é o Brasil de 1820 que agora encontro na América. Todos esses homens que andam nas ruas são brasileiros; todos esses lavradores que cultivam a terra e extraem as suas riquezas são brasileiros; todos aqueles soldados generosos que já lutam contra o cansaço, que não se furtam ao combate e que coram por

obedecer a um inglês, continuam sendo brasileiros. Pres-
sentem a sua independência ou não são mais os mesmos
homens![1]

Foram poucos, no entanto, os estrangeiros que testemunharam, registraram e publicaram suas impressões do que viria a seguir, isto é, do crescente burburinho que tomou conta
do país depois da partida de dom João VI e dos embates que levaram à Independência. Arago partiu em 1820; Ferdinand Denis, que publicou em 1822, com Hyppolite Taunay, uma longa
apresentação do Brasil aos franceses, deixou o país em 1819; os
austríacos Spix e Martius, em 1820; Tollenare, que testemunhou
a Revolução Pernambucana, retornou à França em 1818; e os militares Carl Seidler e Carl Schlichthorst desembarcaram depois
do ocorrido, em 1825; como Jean-Baptiste Douville (1827), Victor Jacquemont (1828) e Robert Walsh (1828). Nem mesmo John
Armitage, que escreveu longamente sobre os acontecimentos
relativos à Independência, os presenciou, pois chegou ao Brasil
somente em 1829.

Entre os poucos estrangeiros que testemunharam e re-
lataram os eventos de 1822,[2] o francês Jean-Baptiste Debret é,
por certo, o mais bem situado: encontrava-se no Brasil já havia
seis anos. Viera a convite de dom João VI e desfrutava de proximidade com a corte e com o príncipe regente. Pelo seu *Viagem
pitoresca e histórica ao Brasil*, sabe-se do grande descontenta-
mento de dom João VI em retornar a Portugal — onde seus piores
presságios se concretizaram, segundo Debret; do sentimento de
crescente hostilidade em relação às Cortes Gerais da Nação Portuguesa entre os brasileiros — que temiam ver o país desmem-
brado e recolonizado; da importância do famigerado "Fico"
para o desabrochar do sentimento patriótico e independentista;
e, sobretudo, do decisivo papel de dom Pedro, um príncipe jo-

vem e sem experiência que, rapidamente, se tornou "brasileiro" e conquistou o amor de seus súditos. "Tudo isso indicava nele o futuro protetor do Império do Brasil", escreveu Debret a certa altura de sua narrativa, depois de mencionar a frenética atividade administrativa desenvolvida pelo príncipe entre a partida de seu pai e a Declaração de Independência.[3]

Outro que perambulava pelo país desde 1816 e que também gozava de trânsito na corte era August de Saint-Hilaire. Em janeiro de 1822, entediado no Rio de Janeiro desde que retornara do Rio Grande do Sul, Saint-Hilaire resolveu empreender uma última viagem às províncias de São Paulo e Minas Gerais — estava em vias de retornar à França — e, atento à situação política que se vivia na corte e um pouco por todo o país, pôs-se, quando a situação era propícia, a especular pelo caminho, entre as gentes do interior, o que estavam achando dos recentes acontecimentos políticos (o "Fico", a querela com as cortes, a conduta do príncipe etc.) e da real possibilidade de o Brasil tornar-se independente. Sua investida inicial não deu muito resultado — ao perguntar a um fazendeiro das proximidades de Rio Preto se estava gostando do novo governo, do governo do príncipe, ouviu um lacônico "sim". Em Conceição de Ibitipoca encontrou a população um pouco sobressaltada com os acontecimentos recentes (o "Fico" e a revolta da tropa portuguesa) e desconfiada de que estivesse ali com o intuito de recrutar homens para a tropa brasileira. Em Barbacena, ouviu de um interlocutor que a vila já enviara um deputado ao Rio de Janeiro para demonstrar seu apoio ao príncipe e que, acreditava-se ali, esse era o sentimento de toda a província, apesar do mau comportamento de um grupo de habitantes de Vila Rica. Em São João del-Rei, escutou coisas parecidas e as mesmas censuras ao comportamento revoltoso da capital Vila Rica, oposto ao do restante da província que queria liderar — fiel ao príncipe e ao governo do Rio de Janeiro.

Já em São Paulo, nomeadamente no Vale do Paraíba, a colheita de Saint-Hilaire mostrou-se mais modesta, ao menos na ida. Segundo o francês, os habitantes das localidades por onde passou, a maioria muito pobre, pareciam alheios aos movimentos políticos da corte. A única coisa que lhes causava alguma preocupação era a possibilidade de o Brasil retornar ao estado de colônia, que julgavam danoso para seus interesses. Clima oposto vivia-se, então, na capital da província, onde Saint-Hilaire chegou a ouvir de um amigo influente que a capitania de São Paulo salvara o Brasil "pela energia de sua repulsa às medidas da corte de Lisboa e à fidelidade que deu provas para com o príncipe".[4]

Retornando ao Rio de Janeiro, o francês deparou-se com uma movimentação atípica ao longo da estrada e soube que a região, o mesmo Vale do Paraíba, preparava-se para a passagem do príncipe regente, que brevemente visitaria a capital da província de São Paulo, depois de sua bem-sucedida passagem por Minas Gerais. As notícias dos sucessos da visita aos mineiros, inclusive, corriam já pela região, de Taubaté à pequenina Bananal.

Pouco antes de Saint-Hilaire sair de viagem para o interior, em dezembro de 1821, a inglesa Maria Graham desembarcou no Rio de Janeiro. Graham passara por Recife e Salvador, onde pudera observar as crescentes tensão, desordem e carestia que tomavam conta das duas cidades em decorrência dos conflitos entre os partidos "brasileiro" e "português". Uma vez na capital, a inglesa, ainda recém-instalada, presenciou o "Fico" e as manifestações de patriotismo e de apoio ao príncipe que se seguiram. Presenciou também, com grande apreensão, a rebelião das tropas portuguesas e admirou-se da firmeza com que dom Pedro, com largo apoio de voluntários patriotas, contornou a situação.

Graham ainda teve tempo de ver a posse do ministério liderado por José Bonifácio, a quem teceu muitos elogios.[5] Todavia, em abril, ela partiu para o Chile. Quando retornou ao Rio de

Janeiro, em março de 1823, a Independência já tinha sido proclamada e dom Pedro, coroado. Depois de se inteirar sobre o que ocorrera em sua ausência, inclusive nas rebeldes províncias setentrionais, e de especular aqui e ali sobre o pé em que as coisas estavam, a inglesa concluiu:

> *Segundo todos os depoimentos, Suas Majestades parecem ser extremamente populares. A mocidade, a graça, a situação singular em que estão colocados, tudo interessa. É raro que um príncipe herdeiro ouse pôr-se à frente da causa da libertação ou Independência, e o fato de um filho da Casa de Bragança e uma filha da Casa da Áustria encaminharem para o caminho da Independência este grande Império, não pode senão excitar tanto o amor quanto a admiração de seus felizes súditos.*[6]

Os meses em que Maria Graham se ausentou no Chile, despendeu-os Johann Moritz Rugendas no Rio de Janeiro e nos seus arredores. Rugendas desembarcou em março de 1822, mas a missão científica de que tomaria parte saiu da corte somente em 1824. Hospedado na fazenda da Mandioca, em Magé, o alemão frequentemente viajava ao Rio de Janeiro, onde se inteirava dos acontecimentos da corte e, forçosamente, do andamento da tão falada "causa do Brasil". As notas que legou sobre o tema, concentradas em uma ou duas páginas de sua narrativa, não diferem muito do que se viu até aqui. Rugendas destaca a popularidade de dom João VI e o quão lastimada foi sua partida, critica a inabilidade das cortes de Lisboa, que julgaram possível submeter o Brasil a uma aviltante recolonização, e salienta o importante papel do príncipe, que soube se fazer querido e confiável aos olhos dos brasileiros e dar um bom andamento ao incontornável processo de separação de Portugal:

A marcha dos acontecimentos tornara o retrocesso im-
possível e o destino entregara a direção dos negócios pú-
blicos a um príncipe jovem, o qual, sem atentar para as
minúcias, soube apreciar num relance sua própria posi-
ção e colocar-se à frente dos sucessos. Sob a direção de
dom Pedro, este país continuou sua marcha pela nova
estrada e não seguiu a direção que a Metrópole tentou
dar-lhe [...].[7]

A conduta adequada do príncipe, a propósito, a since-
ridade e a energia que mostrou ao abraçar a causa do Brasil,
conquistando a opinião pública para si e para o processo de
emancipação do país, são alguns dos pontos presentes nas quatro narrativas. O outro, por vezes dito, por vezes insinuado, é o
crescente patriotismo da população e sua rápida adesão à ideia
de tornar-se independente de Portugal — a parte mais pobre do
Reino Unido, como propagandeavam os jornais brasileiros de
então —, e isso tanto nas capitais das províncias quanto nas vilas
e cidades do interior. Do ponto de vista, pois, dos quatro visitantes que testemunharam os eventos, a Independência não foi,
de modo algum, bovinamente assistida por um povo ignorante e
indiferente ao que se passava em Lisboa e no Rio de Janeiro, por
um povo alheio aos destinos do Brasil.

Jurandir Malerba é doutor em história (USP, 1997) e professor titular livre da UFRGS. Foi pesquisador visitante na Universidade de Oxford e professor convidado nas universidades Georgetown e Livre de Berlim, onde inaugurou a Cátedra Sérgio Buarque de Holanda de Estudos Brasileiros. Entre seus livros mais recentes, destacam-se *Brasil em Projetos* e *Almanaque do Brasil nos tempos da Independência*.

"Comemorar" é uma prática cultural ancestral e central para a produção de identidade e coesão social, para o bem e para o mal. Celebrar, "co-memorar", lembrar juntos, aglutina, congrega, mas também prescreve uma memória, uma lembrança, em detrimento de outras, que são apagadas. Estamos num quadrante particularmente pungente de comemorações no Brasil. Neste ano do bicentenário da Independência, saudamos esta nova edição comemorativa do lançamento de *1822*, de Laurentino Gomes. E temos que celebrar mesmo esse evento, pois que, com sua trilogia das datas fundacionais da nação, Laurentino sacudiu as bases empoeiradas da comunicação da história para grandes públicos — e isso é fato.

Laurentino Gomes trouxe a eficácia do texto jornalístico para o campo minado da historiografia. Sua escrita tornou-se referência de sucesso de comunicação — e esse talvez seja um elemento a mais de sua importância para a historiografia brasileira contemporânea, tão ciosa da necessidade de os/as profissionais treinados na academia romperem a torre de marfim, buscarem ocupar maior protagonismo neste momento sensível de nossa história, de proliferação de negacionismos e usos e abusos ideológicos perversos do passado.

Em *1822,* Gomes deixa fluir a narrativa de episódios imediatos à Independência numa sequência que flui como um romance de capa e espada, tramando ações e aventuras de personagens que se tornam protagonistas no enredo, aqueles e aquelas que irão compor o panteão dos heróis nacionais da pátria, via literatura e historiografia. Inaugurando a escrita popular de história como reportagem, o experiente jornalista usou de sua destreza narrativa para articular como a ação de homens e mulheres prodigiosos foi crucial para o curso dos acontecimentos que levaram à separação entre Brasil e Portugal. Em 1822 se interromperia formalmente uma das mais devastadoras empresas coloniais da era moderna, essa que a Coroa portuguesa construiu na exploração das riquezas naturais e do trabalho em seus domínios na América.

No processo de colonização dos três primeiros séculos se instituíram aqui práticas econômicas e formas de sociabilidade, como a concentração da terra nas mãos de uma aristocracia rural, a regulamentação da produção agrária em latifúndios e a exploração do trabalho por meio da escravização de povos inteiros. A terra foi tomada dos povos indígenas, a liberdade lhes foi impugnada e eles foram expulsos e destruídos num processo de longa duração que se estende até os dias de hoje. Essa terra expropriada de seus legítimos donos foi sistematicamente explorada ao ponto da destruição para a satisfação dos mercados europeus ávidos pelos produtos da agricultura tropical — e disso são exemplos os menos de 5% que restaram da Mata Atlântica e a destruição, corrente nesses nossos dias sombrios, de biomas essenciais para a vida no planeta, como a Amazônia, o Cerrado e o Pantanal. Sendo os povos originários insuficientes para as dimensões do empreendimento colonial, foram os portugueses buscar na África os 5 milhões de sujeitos, homens e mulheres, abastecidos pelo rentabilíssimo tráfico intercontinental de escravos, que só seria suprimido no país em 1850.

Assim se deram a fundação e perpetuação do agronegócio no Brasil já no século XVI: a produção de *commodities*, de gêneros tropicais que demandavam os países de economia central, inicialmente na cultura de açúcar — que gerou a açucarocracia do complexo de fazendas e engenhos nordestinos —, e depois de outros itens, como o tabaco, o anil, o café e demais espécies nativas ou aclimatadas ao longo de séculos. Isso nos chega até hoje com uma força constrangedora. Sucessivas gerações das elites dominantes e dirigentes do país, antes e depois da Independência, reverberaram e continuam a ecoar o mantra da agricultura como "vocação natural do Brasil", o Brasil como "celeiro do mundo". Essa ideologia vem de longe e chega aos dias de hoje. Todo um arcabouço baseado no domínio da terra, no latifúndio, no trabalho coercitivo e na monocultura se ergueu em torno do agro. Tendo o agro forte, não precisamos de inteligência, de pesquisa, de indústria, de formação de cientistas e técnicos para a área de produção de bens com valor agregado — essa é a "moral" do mito de nossa "vocação agrária".

A aristocracia rural formada no Brasil ao longo dos três primeiros séculos, composta de portugueses a serviço da administração colonial que enriqueceram e perceberam interesses próprios, tomou consciência de si como classe social nas insurreições ao final do século XVIII (como a Inconfidência Mineira). Essa elite da terra, muito ciosa das fontes de sua riqueza e seu prestígio, foi a fiadora do processo de Independência em 1822 — e depois da construção de um Estado monárquico garantidor de seus interesses supremos: a terra e o trabalho escravo. Nos momentos de alta temperatura deflagrados pela Revolução do Porto (1820), percebendo o risco de perder seus privilégios, essa classe nativa senhorial e escravista juntou-se a segmentos da nobreza migrada para o Brasil em 1808 e cooptou o príncipe regente dom Pedro para a "causa brasileira". *1822*, de Laurentino Gomes, nos apresenta um pouco da trama desses personagens — o "homem sábio", a "princesa triste", o príncipe dom Pedro e o "escocês louco por dinheiro" — no fogo dos acontecimentos que culminaram na ruptura política.

Esse talvez seja um dos principais legados das efemérides que atravessamos: a oportunidade de pensarmos como chegamos ao lugar histórico onde nos encontramos e como se fabricaram mitos dessa saga ao longo dos tempos. Isso porque a história oficial que se começou a contar nos anos seguintes a 1822 foi uma grande fábrica de mitos: de que a ruptura com Portugal foi pacífica, de que o brasileiro é um povo ordeiro e acomodado, de que o agronegócio gera riqueza para todos os brasileiros, de que os "brasileiros" são uma entidade única, com os mesmos interesses e projetos. Ora, o desenho de Estado-nação instituído no pós-Independência não podia ter sido mais excludente. Aquele foi um projeto de e para homens, machos, brancos e proprietários. Seu ordenamento jurídico simplesmente excluiu ou enquadrou violentamente enormes contingentes da população: primeiro, as mulheres; segundo, os não brancos — povos indígenas, africanos e afrodescendentes, basicamente o imenso contingente da população que é pobre ou miserável no Brasil hoje. Mas as elites nacionais continuam, em seu projeto de perpetuação de privilégios para si e exclusão do povo do gozo da cidadania, a criar e reproduzir mitos. As efemérides são uma oportunidade única para conhecermos melhor nossa história de outros pontos de vista que os das elites. Tempo propício para derrubar mitos.

INTRODUÇÃO

1   Angela Alonso, *Joaquim Nabuco*, p. 68.

2   Maria Odila Leite da Silva Dias, *A interiorização da metrópole e outros estudos*, p. 136.

3   Octávio Tarquínio de Sousa, *A vida de d. Pedro I*, vol. 1, p. 227.

4   Suely Robles Reis de Queiroz, *Política e cultura no Império brasileiro*, p. 15.

CAPÍTULO 1 — O GRITO

1   Octávio Tarquínio de Sousa, *História dos fundadores do Império do Brasil: a vida de D. Pedro I*, vol. 2, p. 36.

2   Ibidem, p. 39.

3   A descrição do dia 7 de setembro de 1822 tem como fontes principais Afonso A. de Freitas, "São Paulo no dia 7 de setembro de 1822", *Revista do Instituto Histórico e Geográfico de São Paulo* (IHGSP), vol. 22, pp. 3 ss.; Octávio Tarquínio de Sousa, op. cit., pp. 25-42; e Eduardo Canabrava Barreiros, *O itinerário da Independência*, pp. 119-57.

4   Octávio Tarquínio de Sousa, op. cit., p. 26.

5   Não há documentos ou fontes testemunhais da escala de dom Pedro em Cubatão. Maria do Couto e seu milagroso chá de folhas de goiabeira são parte da história oral da cidade.

6   Daniel P. Kidder, *Sketches of Residence and Travels in Brazil, Embracing Historical and Geographical Notices of the Empire and Its Several Provinces*, vol. 1, pp. 212-3.

7   Caderno especial do jornal *A Tribuna de Santos* comemorativo do Sesquicentenário da Independência, edição de 7 de setembro de 1972.

8   A distância e o tempo necessários para percorrer cada trecho dos setenta quilômetros entre o litoral e a cidade de São Paulo em 1822 são do caderno especial do Sesquicentenário da Independência de *A Tribuna de Santos*.

9   Os detalhes sobre a topografia e as distâncias até o riacho Ipiranga são de Eduardo Canabrava Barreiros, op. cit., pp. 148-9.

10   A referência aos cupinzeiros é de Daniel P. Kidder, op. cit., p. 214. O número de casas e moradores é de Afonso A. de Freitas, op. cit., pp. 3 ss.

11   Os números são da Companhia Ambiental do Estado de São Paulo (Cetesb).

12   Therezinha de Castro, *José Bonifácio e a unidade nacional*, p. 102.

13   Tobias Monteiro, *História do Império: a elaboração da Independência*, vol. 2, p. 520.

14   Tobias Monteiro afirma que seriam três as cartas de Leopoldina. As duas primeiras foram reveladas pelo próprio Monteiro (op. cit., pp. 529-30). A terceira, mais famosa (a que faria referência ao "pomo maduro"), é conhecida apenas por menção feita a ela por Luís Saldanha da Gama, membro da comitiva do príncipe no Ipiranga. O documento original, no entanto, nunca foi encontrado.

15   Para os diferentes depoimentos sobre o que ocorreu na colina do Ipiranga, ver Octávio Tarquínio de Sousa, op. cit., pp. 36 ss.; idem, *História dos fundadores do Império do Brasil: fatos e personagens em torno de um regime*, p. 67; e Alberto Sousa, *Os Andradas*. Segundo Tarquínio, o relato do padre Belchior, embora bastante detalhado, deve ser visto com cautela. Político em Minas Gerais, o padre tentaria reescrever a história para valorizar o próprio papel desempenhado nela.

16   No grupo estavam os padres Manuel Joaquim do Amaral Gurgel, hoje nome de uma rua na Boca do Lixo paulistana, José Antonio dos Reis e Vicente Pires da Mota e mais três amigos, José Inocêncio Alves Alvim, José Antonio Pimenta Bueno e Antonio Mariano de Azevedo Marques, professor de matemática e fundador, no ano seguinte, da imprensa paulista ao lançar o jornal manuscrito *O Paulista*. Afonso A. de Freitas inclui no grupo João Olinto de Carvalho e Silva, homem rico, cavaleiro da Ordem de Cristo, solteiro, de 36 anos, omitido por Tarquínio, Mello Moraes e outros historiadores.

17   Dois anos depois, com a queda de José Bonifácio e a revanche de seus inimigos em São Paulo, o padre Ildefonso refugiou-se em Curitiba, onde permaneceu escondido até que a confusão passasse. Ver Afonso A. de Freitas, op. cit.

CAPÍTULO 2 — O VENDAVAL

1   A relação dos reis e nobres franceses sepultados em Saint-Denis está em: http://www.monuments-nationaux.fr/fichier/m_media/20/media_fichier_fr_Plan.Basilique.Gisants.PDF.1.pdf.

2 Robert Tombs, "Politics", em T. C. W. Blanning, *The Nineteenth Century*, p. 13.

3 T. C. W. Blanning, *The Nineteenth Century: Europe (1789-1914)*, p. 6.

4 Mais informações sobre o poder econômico da Inglaterra na Revolução Industrial e sua influência no Brasil no capítulo 17 do livro *1808*.

5 Na falta de estatísticas sobre a educação no Brasil nessa época, a taxa de analfabetismo só pode ser estimada por referências indiretas. No primeiro censo populacional realizado em São Paulo no governo de dom João VI, em 1818, só 2,5% dos homens adultos da cidade sabiam ler e escrever. Esse percentual, extrapolado para o restante da população, composta em sua maioria de escravos, mulatos e negros forros, indica uma taxa de analfabetismo total próxima de 99%. Meio século mais tarde, em 1872, ano do primeiro censo populacional geral do Brasil, num total de 10 milhões de habitantes havia apenas 150 mil alunos na escola de ensino fundamental.

6 Francisco A. Pereira da Costa, *Cronologia histórica do estado do Piauí*, p. 145.

7 Para mais informações sobre a indústria naval e a criação da Marinha de guerra americana, ver Ian W. Toll. *Six Frigates: The Epic History of the Founding of the U. S. Navy*; Edgar Stanton Maclay, *A History of the United States Navy from 1775 to 1902*; e Alfred T. Mahan, *The Influence of Sea Power upon History*.

8 *Jefferson's Letters on Brazilian Independence*, em http://international.loc.gov/intldl/brhtml/br-1/br-1-4-8.html.

9 Sierra y Mariscal é geralmente identificado como sendo espanhol, mas Octávio Tarquínio de Sousa, em *História dos fundadores do Império do Brasil: fatos e personagens em torno de um regime*, p. 112, afirma que, apesar do sobrenome, ele era português. Numa carta a Francisco Gomes da Silva, o Chalaça, se refere a dom Pedro I como "meu soberano o sr. D. Pedro IV". Na Independência, Mariscal apoiou as tropas portuguesas do general Madeira na Bahia e com ele voltou para Portugal na madrugada de 2 de julho de 1823, quando as forças brasileiras ocuparam Salvador.

10 Octávio Tarquínio de Sousa, op. cit., pp. 23-39 e 102.

CAPÍTULO 3 — UM PAÍS IMPROVÁVEL

1 Luís Henrique Dias Tavares, *Independência do Brasil na Bahia*, p. 35.

2 Brian Vale, *Independence or Death: British Sailors and Brazilian Independence, 1822-1825*, p. viii.

3 O atual Banco do Brasil foi recriado no Segundo Império, por inspiração do barão de Mauá.

4 Em 1822, a menor unidade monetária brasileira era o real, ou réis no plural. Uma libra esterlina valia cerca de 5 mil-réis. Um milhão de réis era chamado de "um conto de réis" e equivalia a cerca de duzentas libras esterlinas. Uma libra esterlina em 1822 valeria hoje cerca de cem libras. Portanto, para uma atualização aproxi-

mada do valor monetário (sem levar em conta o poder de compra e outras varian-
tes econômicas) basta dividir o valor em réis pela sua paridade em libras esterlinas
em 1822 e multiplicar por cem. O resultado será o valor em libras de hoje, que, por
sua vez, terá de ser multiplicado por 4,9 para obter o resultado em reais de 2015.
Para mais informações sobre a paridade monetária na época, ver Brian Vale, op.
cit., p. 199, e Robert Twigger, *Inflation: the Value of the Pound 1750-1998*.

5   Os números são de Brian Vale, op. cit., p. 15.

6   John Armitage, *História do Brasil: desde o período da chegada da família de Bragança, em 1808, até a abdicação de dom Pedro i, em 1831, compilada à vista dos
documentos públicos e outras fontes originais formando uma continuação da
História do Brasil, de Southey*, pp. 59-60.

7   Carta de 24 de junho de 1821, em *Manuscritos de D. Pedro i*, Acervo do Museu
Imperial de Petrópolis.

8   John Armitage, op. cit., p. 60.

9   Manuel de Oliveira Lima, *O Império brasileiro (1821-1889)*, p. 134.

10   Neill W. Macaulay Jr., *Dom Pedro: the Struggle for Liberty in Brazil and Portugal, 1798-1834*, pp. 92-3.

11   Evaldo Cabral de Mello, *Frei Joaquim do Amor Divino Caneca*, p. 20.

12   Neill W. Macaulay Jr., op. cit., p. 90.

13   Tobias Monteiro, *História do Império: a elaboração da Independência*, vol. 1,
pp. 360-1.

14   James Henderson, *A History of Brazil Comprising Its Geography, Commerce,
Colonization, Aboriginal Inhabitants*, p. 63.

15   Octávio Tarquínio de Sousa, *História dos fundadores do Império do Brasil:
a vida de D. Pedro i*, vol. 1, p. 224.

16   Luiz Antonio Vieira da Silva, *História da Independência da Província do Maranhão*, p. 42, citado em Octávio Tarquínio de Sousa, *História dos fundadores do
Império do Brasil: fatos e personagens em torno de um regime*, p. 50.

17   Marco Morel, na introdução de Luís Henrique Dias Tavares, *Independência do
Brasil na Bahia*.

18   As demais colônias portuguesas na África e na Ásia tinham direito a dezesseis
deputados nas cortes de Lisboa, totalizando 181 cadeiras.

19   Adriana Lopez e Carlos Guilherme Mota, *História do Brasil: uma interpretação*,
p. 329.

20   Frei Caneca, artigo de 10 de junho de 1824.

21   José António de Miranda, *Memória constitucional e política sobre o estado presente de Portugal e do Brasil*, citado em Maria Odila Leite da Silva Dias, *A interiorização da metrópole e outros estudos*, p. 135.

22   Maria de Lourdes Viana Lyra, *A utopia do poderoso Império*, pp. 205-7.

CAPÍTULO 4 — OS BRASIS DE DOM JOÃO

1 Este capítulo oferece, para os leitores que não tiveram a oportunidade de ler o livro *1808*, um resumo das transformações ocorridas no Brasil entre 1808, ano da chegada da família real ao Rio de Janeiro, e 1821, data da volta de dom João VI a Lisboa.

2 Raymundo Faoro, *Os donos do poder: formação do patronato político brasileiro*, p. 329.

3 Carl Seidler, *Dez anos no Brasil*, p. 101.

4 Carlos H. Oberacker Jr., *A imperatriz Leopoldina: sua vida e sua época*, pp. 159-62.

5 Auguste de Saint-Hilaire, *Viagem pela comarca de Curitiba*, p. 18.

6 Ibidem, p. 154.

7 Carl Seidler, op. cit., p. 102.

8 Auguste de Saint-Hilaire, op. cit., p. 20.

9 Ibidem, p. 120.

10 Raymundo Faoro, op. cit., p. 291.

11 O primeiro senso populacional de abrangência nacional só ocorreu no Brasil em 1872, meio século depois da Independência. Por isso, os números referentes a 1822 são baseados em diferentes estimativas de viajantes, demógrafos e outros estudiosos. Para uma comparação dos números, ver "História demográfica do Brasil", em http://historia_demografica.tripod.com/bhds/bhd16.htm.

12 José Murilo de Carvalho, *D. Pedro II*, p. 12.

13 Brian Vale, *Independence or Death: British Sailors and Brazilian Independence, 1822-1825*, p. 3.

14 Hernâni Donato, *Brasil, 5 séculos*, p. 223.

15 Isabel Lustosa, *Insultos impressos: a guerra dos jornalistas na Independência (1821-1823)*, pp. 105-6.

16 Ibidem, p. 16.

17 Ibidem, p. 43.

18 Luís Norton, *A corte de Portugal no Brasil*, p. 145.

19 Para a história da Missão Artística Francesa no Brasil, ver Lilia Moritz Schwarcz, *O sol do Brasil: Nicolas-Antoine Taunay e as desventuras dos artistas franceses na corte de D. João*; Pedro Corrêa do Lago, *Taunay e o Brasil: obra completa, 1816-1821*; e Julio Bandeira e Pedro Corrêa do Lago, *Debret e o Brasil: obra completa, 1816-1831*.

20 Luiz Lamego, *D. Pedro I, herói e enfermo*, p. 87.

CAPÍTULO 5 — AS CORTES

1 István Jancsó e André Roberto de A. Machado, "Tempos de reforma, tempos de revolução", em Angel Bojadsen, *D. Leopoldina, cartas de uma imperatriz*, p. 35.

2   *Diário das Cortes*, vol. IV, p. 3.475, em Luís Henrique Dias Tavares, *Independência do Brasil na Bahia*, p. 29.

3   Maria de Lourdes Viana Lyra, *A utopia do poderoso Império*, p. 208.

4   *Diário das Cortes*, vol. VI, pp. 210-3, em Luís Henrique Dias Tavares, op. cit., p. 67.

5   A definição é do historiador paraense João de Palma Muniz, *Adesão do Grão-Pará à Independência e outros ensaios*, p. 25.

6   Para um estudo mais aprofundado sobre o papel desempenhado por Patroni e os primeiros jornais do Pará na Independência, ver Geraldo Mártires Coelho, *Anarquistas, demagogos & dissidentes: a imprensa liberal no Pará de 1822*.

7   Os números são de Geraldo Mártires Coelho, op. cit., p. 179.

8   João de Palma Muniz, op. cit., pp. 34-8.

9   Octávio Tarquínio de Sousa, *História dos fundadores do Império do Brasil: a vida de D. Pedro I*, p. 173.

10 Idem, *História dos fundadores do Império do Brasil: fatos e personagens em torno de um regime*, p. 97.

11 Ibidem, p. 48.

12 O autor agradece a professora Renata Cristina de Sousa Nascimento, especialista em história portuguesa da Universidade Federal de Goiás, em Jataí, pelas contribuições sobre o papel das cortes e do número de vezes em que foram convocadas em diferentes períodos.

13 Manuel Fernandes Tomás, *A Revolução de 1820* (prefácio de José Tengarrinha).

14 Raymundo Faoro, *Os donos do poder: formação do patronato político brasileiro*, p. 310.

15 José Bonifácio de Andrada e Silva, *Obras científicas, políticas e sociais*, vol. 2, pp. 9, 95-102.

16 Geraldo Mártires Coelho, op. cit., p. 106.

17 Octávio Tarquínio de Sousa, *História dos fundadores do Império do Brasil: fatos e personagens em torno de um regime*, op. cit., p. 56.

18 Carta de dom Pedro a dom João VI de 17 de julho de 1821, Acervo do Museu Imperial de Petrópolis.

19 Luís Henrique Dias Tavares, op. cit., p. 66.

20 Francisco Alambert, *Dom Pedro I: o imperador cordial* , p. 13.

21 José d'Arriaga, *História da Revolução Portuguesa de 1820*, p. 32.

22 Iza Salles, *O coração do rei*, p. 80.

23 Hernâni Donato, *Brasil, 5 séculos*, p. 233.

24 Octávio Tarquínio de Sousa, *História dos fundadores do Império do Brasil: a vida de D. Pedro I*, op. cit., vol. 1, p. 266.

25 Tobias Monteiro, *História do Império: a elaboração da Independência*, vol. 1, p. 409.

26 Ibidem, pp. 411-6.

27 Octávio Tarquínio de Sousa, *História dos fundadores do Império do Brasil: a vida de D. Pedro I*, op. cit., vol. 1, p. 284.

28 Gloria Kaiser, *Dona Leopoldina: uma Habsburgo no trono brasileiro*, p. 133; Neill W. Macaulay Jr., *Dom Pedro I: the Struggle for Liberty in Brazil and Portugal, 1798-1834*, p. 115.

29 Carta de dom Pedro a José Bonifácio de 3 de fevereiro de 1822, Acervo do Museu Imperial de Petrópolis.

30 Luiz Lamego, *D. Pedro I, herói e enfermo*, p. 83.

31 Manuel de Oliveira Lima, *O Império brasileiro (1821-1889)*, p. 57.

32 Maria de Lourdes Viana Lyra, op. cit., p. 209.

33 Fugiram para a Inglaterra os paulistas Antônio Carlos de Andrada e Silva, Antônio Manuel da Silva Bueno, Diogo Antônio Feijó e José Ricardo da Costa Aguiar; e os baianos Francisco Agostinho Gomes, Cipriano José Barata e José Lino Coutinho.

34 Tobias Monteiro, op. cit., vol. 2, p. 496.

35 José d'Arriaga, op. cit., p. 51.

CAPÍTULO 6 — DE MINAS AO IPIRANGA

1 Citado em Octávio Tarquínio de Sousa, *História dos fundadores do Império do Brasil: a vida de D. Pedro I*, vol. 1, p. 308.

2 Tobias Monteiro, *História do Império: a elaboração da Independência*, vol. 2, p. 454.

3 Os acompanhantes de dom Pedro, já citados no capítulo 1, eram Francisco Gomes da Silva, o Chalaça; o alferes Francisco de Castro Canto e Melo; os criados particulares João Carlota e João Carvalho; e Luís Saldanha da Gama, futuro marquês de Taubaté.

4 Octávio Tarquínio de Sousa, op. cit., vol. 2, p. 28.

5 Ibidem, vol. 2, p. 32.

6 Idem, *História dos fundadores do Império do Brasil: fatos e personagens em torno de um regime*, p. 64.

7 Palestra proferida nas comemorações do primeiro centenário da Independência, em 1922, organizadas pelo Instituto Histórico e Geográfico de São Paulo (IHGSP), do qual Afonso A. de Freitas era presidente.

8 Afonso A. de Freitas, "São Paulo no dia 7 de setembro de 1822". *Revista do Instituto Histórico e Geográfico de São Paulo* (IHGSP), vol. 22.

9   Octávio Tarquínio de Sousa, *História dos fundadores do Império do Brasil: fatos e personagens em torno de um regime*, op. cit., p. 65.

10   Alberto Rangel, *Dom Pedro e a marquesa de Santos*, p. 34, citado em Sérgio Corrêa da Costa e Samuel Putnam, *Every Inch a King: a Biography of Dom Pedro I, First Emperor of Brazil*, p. 66.

11   Alberto Sousa, *Os Andradas*.

12   Octávio Tarquínio de Sousa, *Fatos e personagens em torno de um regime*, op. cit., pp. 146-7.

13   Cecília Helena de Salles Oliveira e Claudia Valladão de Mattos, *O brado do Ipiranga*, p. 20.

14   Veja comparação dos dois quadros entre as ilustrações deste livro.

15   Embora reconheça a semelhança entre os dois quadros, Claudia Valladão de Mattos defende Pedro Américo da acusação de plágio. Segundo ela, os dois pintores usaram nos seus respectivos quadros modelos iconográficos aceitáveis e muito estudados nas academias de belas-artes da época.

CAPÍTULO 7 — DOM PEDRO

1   Para a história da recusa às Coroas da Grécia e da Espanha, ver Sérgio Corrêa da Costa, *As quatro coroas de D. Pedro I*, pp. 163 e 185.

2   Eugénio dos Santos, *D. Pedro IV*, p. 55.

3   Luiz Lamego, *D. Pedro I, herói e enfermo*, p. 107.

4   Citado em Alberto Rangel, *Cartas de D. PEDRO I à marquesa de Santos*, p. 15.

5   Carlos H. Oberacker Jr., *A imperatriz Leopoldina: sua vida e sua época*, p. 340.

6   Tobias Monteiro, *História do Império: a elaboração da Independência*, vol. 1, p. 359.

7   Neill W. Macaulay Jr., *Dom Pedro: the Struggle for Liberty in Brazil and Portugal, 1798-1834*, p. 175.

8   Pedro Calmon, *Vida de D. Pedro I, o rei cavaleiro*, p. 139.

9   Octávio Tarquínio de Sousa, *História dos fundadores do Império do Brasil: a vida de D. Pedro I*, vol. 1, p. 120

10   Ibidem, vol. 2, p. 173.

11   Paulo Setúbal, *As maluquices do imperador: 1808-1834*, pp. 90-2.

12   Isabel Lustosa, *D. Pedro I*, p. 66.

13   "Sob sigilo, Dom Pedro I e suas duas mulheres são exumados pela primeira vez", jornal *O Estado de S. Paulo*, 18 de fevereiro de 2013.

14   Carlos H. Oberacker Jr., op. cit., pp. 37-8.

15   Ibidem, p. 128.

16   Isabel Lustosa, op. cit., p. 72.

17   Ibidem, pp. 72-3.

18   Iza Salles, *O coração do rei*, p. 29.

19   Octávio Tarquínio de Sousa, op. cit., vol. 1, p. 35.

20   Luiz Lamego, op. cit., p. 61.

21   Luís Norton, *A corte de Portugal no Brasil*, pp. 297-8.

22   Octávio Tarquínio de Sousa, op. cit., vol. 1, p. 123.

23   Ibidem, p. 124.

24   Para mais informações sobre a educação de dom Pedro, ver Eugénio dos Santos, op. cit., pp. 21-57.

25   John Armitage, *História do Brasil: desde o período da chegada da família de Bragança, em 1808, até a abdicação de dom Pedro i, em 1831, compilada à vista dos documentos públicos e outras fontes originais formando uma continuação da História do Brasil, de Southey*, p. 65.

26   Octávio Tarquínio de Sousa, op. cit., vol. 1, p. 262.

27   Ibidem, vol. 2, p. 20.

28   Carta de dom Pedro a dom João vi de 22 de setembro de 1822, em Maria de Lourdes Parreiras Horta, *Pedro i: um brasileiro*, Acervo do Museu Imperial de Petrópolis.

29   Octávio Tarquínio de Sousa, op. cit., vol. 1, p. 242.

30   Tobias Monteiro, op. cit., p. 97.

31   Sérgio Corrêa da Costa e Samuel Putnam, *Every Inch a King: a Biography of Dom Pedro i, First Emperor of Brazil*, p. 52.

32   Octávio Tarquínio de Sousa, *História dos fundadores do Império do Brasil: fatos e personagens em torno de um regime*, p. 263.

33   Idem, *História dos fundadores do Império do Brasil: a vida de D. Pedro i*, op. cit., vol. 2, p. 167.

34   A certidão de batismo do filho de dom Pedro com madame Saisset está reproduzida em Maria de Lourdes Parreiras Horta, *Pedro i: um brasileiro*, op. cit.

35   Octávio Tarquínio de Sousa, *História dos fundadores do Império do Brasil: a vida de D. Pedro i*, op. cit., vol. 1, p. 86.

36   Eugénio dos Santos, op. cit., pp. 71-3.

CAPÍTULO 8 — A PRINCESA TRISTE

1   Luís Norton, *A corte de Portugal no Brasil*, p. 107.

2   Luiz Lamego, *D. Pedro i, herói e enfermo*, p. 117.

3   Octávio Tarquínio de Sousa, *História dos fundadores do Império do Brasil: fatos e personagens em torno de um regime*, p. 159

4 Angel Bojadsen, *D. Leopoldina, cartas de uma imperatriz*, p. 247.

5 Ibidem, p. 449

6 Bettina Khan, "A Áustria e a corte de Viena", em Angel Bojadsen, op. cit., p. 66.

7 Luís Norton, op. cit., p. 108.

8 Jurandir Malerba, *A corte no exílio: civilização e poder no Brasil às vésperas da Independência (1808 a 1821)*, pp. 55-6.

9 Bettina Khan, op. cit., p. 61.

10 Carlos H. Oberacker Jr., *A imperatriz Leopoldina*, p. 86; Bettina Khan, op. cit., p. 73.

11 Patrick Wilcken, *Império à deriva: a corte portuguesa no Rio de Janeiro, 1808--1821*, p. 226.

12 Luís Norton, op. cit., p. 83.

13 Angel Bojadsen, op. cit., p. 183.

14 Ibidem, pp. 316-7.

15 Ibidem, p. 314.

16 Ibidem, p. 313.

17 Carlos H. Oberacker Jr., op. cit., pp. 121-2.

18 Angel Bojadsen, op. cit., p. 327.

19 Ibidem, p. 317

20 Pedro Corrêa do Lago, *Documentos & autógrafos brasileiros na coleção Pedro Corrêa do Lago*, p. 52.

21 Angel Bojadsen, op. cit., p. 326.

22 Octávio Tarquínio de Sousa, *História dos fundadores do Império do Brasil: a vida de Dom Pedro I*, vol. 1, pp. 113-5.

23 Ibidem, p. 105.

24 Maria Rita Kehl, "Leopoldina, ensaio para um perfil", em Angel Bojadsen, op. cit., pp. 115-42.

25 Ibidem, p. 379.

26 Carta de Leopoldina a dom Pedro em 22 de agosto de 1822, Acervo do Museu Imperial de Petrópolis.

27 Maria Rita Kehl, op. cit., p. 141.

28 Carlos H. Oberacker Jr., op. cit., p. 190.

29 Angel Bojadsen, op. cit., p. 371.

30 Juvêncio Saldanha Lemos, *Os mercenários do imperador*, pp. 39-41.

31 Angel Bojadsen, op. cit., p. 389.

32 Ibidem, p. 438.

33 Ibidem, p. 141.

34 "Sob sigilo, Dom Pedro ɪ e suas duas mulheres são exumados pela primeira vez", jornal *O Estado de S. Paulo*, 18 de fevereiro de 2013.

35 Angel Bojadsen, op. cit., pp. 451-2.

CAPÍTULO 9 — O HOMEM SÁBIO

1 Octávio Tarquínio de Sousa, *História dos fundadores do Império do Brasil: José Bonifácio*, p. 93.

2 Jorge Caldeira, *José Bonifácio de Andrada e Silva*, p. 31.

3 Raymundo Faoro, *Os donos do poder: formação do patronato político brasileiro*, p. 314.

4 São os seguintes os minerais descritos por Bonifácio: petalita, espodumênio, criolita, escapolita, wernerita, aconticone, salita, cocolita, ictioftalmita, indicolita, afrizita e alocroíta.

5 Jornal *A Tribuna*, de Santos, caderno Ciência & Tecnologia, edição de 11 de agosto de 2008.

6 Octávio Tarquínio de Sousa, op. cit., p. 127.

7 Maria Graham, *Diário de uma viagem ao Brasil*, p. 360.

8 Octávio Tarquínio de Sousa, op. cit., pp. 94-5.

9 Idem, *História dos fundadores do Império do Brasil: a vida de Dom Pedro ɪ*, vol. 2, p. 15.

10 Francisco de Assis Barbosa, "José Bonifácio e seu papel na Independência", em José Bonifácio de Andrada e Silva, *Obras científicas, políticas e sociais*, vol. 3, pp. 13-4.

11 Octávio Tarquínio de Sousa, *História dos fundadores do Império do Brasil: fatos e personagens em torno de um regime*, p. 45.

12 Jorge Caldeira, op. cit., pp. 11-2.

13 Octávio Tarquínio de Sousa, *Fatos e personagens em torno de um regime*, op. cit., p. 46.

14 Eugenio Egas, "A passagem do 7 de setembro de 1922 em São Paulo", *Revista do Instituto Histórico e Geográfico de São Paulo*, vol. 22.

15 Paul Johnson, *A History of the American People*, p. 144.

16 Para uma comparação mais detalhada entre as opiniões de Bonifácio e Jefferson a respeito da escravidão, ver Jorge Caldeira, op. cit., pp. 33-5.

17 Carlos Guilherme Mota, *José Bonifácio: patriarca da Independência — criador da sociedade civil nos trópicos*, p. 48.

18 Oficialmente, José Bonifácio teve quatro filhas, sendo duas com a mulher, Narcisa Emilia O'Leary, e mais duas com amantes diferentes. Uma das filhas ilegítimas, Narcisa Cândida, nascida em Portugal, voltou com ele para Santos em

1819. Havia suspeitas de que Bonifácio a tivesse sequestrado da mãe (sua ex--amante), antes de embarcar para o Brasil.

19 Carlos Guilherme Mota, op. cit., pp. 16-7.

20 José Honório Rodrigues, "O pensamento político e social de José Bonifácio", em José Bonifácio de Andrada e Silva, *Obras científicas, políticas e sociais*, vol. 2, p. 8.

21 Octávio Tarquínio de Sousa, *Fatos e personagens em torno de um regime*, op. cit., p. 115.

22 José Bonifácio de Andrada e Silva, *Obras científicas, políticas e sociais*, vol. 2, pp. 93-102.

23 Laurent Vidal, *De Nova Lisboa a Brasília: a invenção de uma capital*, pp. 51-80.

24 Octávio Tarquínio de Sousa, *Fatos e personagens em torno de um regime*, op. cit., p. 90.

25 Junta Provisória da Província de São Paulo, Carta a Dom Pedro hipotecando fidelidade e protestando contra seu regresso a Portugal, 24 de dezembro de 1821, Acervo do Museu Imperial de Petrópolis.

26 Octávio Tarquínio de Sousa, *José Bonifácio*, op. cit., p. 173

27 Octávio Tarquínio de Sousa, *A vida de Dom Pedro I*, op. cit., vol. 1, p. 293

28 Maria Graham, op. cit., pp. 361-2.

29 José Honório Rodrigues, op. cit., p. 11.

CAPÍTULO 10 — A GUERRA

1 Tobias Monteiro, *História do Império: o Primeiro Reinado*, p. 49.

2 Braz Hermenegildo do Amaral, *História da Independência na Bahia*, pp. 159-60.

3 Isabel Lustosa, *Insultos impressos*, p. 56.

4 Ibidem, p. 55.

5 Pelos cálculos de Braz H. do Amaral, op. cit., pp. 449-50, as forças brasileiras responsáveis pela tomada de Salvador no dia 2 de julho de 1823 eram compostas de 9.515 soldados do Exército regular sob o comando do coronel José Joaquim de Lima e Silva, 3.250 praças encarregados de proteger o interior da baía de Todos os Santos, 710 marujos da flotilha estacionada no Recôncavo e 2 mil oficiais e marinheiros da esquadra comandada por lorde Cochrane

6 Brian Vale, *Independence or Death: British Sailors and Brazilian Independence, 1822-1825*, p. 27.

7 Octávio Tarquínio de Sousa, *História dos fundadores do Império do Brasil: a vida de Dom Pedro I*, vol. 2, p. 23.

8 Octávio Tarquínio de Sousa, *A vida de Dom Pedro I*, op. cit., vol. 2, pp. 48-9.

9 Edgar Stanton Maclay, *A History of the United States Navy from 1775 to 1902*, pp. 12-4.

10 Brian Vale, op. cit., pp. 13-4.

11 Ibidem, p. 16.

12 Auguste de Saint-Hilaire, *Viagem pela comarca de Curitiba*, pp. 70-1.

13 Juvêncio Saldanha Lemos, *Os mercenários do imperador*, pp. 111-54

14 Brian Vale, op. cit., pp. 27-30.

15 Juvêncio Saldanha Lemos, op. cit., p. 44.

16 Octávio Tarquínio de Sousa, *História dos fundadores do Império do Brasil: fatos e personagens em torno de um regime*, pp. 137-8.

CAPÍTULO 11 — LOUCO POR DINHEIRO

1 Em março de 2011, alguns meses após a publicação da primeira edição deste livro, encontrei-me com o senador José Sarney, em Brasília, durante uma solenidade no plenário do Senado Federal, que ele presidia na época. Até então eu não tivera a oportunidade de confirmar diretamente com ele essa história, que eu ouvira de uma fonte de confiança. "O senhor pisou mesmo na lápide de lorde Cochrane, senador?", perguntei-lhe, temendo, obviamente, que a resposta fosse negativa, uma vez que o livro já estava em circulação. "Pisei e pisaria de novo!", respondeu-me Sarney. "O relato que você escreveu está correto."

2 *Jornal do Brasil*, 11 de junho de 2006. No artigo, talvez por ainda temer algum desconforto diplomático com o governo britânico, que o acolhera em Londres como hóspede oficial, Sarney conta que apenas passou ao lado da tumba, enquanto murmurava: "Corsário!". Na conversa com o autor relatada acima, no entanto, ele confirmou ter pisado sobre a lápide em sinal de desprezo.

3 Astolfo Serra, *Guia histórico e sentimental de São Luís do Maranhão*, p. 53.

4 Brian Vale, prefácio de Admiral Lord Cochrane, *Memoirs of Fighting Captain*, p. xi.

5 Ibidem, p. xviii.

6 Idem, *The Audacious Admiral Cochrane*, p. 19.

7 Robert Harvey, *Cochrane, the Life and Exploits of a Fighting Captain*, p. 226-31.

8 Admiral Lord Cochrane, op. cit., p. 264.

9 Brian Vale, *The Audacious Admiral Cochrane*, p. 98.

10 Brian Vale, *Independence or Death: British Sailors and Brazilian Independence, 1822-1825*, p. 27.

11 José Bonifácio de Andrada e Silva, *Obras científicas, políticas e sociais de José Bonifácio de Andrada e Silva*, vol. 2, p. 375.

12 Brian Vale, *Independence or Death*, op. cit., p. 18.

13 Admiral Lord Cochrane, op. cit., p. 269.

14 Caso de Robert Harvey, op. cit., pp. 258-77.

15 Brian Vale, *The Audacious Admiral Cochrane*, p. 131.

16 Para o valor das recompensas de Cochrane, ver Admiral Lord Cochrane, op. cit., pp. xviii e 265.

17 Ibidem, pp. 271-2.

18 Ibidem, p. 274.

19 Relatório de Cochrane a José Bonifácio, em Admiral Lord Cochrane, op. cit., pp. 277-8.

20 Brian Vale, *Independence or Death*, op. cit., p. 64.

21 Admiral Lord Cochrane, op. cit., p. 294.

22 John Armitage, *História do Brasil: desde o período da chegada da família de Bragança, em 1808, até a abdicação de dom Pedro i, em 1831, compilada à vista dos documentos públicos e outras fontes originais formando uma continuação da História do Brasil, de Southey*, pp. 99-100.

23 Brian Vale, *The Audacious Admiral Cochrane*, p. 163.

CAPÍTULO 12 — A BATALHA DO JENIPAPO

1 O historiador cearense Luiz Antonio Vieira da Silva avaliou em duzentos o número de brasileiros mortos no combate, enquanto o relatório do capitão Luiz Rodrigues Chaves ao governo do Ceará calculou em quatrocentos o total de vítimas dos dois lados, conforme Francisco A. Pereira da Costa, *Cronologia Histórica do Estado do Piauí*, pp. 174-6. O número exato de brasileiros presos foi de 542, segundo o major João José da Cunha Fidié, *Vária fortuna de um soldado português*, p. 143.

2 A definição é do historiador Antonio Fonseca dos Santos Neto, professor da Universidade Federal do Piauí, a quem o autor agradece a preciosa visita guiada que fez ao local da Batalha do Jenipapo em meados de 2009.

3 Abdias Neves, *A guerra do Fidié*, pp. 42-6.

4 O governo do Piauí foi transferido de Oeiras para a atual capital, Teresina, em 1852.

5 Abdias Neves, op. cit., pp. 33-6.

6 Francisco A. Pereira da Costa, op. cit., p. 154.

7 Abdias Neves, op. cit., p. 145.

8 Ibidem, p. 114.

CAPÍTULO 13 — A BAHIA

1 Tobias Monteiro, *História do Império: a elaboração da Independência*, vol. 2, p. 590.

2 Daniel P. Kidder, *Sketches of Residence and Travels in Brazil, Embracing Historical and Geographical Notices of the Empire and Its Several Provinces*, vol. 2, p. 19.

3   Antônio de Menezes Vasconcelos de Drummond, amigo de José Bonifácio e cita-
    do por Braz H. do Amaral em *História da Independência na Bahia*, p. 243, diz que
    Madeira de Melo "não tinha instrução alguma, salvo a prática do ofício".

4   Braz H. do Amaral, *História da Independência na Bahia*, p. 242.

5   Luís Henrique Dias Tavares, *A Independência do Brasil na Bahia*, pp. 26-7.

6   Ibidem, p. 30.

7   Ibidem, p. 170.

8   Mary del Priore, *Condessa de Barral: a paixão do imperador*, pp. 95-6.

9   *Livro de Actas de Vereações do Senador da Câmara da Villa de Santo Amaro e
    Purificação*, vol. 5, 1821-1822, Arquivo do Instituto Geográfico e Histórico da
    Bahia.

10 Braz H. do Amaral, op. cit., pp. 173-7.

11 Luís Henrique Dias Tavares, op. cit., p. 207.

12 Brian Vale, *Independence or Death: British Sailors and Brazilian Independence,
    1822-1825*, p. 11.

13 Luís Henrique Dias Tavares, op. cit., p. 158.

14 Ibidem, p. 182.

15 Hendrik Kraay, "Independência é liberdade", *Revista de História* da Biblioteca
    Nacional, edição 48, pp. 22-4, set. 2009.

16 O autor agradece ao jornalista pernambucano Fred Navarro as contribuições
    sobre o nome Labatut no folclore nordestino.

17 Os preços em Salvador são de Luís Henrique Dias Tavares, op. cit., p. 210. A
    comparação com os valores no Rio de Janeiro é do relatório da viagem da famí-
    lia imperial a Paquetá, Acervo do Museu Imperial de Petrópolis.

18 Luís Henrique Dias Tavares, op. cit., p. 121.

19 Ibidem, p. 224.

20 Maria Graham, *Diário de uma viagem ao Brasil*, pp. 349-50.

21 O número consta do relatório enviado pelo general Labatut ao imperador Pe-
    dro I, citado em Luís Henrique Dias Tavares, op. cit., p. 181.

22 O cálculo é de Braz H. do Amaral, op. cit., p. 447.

23 Citado em Luís Henrique Dias Tavares, op. cit., p. 219.

CAPÍTULO 14 — O TRONO E A CONSTITUINTE

1   A descrição da cerimônia é baseada em Octávio Tarquínio de Sousa, *A vida de
    Dom Pedro I*, vol. 2, pp. 60-6.

2   Lilia Moritz Schwarcz, *A longa viagem da biblioteca dos reis: do terremoto de
    Lisboa à Independência do Brasil*, p. 388.

3   Ibidem, p. 390.

4 Brian Vale, *Independence or Death: British Sailors and Brazilian Independence, 1822-1825*, p. 160.

5 Octávio Tarquínio de Sousa, *História dos fundadores do Império do Brasil: a vida de Dom Pedro i*, vol. 1, p. 178.

6 Para a simbologia dos nomes e dos adereços, ver Lúcia Maria Bastos Pereira das Neves, *Corcundas e constitucionais: a cultura política da Independência (1820- -1822)*.

7 Octávio Tarquínio de Sousa, op. cit., vol. 2, p. 54.

8 Raymundo Faoro, *Os donos do poder: formação do patronato político brasileiro*, p. 326.

9 As informações sobre a eleição dos deputados, o protocolo e as discussões das primeiras das reuniões da Constituinte são de Neill W. Macaulay Jr., *Dom Pedro: the Struggle for Liberty in Brazil and Portugal, 1798-1834*, pp. 145-6.

10 Manuel de Oliveira Lima, *O Império brasileiro (1821-1889)*, p. 57.

11 Maria de Lourdes Viana Lyra, *O Império em construção: Primeiro Reinado e Regências*, p. 31.

12 John Armitage, *História do Brasil: desde o período da chegada da família de Bragança, em 1808, até a abdicação de dom Pedro i, em 1831, compilada à vista dos documentos públicos e outras fontes originais formando uma continuação da História do Brasil, de Southey*, p. 107.

13 Octávio Tarquínio de Sousa, op. cit., p. 95.

14 John Armitage, op. cit., pp. 92-3.

15 Octávio Tarquínio de Sousa, *História dos fundadores do Império: três golpes de Estado*, p. 56.

16 "Representação à Assembleia Geral Constituinte e Legislativa do Império do Brasil sobre a Escravatura", em José Bonifácio de Andrada e Silva, *Obras científicas, políticas e sociais*, vol. 2, pp. 117-58.

17 Francisco de Assis Barbosa, "José Bonifácio e seu papel na Independência", em José Bonifácio de Andrada e Silva, *Obras científicas, políticas e sociais*, vol. 3, p. 22.

18 Octávio Tarquínio de Sousa, *História dos fundadores do Império: três golpes de estado*, op. cit., pp. 92-3.

19 Neill W. Macaulay Jr., *Dom Pedro: the Struggle for Liberty in Brazil and Portugal, 1798-1834*, p. 162.

20 Se o indivíduo fosse casado ou oficial militar, poderia votar aos 21 anos.

21 Manuel de Oliveira Lima, em *O império brasileiro*, p. 65, cita treze dissoluções, mas inclui a de 1823, quando ainda não havia o Poder Moderador, previsto na Constituição de 1824.

22 Gordon S. Wood, *The Purpose of the Past: Reflections on the Uses of History*, p. 180. O recipiente em que é guardada a Constituição norte-americana em

Washington contém outros dois documentos: a Declaração de Independência redigida por Thomas Jefferson e a Carta dos Direitos (*Bill of Rights*), que assegurou as liberdades individuais nos Estados Unidos.

CAPÍTULO 15 — A CONFEDERAÇÃO

1   Barbosa Lima Sobrinho, *Documentos do Arquivo Público Estadual e da Biblioteca Pública do Estado sobre a Comarca do São Francisco*, p. IV.

2   Evaldo Cabral de Mello, *A outra Independência: o federalismo pernambucano de 1817 a 1824*, p. 30.

3   Para um estudo mais detalhado do federalismo pernambucano, ver Evaldo Cabral de Mello, op. cit.

4   Idem, *Frei Joaquim do Amor Divino Caneca*, p. 345.

5   Ibidem, pp. 11-6.

6   "O caçador atirando à Arara Pernambucana", em ibidem, p. 142.

7   Idem, *A outra Independência*, p. 152.

8   Idem, *Frei Joaquim do Amor Divino Caneca*, p. 24.

9   Luís Henrique Dias Tavares, *Independência do Brasil na Bahia*, p. 84.

10 Evaldo Cabral de Mello, *A outra Independência*, p. 104.

11 Ibidem, p. 89.

12 Brian Vale, *Independence or Death: British Sailors and Brazilian Independence, 1822-1825*, p. 129.

13 Tobias Monteiro, *História do Império: o Primeiro Reinado*, p. 102.

14 Evaldo Cabral de Mello, *Frei Joaquim do Amor Divino Caneca*, p. 39.

15 Idem, *A outra Independência*, p. 212.

16 Tobias Monteiro, op. cit., p. 97.

17 Evaldo Cabral de Mello, *A outra Independência*, p. 226. Paes de Andrade teria confidenciado a conselheiros que o acordo não deu certo porque Cochrane teria pedido uma soma 5 mil vezes maior, de 2 milhões de contos de réis.

18 Tobias Monteiro, op. cit., p. 117.

19 A descrição da execução de frei Caneca é baseada em Sebastião de Vasconcellos Galvão, *Dicionário corográfico, histórico e estatístico de Pernambuco*, vol. 1, pp. 185-91.

20 Na primeira edição deste livro, publicada em 2010, escrevi que o pedido do Instituto Histórico e Arqueológico pernambucano havia sido atendido e que os restos mortais de dom Pedro I passaram ao largo do Recife em 1972. A informação estava incorreta, conforme me alertaram diversos leitores desde então (e aos quais agradeço a gentileza). Por isso, está sendo corrigida nesta versão revista e ampliada da obra.

CAPÍTULO 16 — A MAÇONARIA

1   O autor agradece as contribuições do historiador piauiense Diderot Mavignier e dos amigos paranaenses Antonio Carlos de Mello Pacheco (secretário do Interior do Grande Oriente do Brasil — Paraná) e Jaime Luiz Gomes (irmão do autor) os documentos e as sugestões sobre a história da maçonaria brasileira em 1822.

2   Octávio Tarquínio de Sousa, *História dos fundadores do Império do Brasil: a vida de Dom Pedro I*, vol. 2, pp. 16-7.

3   Idem, *História dos fundadores do Império do Brasil: fatos e personagens em torno de um regime*, p. 256.

4   Idem, *A vida de Dom Pedro I*, op. cit., vol. 2, p. 17.

5   Manuel de Oliveira Lima, *O movimento da Independência*, p. 72.

6   Wilson de Andrade Brandão, *História da Independência no Piauí*, pp. 138-40.

7   Diderot Mavignier, *Simplício Dias da Silva, irmãos e o templo*, em: www.proparnaiba.com.br.

8   Manuel de Oliveira Lima, *O Império brasileiro*, p. 19.

9   Braz Hermenegildo do Amaral, *História da Independência na Bahia*, p. 186.

10   Neill W. Macaulay Jr., *Dom Pedro: the Struggle for Liberty in Brazil and Portugal, 1798-1834*, p. 121.

11   John Armitage, *História do Brasil: desde o período da chegada da família de Bragança, em 1808, até a abdicação de dom Pedro I, em 1831, compilada à vista dos documentos públicos e outras fontes originais formando uma continuação da História do Brasil, de Southey*, p. 146.

12   Martin Page, *The First Global Village: How Portugal Changed the World*, pp. 84-5.

13   David V. Barrett, *A Brief History of Secret Societies*, p. 109.

14   Felipe Pigna, *1810: la otra historia de nuestra Revolución fundadora*, p. 191.

15   David V. Barrett, op. cit., pp. 96-100.

16   Marco Morel, "Os pedreiros livres na República brasileira", *História Viva*, edição 71.

17   Octávio Tarquínio de Sousa, *Fatos e personagens em torno de um regime*, p. 30.

18   Evaldo Cabral de Mello, *A outra Independência*, pp. 37-8.

19   José Castellani, "1822: A fundação do Grande Oriente do Brasil", *Cadernos de Estudos Maçônicos*, nº 28, 1996.

20   Maria de Lourdes Parreiras Horta, *Pedro I: um brasileiro*, CD-ROM com parte dos manuscritos originais do imperador, Museu Imperial de Petrópolis.

CAPÍTULO 17 — OS ÓRFÃOS

1   Carlos H. Oberacker Jr., *A imperatriz Leopoldina*, p. 198.

2   José António de Miranda, *Memória constitucional e política sobre o estado presente de Portugal e do Brasil*, citado em Maria Odila Leite da Silva Dias, *A interiorização da metrópole e outros estudos*, pp. 133-4.

3   João José Reis, *O jogo duro do Dois de Julho*, citado em Jaime Rodrigues, *Liberdade, humanidade e propriedade: os escravos e a Assembleia Constituinte de 1823*, pp. 161-2.

4   Hendrik Kraay, "Muralhas da Independência e liberdade do Brasil: a participação popular nas lutas políticas (Bahia, 1820-25)", em Jurandir Malerba, *A Independência brasileira: novas dimensões*, p. 305.

5   Hendrik Kraay, op. cit., p. 306.

6   Maria Odila Leite da Silva Dias, *A interiorização da metrópole e outros estudos*, p. 23.

7   Emília Viotti da Costa, "José Bonifácio, homem e mito", em Carlos Guilherme Mota, *1822: dimensões*, p. 123.

8   Paulo de Salles Oliveira, "O processo de Independência em Minas Gerais", em Carlos Guilherme Mota, op. cit., p. 289.

9   Jaime Rodrigues, *Liberdade, humanidade e propriedade: os escravos e a Assembleia Constituinte de 1823*, pp. 160-1.

10 Maria Graham, *Diário de uma viagem ao Brasil*, p. 137.

11 Laurentino Gomes, *1808*, p. 114.

12 Thomas Skidmore, *Uma história do Brasil*, p. 55.

13 Mary del Priore, *Condessa de Barral*, p. 25.

14 Octávio Tarquínio de Sousa, *História dos fundadores do Império do Brasil: fatos e personagens em torno de um regime*, pp. 102-3.

15 Ibidem, p. 89.

16 Ibidem, p. 111.

17 Acervo do Museu Imperial de Petrópolis, rascunho de dom Pedro sobre a escravidão, sem assinatura, 1823.

18 João Luís Ribeiro Fragoso, *Homens de grossa aventura: acumulação e hierarquia na praça mercantil do Rio de Janeiro (1790-1830)*, p. 181.

19 Evaldo Cabral de Mello, *A outra Independência: o federalismo pernambucano de 1817 a 1824*, p. 89.

20 Evaldo Cabral de Mello, *Frei Joaquim do Amor Divino Caneca*, p. 29.

21 Luís Henrique Dias Tavares, *A Independência do Brasil na Bahia*, pp. 29 e 90.

22 Octávio Tarquínio de Sousa, *Fatos e personagens em torno de um regime*, op. cit., p. 84.

23   Neill W. Macaulay Jr., *D. Pedro: the Struggle for Liberty in Brazil and Portugal, 1798-1834*, p. 55.

24   Octávio Tarquínio de Sousa, *Fatos e personagens em torno de um regime*, op. cit., p. 85.

25   Raymundo Faoro, *Os donos do poder: formação do patronato político brasileiro*, p. 376.

26   Manuel de Oliveira Lima, *O Império brasileiro*, p. 89.

27   Neill W. Macaulay Jr., op. cit., pp. 195-6.

28   Ibidem, p. 218.

CAPÍTULO 18 — A MARQUESA

1   Tobias Monteiro, *História do Império: o Primeiro Reinado*, p. 84.

2   Octávio Tarquínio de Sousa, *História dos fundadores do Império do Brasil: a vida de Dom Pedro I*, vol. 2, p. 262.

3   Isabel Lustosa, *Dom Pedro I*, p. 186.

4   Alberto Rangel, *Cartas de Dom Pedro I à marquesa de Santos*, p. 25.

5   Tobias Monteiro, op. cit., p. 83.

6   Isabel Lustosa, op. cit., p. 187.

7   Octávio Tarquínio de Sousa, *A vida de Dom Pedro I*, op. cit., vol. 2, p. 221.

8   Ibidem, p. 35.

9   Ibidem, p. 169.

10   Isabel Lustosa, op. cit., p. 189.

11   Octávio Tarquínio de Sousa, *História dos fundadores do Império do Brasil: fatos e personagens em torno de um regime*, p. 179.

12   Alberto Rangel, op. cit., p. 53.

13   Ibidem, p. 132.

14   Tobias Monteiro, op. cit., p. 86.

15   Octávio Tarquínio de Sousa, *A vida de Dom Pedro I*, op. cit., vol. 2, p. 185.

16   Tobias Monteiro, op. cit., p. 92.

17   Alberto Rangel, op. cit., pp. 82-3.

18   Ibidem, pp. 321-2.

19   Ibidem, p. 67.

20   Ibidem, p. 37.

21   Luiz Lamego, *D. Pedro I, herói e enfermo*, p. 151.

22   Alberto Rangel, op. cit., pp. 290-1.

23   Ibidem, pp. 285-6.

24   Octávio Tarquínio de Sousa, *A vida de Dom Pedro I*, op. cit., vol. 2, p. 221.

25   Ibidem, pp. 192-3.

26   Neill W. Macaulay Jr., *Dom Pedro: the Struggle for Liberty in Brazil and Portugal, 1798-1834*, p. 190.

27   Alberto Rangel, op. cit., p. 117.

28   Luiz Lamego, op. cit., p. 129.

29   Octávio Tarquínio de Sousa, *A vida de Dom Pedro I*, op. cit., vol. 2, p. 265.

30   Luiz Lamego, op. cit., p. 128.

31   Octávio Tarquínio de Sousa, *A vida de Dom Pedro I*, op. cit., vol. 3, p. 16.

32   Ibidem, p. 16.

33   Tobias Monteiro, op. cit., p. 141.

34   Alberto Rangel, op. cit., p. 633.

35   Ibidem, p. 59.

36   Tobias Monteiro, op. cit., p. 96.

CAPÍTULO 19 — O REI PORTUGUÊS

1   Jorge Pedreira e Fernando Dores Costa, *Dom João VI: um príncipe entre dois continentes*, p. 423.

2   Iza Salles, *O coração do rei*, p. 167.

3   Octávio Tarquínio de Sousa, *História dos fundadores do Império do Brasil: a vida de Dom Pedro I*, vol. 2, pp. 200-5.

4   Iza Salles, *O coração do rei*, p. 176.

5   Simão José da Luz Soriano, *História do Cerco do Porto*, vol. 1, p. 176.

6   Octávio Tarquínio de Sousa, *A vida de Dom Pedro I*, op. cit., vol. 3, p. 39.

7   Hendrik Kraay, "Muralhas da Independência e liberdade do Brasil: a participação popular nas lutas políticas (Bahia, 1820-25)", em Jurandir Malerba, *A Independência brasileira — novas dimensões*, pp. 303-4.

8   John Armitage, *História do Brasil: desde o período da chegada da família de Bragança, em 1808, até a abdicação de dom Pedro I, em 1831, compilada à vista dos documentos públicos e outras fontes originais formando uma continuação da História do Brasil, de Southey*, p. 154.

9   Luiz Lamego, *D. Pedro I, herói e enfermo*, p. 106.

10   Boris Fausto, *História concisa do Brasil*, p. 78.

11   Tobias Monteiro, *História do Império: o Primeiro Reinado*, p. 240.

12   Boris Fausto, op. cit., p. 77.

13   Octávio Tarquínio de Sousa, *A vida de Dom Pedro I*, op. cit., vol. 2, pp. 188-9.

14   John Armitage, op. cit., pp. 155-6.

CAPÍTULO 20 — ADEUS AO BRASIL

1   Tobias Monteiro, *História do Império: o Primeiro Reinado*, p. 218.

2   Para a orfandade e a educação do jovem imperador, ver o excelente perfil que dele traçou o historiador José Murilo de Carvalho em *Dom Pedro II*, pp. 11-36.

3   Carta de dom Pedro II a dom Pedro, duque de Bragança, 1831, Acervo do Museu Imperial de Petrópolis.

4   Carta de dom Pedro, duque de Bragança, de 12 de abril de 1831, Acervo do Museu Imperial de Petrópolis.

5   Carta de dom Pedro II a dom Pedro, duque de Bragança, 1831, Acervo do Museu Imperial de Petrópolis.

6   Carta de dom Pedro, duque de Bragança, a dom Pedro II, de 2 de dezembro de 1833, Acervo do Museu Imperial de Petrópolis.

7   Carta de dom Pedro, duque de Bragança, a dom Pedro II, Angra, Açores, de 11 de março de 1832, Acervo do Museu Imperial de Petrópolis.

8   István Jancsó e André Roberto de A. Machado, "Tempos de reforma, tempos de revolução", em Angel Bojadsen, *D. Leopoldina, cartas de uma imperatriz*, p. 44.

9   Ibidem, p. 45.

10   Boris Fausto, *História concisa do Brasil*, p. 84.

11   Juvêncio Saldanha Lemos, *Os mercenários do imperador*, pp. 411-71.

12   Octávio Tarquínio de Sousa, *História dos fundadores do Império do Brasil: a vida de Dom Pedro I*, vol. 3, p. 47.

13   José Honório Rodrigues, "O pensamento político e social de José Bonifácio", em José Bonifácio de Andrada e Silva, *Obras científicas, políticas e sociais*, vol. 2, p. 10.

14   Octávio Tarquínio de Sousa, op. cit., p. 65.

15   Iza Salles, *O coração do rei*, p. 221.

16   Tobias Monteiro, op. cit., p. 188.

17   Octávio Tarquínio de Sousa, op. cit., pp. 88-9.

18   Tobias Monteiro, op. cit., p. 194.

19   Octávio Tarquínio de Sousa, op. cit., p. 113.

20   Alberto Pimentel, *A corte de Dom Pedro IV*, p. 102.

21   João Luís Ribeiro Fragoso, *Homens de grossa aventura*, pp. 288 e 294.

22   Octávio Tarquínio de Sousa, op. cit., p. 129.

23   Ibidem, p. 133.

CAPÍTULO 21 — A GUERRA DOS IRMÃOS

1   Carlos H. Oberacker Jr., *A imperatriz Leopoldina*, p. 40.

2   J. A. Dias Lopes, revista *Gosto*, edição 1, p. 54, jul. 2009.

3   Para os hábitos e as preferências de dom Miguel, ver Maria Alexandre Lousada e Maria de Fátima Sá e Melo Ferreira, *D. Miguel*, pp. 68-81.

4   Ibidem, p. 15.

5   Eugénio dos Santos, *D. Pedro IV*, p. 299.

6   Maria Alexandre Lousada e Maria de Fátima Sá e Melo Ferreira, op. cit., p. 16.

7   Simão José da Luz Soriano, *História do Cerco do Porto*, vol. 1, p. 381; Tobias Monteiro, *História do Império: o Primeiro Reinado*, p. 49.

8   Hugh Owen, *O Cerco do Porto*, p. 93.

9   Tobias Monteiro, op. cit., p. 79.

10   Octávio Tarquínio de Sousa, *História dos fundadores do Império do Brasil: fatos e personagens em torno de um regime*, p. 263.

11   Alberto Pimentel, *A corte de D. Pedro IV*, pp. 102-6.

12   Ibidem, p. 246. Para a história do barão de Quintela, ver *O milionário de Lisboa*, excelente biografia romanceada que o economista e historiador português José Norton fez dele.

13   Hugh Owen, op. cit., p. 151.

14   As informações sobre o vandalismo são de setembro de 2009, data em que o autor visitou o local.

15   Alberto Pimentel, op. cit., p. 181.

16   Eugénio dos Santos, op. cit., pp. 257-8.

17   Hugh Owen, *Esclarecimentos sobre a guerra civil de Portugal, o sítio do Porto, e a morte de S. M. Imperial o Senhor D. Pedro, Duque de Bragança, de saudosa memória, escritos por um estrangeiro*, p. 8.

18   Hugh Owen, *O Cerco do Porto*, p. 205.

19   Ibidem, p. 343.

20   Alberto Pimentel, op. cit., p. 263.

CAPÍTULO 22 — O FIM

1   Eugénio dos Santos, *D. Pedro IV*, p. 215.

2   Alberto Pimentel, *A corte de D. Pedro IV*, pp. 321-2.

3   Ibidem, p. 272.

4   Eugénio dos Santos, op. cit., p. 258.

5   Octávio Tarquínio de Sousa, *História dos fundadores do Império do Brasil: fatos e personagens em torno de um regime*, p. 245.

6   Alberto Pimentel, op. cit., pp. 313-7.

7   Eugénio dos Santos, op. cit., p. 307.

8   Hugh Owen, *O Cerco do Porto*, p. 193.

9   *Presença portuguesa: de colonizadores a imigrantes*, p. 61, em: http://biblioteca. ibge.gov.br/visualizacao/livros/liv6687.pdf.

POSFÁCIOS

O DESAFIO DE CONSOLIDAR A DEMOCRACIA

1   *Proclamação sobre o procedimento de várias câmaras*, 19 jul., 1823. Brasília: Biblioteca do Senado Federal, 2019.

2   *Revérbero Constitucional Fluminense*, nº 11, 22 jan. 1822. Hemeroteca da Fundação Biblioteca Nacional.

3   "Fala do trono", 3 mai. 1823. In: *Falas do trono: desde o ano de 1823 até o ano de 1889*. Brasília: Biblioteca do Senado Federal, 2019, p. 38.

4   *O Clarim da Liberdade*, nº 5, 26 nov. 1831. Hemeroteca da Fundação Biblioteca Nacional. Para a imprensa na Independência, ver: LUSTOSA, Isabel. *Insultos impressos: a guerra dos jornalistas na Independência (1821-1823)*. São Paulo: Companhia das Letras, 2000; MOLINA, Matías M. *História dos jornais no Brasil: da era colonial à Regência (1500-1840)*. São Paulo: Companhia das Letras, 2015; e MOREL, Marco. *As transformações dos espaços públicos: imprensa, atores políticos e sociabilidade na cidade imperial (1820-1840)*. Jundiaí: Paco Editorial, 2016.

5   Para "liberal", ver: NEVES, Lúcia Maria Bastos Pereira das. *Corcundas e constitucionais: a cultura política da Independência (1820-1822)*. Rio de Janeiro: Revan: Faperj, 2003, p. 145. Para "*Nova Luz Brasileira*" e seu redator, ver: BASILE, Marcello Otávio. *Ezequiel Corrêa dos Santos: um jacobino na Corte Imperial*. Rio de Janeiro: FGV, 2001. Para os "liberais exaltados", ver BASILE, Marcello Otávio. "Anarquistas, rusguentos e demagogos: os liberais exaltados e a formação da esfera pública na Corte Imperial". Dissertação de mestrado. UFRJ, 2000.

6   *Nova Luz Brasileira*. nº 134, 26 abr. 1831. Hemeroteca da Fundação Biblioteca Nacional.

7   Ibidem, nº 45, 14 mai. 1830. Hemeroteca da Fundação Biblioteca Nacional.

8   Ibidem, nº 7, 31 dez. 1829. Hemeroteca da Fundação Biblioteca Nacional.

TESTEMUNHOS ESTRANGEIROS DA INDEPENDÊNCIA

1   FRANÇA, Jean Marcel Carvalho. *Franceses no Brasil: cartas e relatos, 1817-1828*. São Paulo: Chão Editora, 2021, p. 75.

2   Lorde Cochrane, que liderou as forças navais brasileiras no combate aos revoltosos das províncias setentrionais (Bahia, Maranhão e Pará), deixou uma relação da sua atuação no Brasil, intitulada *Narrativa de serviços no libertar-se o Brasil da dominação portuguesa* (1859). O britânico, contudo, chegou ao Rio de Janeiro em março de 1823, vindo do Chile, na mesma embarcação de Maria Graham, e não testemunhou os antecedentes da Independência.

3 DEBRET, Jean-Baptiste. *Viagem pitoresca e histórica ao Brasil*. Tradução e notas de Sérgio Milliet. Belo Horizonte: Itatiaia; São Paulo: USP, 1978, pp. 95-96, tomo II.

4 SAINT-HILAIRE, August. *Segunda viagem do Rio de Janeiro a Minas Gerais e a São Paulo*. 2. ed. Tradução de Afonso d'Escragnolle Taunay. São Paulo: Companhia Editora Nacional, 1938, p. 165.

5 GRAHAM, Maria. *Diário de uma viagem ao Brasil*. Tradução e notas de Américo Jacobina Lacombe. São Paulo: Companhia Editora Nacional, 1956, pp. 208-209. Há elogios similares em: SAINT-HILAIRE, August, op. cit.

6 GRAHAM, Maria. *Diário de uma viagem ao Brasil*. Tradução e notas de Américo Jacobina Lacombe. São Paulo: Companhia Editora Nacional, 1956, p. 244.

7 RUGENDAS, Johann Moritz. *Viagem pitoresca através do Brasil*. Tradução de Sérgio Milliet. São Paulo: USP, 1979, pp. 200-202.

FONTES IMPRESSAS

"A Guerra da Independência: o Brasil despedaçado" (vários autores). *Revista de História da Biblioteca Nacional*, nº 48, set. 2009.

Alambert, Francisco. *D. Pedro i: o imperador cordial*. São Paulo: Imprensa Oficial, 2006.

Alencastro, Luiz Felipe de (org.) & Novais, Fernando A. (coord.). *História da vida privada no Brasil 2 — Império: a corte e a modernidade nacional*. São Paulo: Companhia das Letras, 1997.

Alonso, Angela. *Joaquim Nabuco: os salões e as ruas*. São Paulo: Companhia das Letras, 2007.

Amaral, Braz Hermenegildo do. *História da Independência na Bahia*. Salvador: Livraria Progresso Editora, 1957.

Andrada e Silva, José Bonifácio de. *Obras científicas, políticas e sociais*. Coligidas e reproduzidas por Edgard de Cerqueira Falcão. 3 vols. Brasília: Câmara dos Deputados, 2006.

Aquino, Maria Aparecida de. *Maria Leopoldina: imperatriz brasileira*. São Paulo: Imprensa Oficial, 2006.

Armitage, John. *História do Brasil: desde o período da chegada da família de Bragança, em 1808, até a abdicação de dom Pedro i, em 1831, compilada à vista dos documentos públicos e outras fontes originais formando uma continuação da* História do Brasil, *de Southey*. Belo Horizonte: Itatiaia; São Paulo: Edusp, 1981.

Bandeira, Julio & Lago, Pedro Corrêa do. *Debret e o Brasil: obra completa, 1816-1831*. Rio de Janeiro: Capivara, 2007.

BARREIROS, Eduardo Canabrava. *Itinerário da Independência*. Rio de Janeiro: José Olympio, 1972.

BARRETO, José Trazimundo Mascarenhas. *Memórias do Marquês de Fronteira e D'Alorna*. Coimbra: Imprensa da Universidade, 1928.

BARRETT, David V. *A Brief History of Secret Societies: an Unbiased History of our Desire for Secret Knowledge*. Filadélfia: Running Press, 2007.

BARROS, João de. *A Revolução de 1820: a sua obra e os seus homens*. Porto: Edições Caixotim, 2001.

BETHELL, Leslie (org.). *Brazil: Empire and Republic, 1822-1930*. Cambridge: Cambridge University Press, 1989.

_____ (org.). *História da América Latina: da Independência até 1870*. São Paulo: Edusp, 2004, vol. 3.

BLANNING, T. C. W. *The Nineteenth Century: Europe (1789-1914)*. Oxford: Oxford University Press, 2000.

BOJADSEN, *Angel* (org.) *D. Leopoldina, cartas de uma imperatriz*. São Paulo: Estação Liberdade, 2006.

BOLLA, Peter de. *The Fourth of July and the Founding of America*. Nova York: Overlook Press, 2007.

BOXER, Charles. *O império marítimo português: 1415-1825*. Lisboa: Edições 90, 1969.

BRADLEY, Michael. *The Secrets of the Freemasons*. Nova York: Sterling Publishing, 2006.

BRAGANÇA, Carlos Tasso de Saxe-Coburgo e. *A princesa flor Dona Maria Amélia: a filha mais linda de D. Pedro I do Brasil e IV do nome de Portugal*. Funchal: Direção Regional dos Assuntos Culturais, 2009.

BRANDÃO, Wilson de Andrade. *História da Independência no Piauí*. Teresina: Fundapi, 2006.

BRUGGER, Rita Bromberg. *Pedro e Leopoldina*. Caxias do Sul: Educs, 2007.

BURNE, Jerome (org.) & LEGRAND, Jacques (idealizador e coord.). *Chronicle of the World: the Ultimate Record of World History*. Londres: Dorling Kindersley, 1996.

CADERNO Especial do Sesquicentenário da Independência, jornal *A Tribuna de Santos*, edição de 7 de setembro de 1972.

CALDEIRA, Jorge (org.). *José Bonifácio de Andrada e Silva*. São Paulo: Editora 34, 2002. (Coleção Formadores do Brasil).

CALMON, Pedro. *Vida de D. Pedro I, o rei cavaleiro*. Porto: Lello & Irmãos Editores, 1952.

CAMPOS, Flavio de & MIRANDA, Renan Garcia. *A escrita da História*. São Paulo: Escala Educacional, 2005.

CARDOSO, José Luís. *Manuel Fernandes Tomás: ensaio histórico-biográfico*. Figueira da Foz: Secretariado Executivo das Comemorações do Primeiro Centenário da Figueira da Foz, 1983.

CARNEIRO, David. *A vida gloriosa de José Bonifácio de Andrada e Silva e sua atuação na Independência do Brasil*. Rio de Janeiro: Civilização Brasileira, 1977.

CARVALHO, José Murilo de. *D. Pedro II*. São Paulo: Companhia das Letras, 2007.

CARVALHO, Maria Amalia Vaz de. *Vida do Duque de Palmela, D. Pedro de Souza e Holstein*. 2 vols. Lisboa: Imprensa Nacional, 1898.

CASTELLANI, José. "1822: a fundação do grande Oriente do Brasil". *Cadernos de Estudos Maçônicos*, nº 28, 1996.

CASTRO, Therezinha de. *José Bonifácio e a unidade nacional*. Rio de Janeiro: Biblioteca do Exército Editora, 1984.

CHAMBERLAIN, Sir Henry. *Views and Costumes of the City and Neighbourhood of Rio de Janeiro, Brazil, from Drawings Taken by Lieutenant Charberlain, of the Royal Artillary during the Years of 1819 and 1820*. Londres: Columbia Press, 1822.

CHAVES, Monsenhor Joaquim. *O Piauí nas lutas da Independência do Brasil*. Teresina: Fundapi, 2006.

COCHRANE, Admiral Lord. *Memoirs of a Fighting Captain*. Londres: Folio Society, 2005.

COELHO, Geraldo Mártires. *Anarquistas, demagogos & dissidentes: a imprensa liberal no Pará de 1822*. Belém: Edições Cejup, 1993.

CONDE, Hermínio de Brito. *Cochrane, falso libertador do Norte!* São Luís: Typographia Teixeira, 1929.

_____. "Independência no Nordeste". *Cadernos do Cariri*. Crato, 1961. (Série Histórica).

CORDINGLY, David. *Cochrane: the Real Master and Commander*. Nova York: Bloomsbury, 2007.

_____. *Cochrane the Dauntless: the Life and Adventures of Thomas Cochrane*. Londres: Bloomsbury, 2007.

COSTA, Francisco A. Pereira da. *Cronologia histórica do estado do Piauí*. Recife: Jornal do Recife, 1909.

COSTA, Sérgio Corrêa da. *As quatro coroas de D. Pedro I*. Rio de Janeiro: Paz e Terra, 1995.

D'ARRIAGA, José. *História da Revolução Portuguesa de 1820*. Porto: Livraria Portuense, 1889.

DALE, Richard. *"Napoleon is Dead": Lord Cochrane and the Great Stock Exchange Scandal*. Stroud, Gloucestershire: Sutton Publishing, 2006.

DEBRET, Jean-Baptiste. *Voyage pittoresque et historique au Brésil*. Paris: Firmin Didot, 1839.

DELERUE, Maria Luísa Martins. *Domingos A. B. Moniz Barreto: entre o reformismo lusitano e a Independência do Brasil.* Porto: Universidade Portucalense, 1998. Dissertação de mestrado.

DIAS, Maria Odila Leite da Silva. *A interiorização da metrópole e outros estudos.* São Paulo: Alameda Casa Editorial, 2005.

DIRETORIA DE ENSINO DA MARINHA. *Introdução à história marítima brasileira.* Rio de Janeiro: Serviço de Documentação da Marinha, 2006.

DOLHNIKOFF, Miriam. *Diogo Antônio Feijó: padre regente.* São Paulo: Imprensa Oficial, 2006.

DONATO, Hernâni. *Brasil, 5 séculos.* São Paulo: Academia Lusíada de Ciência, Letras e Artes, 2000.

DORATIOTO, Francisco. *General Osorio.* São Paulo: Companhia das Letras, 2008.

FAORO, Raymundo. *Os donos do poder: formação do patronato político brasileiro.* São Paulo: Globo, 2008.

_____ (introd. e org.). *O debate político no processo da Independência.* Rio de Janeiro: Conselho Federal de Cultura, 1973.

FAUSTO, Boris. *História concisa do Brasil.* São Paulo: Edusp, 2009.

FIDIÉ, João José da Cunha. *Vária fortuna de um soldado português.* Teresina: Fundapi, 2006.

FRAGOSO, João Luís Ribeiro. *Homens de grossa aventura: acumulação e hierarquia na praça mercantil do Rio de Janeiro (1790-1830).* Rio de Janeiro: Arquivo Nacional, 1992.

GALVÃO, Sebastião de Vasconcellos. Recife. In: SILVA, Leonardo Dantas (org.). *Dicionário corográfico, histórico e estatístico de Pernambuco.* Recife: Cepe, 2006.

GOMES, Laurentino. *1808: como uma rainha louca, um príncipe medroso e uma corte corrupta enganaram Napoleão e mudaram a História de Portugal e do Brasil.* São Paulo: Globo, 2014.

GONÇALVES, Paulo Frederico Ferreira. *As Cortes Constituintes (1821-1822) e a Independência do Brasil.* Porto: Universidade Portucalense, 1997. Dissertação de mestrado.

GRAHAM, Maria. *Diário de uma viagem ao Brasil.* Belo Horizonte: Itatiaia; São Paulo: Edusp, 1990.

_____. *Journal of a Residence in Chile during the Year 1822, and a Voyage from Chile to Brazil in 1823.* Charlottesville: University of Virginia Press, 2003.

HARVEY, Robert. *Cochrane: the life and exploits of a Fighting Captain.* Nova York: Carroll & Graf Publishers, 2000.

HENDERSON, James. *A History of Brazil Comprising Its Geography, Commerce, Colonization, Aboriginal Inhabitants.* Londres: Longman, 1821.

HENTY, G. A. & MARGETSON, W. H. *With Cochrane the Dauntless: a Tale of the Exploits of Lord Cochrane in South American Waters.* Nova York: Charles Scribner's Sons, 1902.

HOLANDA, Sérgio Buarque de (dir.). *O Brasil monárquico: o processo de emancipação,* em *História geral da civilização brasileira.* São Paulo: Difel, 1985, vol. 2.

_____. *Raízes do Brasil.* Rio de Janeiro: José Olympio, 1987.

JOHNSON, Paul. *A History of the American People.* Nova York: Harper Perennial, 1999.

KAISER, Gloria. *Dona Leopoldina: uma Habsburgo no trono brasileiro.* Rio de Janeiro: Reler, 2008.

KARASCH, Mary C. *A vida dos escravos no Rio de Janeiro (1808-1850).* São Paulo: Companhia das Letras, 2000.

KIDDER, rev. Daniel P. *Sketches of Residence and Travels in Brazil, Embracing Historical and Geographical Notices of the Empire and Its Several Provinces.* Filadélfia: Sorin & Ball, 1845.

KRAAY, Hendrik. *Definindo nação e Estado: rituais cívicos na Bahia pós-Independência.* Rio de Janeiro: Topoi, 2001.

_____. "'Em outra coisa não falavam os pardos, cabras, e crioulos': o 'recrutamento' de escravos na guerra da Independência na Bahia". *Revista Brasileira de História,* São Paulo, vol. 22, nº 43, 2002.

_____. *Race, State, and Armed Forces in Independence-Era Brazil: Bahia, 1790s-1840s.* Stanford: Stanford University Press, 2001.

LABOURDETTE, Jean-François. *História de Portugal.* Lisboa: Dom Quixote, 2001.

LAGO, Pedro Corrêa do. *Documentos & autógrafos brasileiros na coleção Pedro Corrêa do Lago.* Rio de Janeiro: Sextante, 1997.

_____. *Taunay e o Brasil: obra completa, 1816-1821.* Rio de Janeiro: Capivara, 2008.

LAMEGO, Luiz. *D. Pedro I, herói e enfermo.* Rio de Janeiro: Livraria Editora Zelio Valverde, 1939.

LEMOS, Juvêncio Saldanha. *Os mercenários do imperador.* Rio de Janeiro: Biblioteca do Exército Editora, 1996.

LIMA, Manuel de Oliveira. *D. João VI no Brasil (1808-1821).* 3ª ed. Rio de Janeiro: Topbooks, 1996.

_____. *O Império brasileiro (1821-1889).* Belo Horizonte: Itatiaia; São Paulo: Edusp, 1989.

_____. *O movimento da Independência (1821-1822).* São Paulo: Melhoramentos; Conselho Estadual de Cultura, 1972.

LIMA SOBRINHO, Alexandre José Barbosa. *Documentos do Arquivo Público Estadual e da Biblioteca Pública do Estado sobre a Comarca do São Francisco.* Recife: Arquivo Público, 1950.

Livro *de Actas de Vereações do Senador da Câmara da Villa de Santo Amaro e Purificação*, vol. 5, 1821-1822. Arquivo do Instituto Geográfico e Histórico da Bahia.

Lopez, Adriana & Mota, Carlos Guilherme. *História do Brasil: uma interpretação*. São Paulo: Senac, 2008.

Lousada, Maria Alexandre & Ferreira, Maria de Fátima Sá e Melo. *D. Miguel*. Rio de Mouro: Círculo de Leitores, 2006. (Coleção Reis de Portugal).

Lustosa, Isabel. *D. Pedro i*. São Paulo: Companhia das Letras, 2007.

_____. *Insultos impressos: a guerra dos jornalistas na Independência (1821-1823)*. São Paulo: Companhia das Letras, 2000.

Lyra, Maria de Lourdes Viana. *A utopia do poderoso Império*. Rio de Janeiro: 7 Letras, 1994.

_____. *O Império em construção: Primeiro Reinado e Regências*. São Paulo: Atual, 2000.

Malerba, Jurandir. *A corte no exílio: civilização e poder no Brasil às vésperas da Independência (1808 a 1821)*. São Paulo: Companhia das Letras, 2000.

_____ (org.). *A Independência brasileira: novas dimensões*. Rio de Janeiro: fgv, 2006.

Manchester, Alan K. *Preeminência inglesa no Brasil*. São Paulo: Brasiliense, 1973.

Martelo, David. *Cerco do Porto, 1832-1833: a cidade invicta*. Lisboa: Tribuna da História, 2001.

Martins, Joaquim Pedro de Oliveira. *História de Portugal*. Lisboa: Guimarães e Cia. Editores, 1977.

Mello, Evaldo Cabral de. *A outra Independência: o federalismo pernambucano de 1817 a 1824*. São Paulo: Editora 34, 2004.

_____ (org.). *Frei Joaquim do Amor Divino Caneca*. São Paulo: Editora 34, 2001.

Mendes Jr., Antonio; Roncari, Luiz & Maranhão, Ricardo. *Brasil História: Império*. São Paulo: Brasiliense, 1985.

Monteiro, Fernando. *D. Pedro I e D. Leopoldina perante a História: vultos e fatos da Independência*. São Paulo: Instituto Histórico e Geográfico de São Paulo, 1972.

Monteiro, Tobias. *História do Império: a elaboração da Independência*. 2 vols. Belo Horizonte: Itatiaia; São Paulo: Edusp, 1981.

_____. *História do Império: O Primeiro Reinado*. 2 vols. Belo Horizonte: Itatiaia; São Paulo: Edusp, 1982.

Mota, Carlos Guilherme (org.). *1822: dimensões*. São Paulo: Perspectiva, 1986.

_____. *José Bonifácio: patriarca da Independência — criador da sociedade civil nos trópicos*. São Paulo: Imprensa Oficial, 2006.

Muniz, João de Palma. *Adesão do Grão-Pará à Independência e outros ensaios*. Belém: Conselho Estadual de Cultura, 1973.

NAPIER, Charles. *A guerra da sucessão: D. Pedro e D. Miguel*. Lisboa: Caleidoscópio; Centro de História da Universidade de Lisboa, 2005.

NEVES, Abdias. *A guerra do Fidié*. Teresina: Fundapi, 2006.

NEVES, Lúcia Maria Bastos Pereira das. *Corcundas e constitucionais: a cultura política da Independência (1820-1822)*. Rio de Janeiro: Revan; Faperj, 2003.

_____ & MACHADO, Humberto Fernandes. *O Império do Brasil*. Rio de Janeiro: Nova Fronteira, 1999.

NORTON, José. *O milionário de Lisboa*. Lisboa: Livros D'Hoje, 2009.

NORTON, Luís. *A corte de Portugal no Brasil*. São Paulo: Companhia Editora Nacional, 1938.

OBERACKER JR., Carlos H. *A imperatriz Leopoldina: sua vida e sua época*. Rio de Janeiro: Conselho Federal de Cultura, 1973.

O CERCO do Porto, por um portuense. Porto: Tipografia de Faria & Silva, 1840.

OLIVEIRA, Cecília Helena Salles de & MATTOS, Claudia Valladão de (org.). *O Brado do Ipiranga*. São Paulo: Edusp, 1999.

OWEN, Hugh. *Esclarecimentos sobre a guerra civil de Portugal, o sítio do Porto, e a morte de S. M. Imperial o Senhor D. Pedro, Duque de Bragança, de saudosa memória, escritos por um estrangeiro*. Lisboa: Galhardo e Irmãos, 1838.

_____. *O Cerco do Porto*. Lisboa: A Regra do Jogo, 1985.

PAGE, Martin. *The First Global Village: how Portugal Changed the World*. Lisboa: Casa das Letras, 2002.

PASSOS, Carlos de. *D. Pedro IV e D. Miguel I, 1826-1824*. Porto: Livraria Simões Lopes, 1936.

PEDREIRA, Jorge & COSTA, Fernando Dores. *D. João VI: um príncipe entre dois continentes*. São Paulo: Companhia das Letras, 2008.

PIGNA, Felipe. *1810: la otra historia de nuestra Revolución fundadora*. Buenos Aires: Planeta, 2010.

PIMENTEL, Alberto. *A corte de D. Pedro IV*. Lisboa: Parceria A. M. Pereira, 1972.

PRIORE, Mary del. *Condessa de Barral: a paixão do imperador*. Rio de Janeiro: Objetiva, 2008.

QUEIROZ, Suely Robles Reis de. *Política e cultura no Império brasileiro*. São Paulo: Brasiliense, 2010.

RANGEL, Alberto (notas e org.). *Cartas de D. Pedro I à marquesa de Santos*. Rio de Janeiro: Nova Fronteira, 1984.

RIOS FILHO, Adolfo Morales de los. *O Rio de Janeiro imperial*. Prefácio de Alberto da Costa e Silva. Rio de Janeiro: Topbooks, 2000.

RODRIGUES, José Honório. *Independência: revolução e contrarrevolução*. Rio de Janeiro: Francisco Alves, 1975.

RUGENDAS, Johann Moritz. *Viagem pitoresca pelo Brasil*. Tradução da edição francesa de 1835. Rio de Janeiro: Revista da Semana, 1937.

SAINT-HILAIRE, Auguste de. *Viagem à província de São Paulo e resumo das viagens ao Brasil, província Cisplatina e Missões do Paraguai*. São Paulo: Livraria Martins Editora, 1945.

_____. *Viagem pela comarca de Curitiba*. Curitiba: Fundação Cultural, 1995.

SALLES, Iza. *O coração do rei*. São Paulo: Planeta do Brasil, 2008.

SANT'ANNA, Sonia. *Leopoldina e Pedro, a vida privada na corte*. Rio de Janeiro: Jorge Zahar, 2004.

SANTOS, Eugénio dos. *D Pedro IV*. Rio de Mouro: Círculo de Leitores, 2006. (Coleção Reis de Portugal).

SCHLICHTHORST, C. *O Rio de Janeiro como é (1824-1826)*. Brasília: Senado Federal, 2000.

SCHULTZ, Kirsten. *Tropical Versailles: Empire, Monarchy, and the Portuguese Royal Court in Rio de Janeiro, 1808-1821*. Nova York: Routledge, 2001.

SCHWARCZ, Lilia Moritz. *A longa viagem da biblioteca dos reis: do terremoto de Lisboa à Independência do Brasil*. São Paulo: Companhia das Letras, 2002.

_____. *O sol do Brasil: Nicolas-Antoine Taunay e as desventuras dos artistas franceses na corte de D. João*. São Paulo: Companhia das Letras, 2008.

SEIDLER, Carl. *Dez anos no Brasil*. Brasília: Senado Federal, 2003. (Coleção O Brasil Visto por Estrangeiros).

SERRA, Astolfo. *Guia histórico e sentimental de São Luís do Maranhão*. Rio de Janeiro: Civilização Brasileira, 1965.

SETÚBAL, Paulo. *As maluquices do imperador: 1808-1834*. São Paulo: Geração Editorial, 2008.

SILVA, Alberto da Costa e. "O Brasil, a África e o Atlântico no século XIX". *Revista Estudos Avançados*, São Paulo, nº 21, pp. 21-42, 1994.

SILVA, J. M. Pereira da. *História da fundação do império brasileiro*. 7 vols. Rio de Janeiro: B. L. Garnier, 1864.

SILVA, Paulo Napoleão N. B. Nogueira da. *Pedro I: o português brasileiro*. Rio de Janeiro: Forense, 2000.

SKIDMORE, Thomas E. *Uma história do Brasil*. São Paulo: Paz e Terra, 1998.

SORIANO, Simão José da Luz. *História do Cerco do Porto*. Porto: A. Leite Guimarães, editor, 1890.

SOUSA, Octávio Tarquínio de. *História dos fundadores do Império do Brasil: a vida de D. Pedro I*. 3 vols. Belo Horizonte: Itatiaia; São Paulo: Edusp, 1988.

_____. *História dos fundadores do Império do Brasil: Diogo Antônio Feijó*. Rio de Janeiro: José Olympio, 1960.

_____. *História dos fundadores do Império do Brasil: fatos e personagens em torno de um regime*. Belo Horizonte: Itatiaia; São Paulo: Edusp, 1988.

_____. *História dos fundadores do Império do Brasil: José Bonifácio*. Rio de Janeiro: José Olympio, 1957.

_____. *História dos fundadores do Império do Brasil: três golpes de Estado*. Rio de Janeiro: José Olympio, 1960.

TAUNAY, Affonso d'Escragnolle . *Grandes vultos da Independência brasileira*. São Paulo: Melhoramentos, 1922.

TAVARES, Luís Henrique Dias. *Independência do Brasil na Bahia*. Salvador: EDUFBA, 2005.

THOMAS, Donald. *Cochrane, Britannia's Sea Wolf*. Annapolis: Bluejacket Books, 2002.

TOLL, Ian W. *Six Frigates: the Epic History of the Founding of the U. S. Navy*. Nova York: W. W. Norton & Company, 2006.

TOMÁS, Manuel Fernandes. *A Revolução de 1820*. Prefácio de José Tengarrinha. Lisboa: Editorial Caminha, 1982.

VAINFAS, Ronaldo (org.). *Dicionário do Brasil Imperial (1822-1889)*. Rio de Janeiro: Objetiva, 2002.

VALE, Brian. *Cochrane in the Pacific: fortune and freedom in Spanish America*. Londres: I. B. Tauris Publishers, 2008.

_____. *Independence or Death: British Sailors and Brazilian Independence, 1822-1825*. London: I. B. Tauris Publishers, 1996.

_____. *The audacious Admiral Cochrane: the true life of a naval legend*. Londres: Conway Maritime Press, 2004.

VARNHAGEN, Francisco Adolfo de. *História geral do Brasil: antes de sua separação e independência de Portugal*. Revisão e notas de Rodolfo Garcia. São Paulo: Melhoramentos, 1956, vol. v.

_____. *História da Independência do Brasil*. São Paulo: Melhoramentos, 1957.

VIANNA, Helio. *Dom Pedro I, jornalista*. São Paulo: Melhoramentos, 1967.

VIDAL, Laurent. *De Nova Lisboa a Brasília: a invenção de uma capital (séculos XIX e XX)*. Brasília: UnB, 2009.

VIEIRA, Benedicta Maria Duque. *O problema político português no tempo das primeiras cortes liberais*. Lisboa: Edições João Sá da Costa, 1992, vol. 1. (Série A crise do Antigo Regime e as Cortes Constituintes de 1821-1822).

WILCKEN, Patrick. *Império à deriva: a corte portuguesa no Rio de Janeiro, 1808-1821*. Rio de Janeiro: Objetiva, 2005.

Wood, Gordon S. *The purpose of the Past: Reflections on the Uses of History*. New York: Penguin, 2008.

LIVROS DIGITAIS E AUDIOLIVROS

Costa, Sérgio Corrêa da & Putnam, Samuel. *Every Inch a King: a Biography of Dom Pedro I, First Emperor of Brazil*. New York: Macmillan, 1950. www.questia.com

Ellis, Joseph J. *American Creation*. Random House Audio, 2009. www.audible.com

Gaines, James R. *For Liberty and Glory: Washington, Lafayette and their Revolutions*. Tantor Media, 2007. www.audible.com

Garrett, Mitchell & Gofrey, James. *Europe since 1815: Reaction and Nationalism*. Audioconoisseur, 2007, vol. 1. www.audible.com

Macaulay Jr., Neill W. *Dom Pedro: the Struggle for Liberty in Brazil and Portugal, 1798-1834*. Durham: Duke University Press, 1986. www.questia.com

Maclay, Edgar Stanton. *A History of The United States Navy from 1775 to 1902*. Nova York: D. Appleton and Company, 1907. http://www.archive.org

Mahan, Alfred T. *The Influence of Sea Power upon History*. Books on Tape, 1995. www.audible.com

Pang, Eul-Soo. *In Pursuit of Honor and Power: Noblemen of the Southern Cross in Nineteenth Century in Brazil*. Tuscaloosa: University of Alabama, 1988. www.questia.com

Robertson, William Spence. *France and Latin-American Independence*. Baltimore: Johns Hopkins Press, 1939. www.questia.com

Sousa, Alberto. *Os Andradas*. São Paulo: Typographia Piratininga, 1922. http://www.novomilenio.inf.br/santos/h0184z03.htm

OUTRAS FONTES ELETRÔNICAS

Bragança, Carlos Tasso de Saxe-Coburgo e. *O Duque de Santa Cruz: contribuição à sua biografia*. www.ihp.org.br

Brasileiros estudantes da universidade em Montpellier no século 18, site da Sociedade Brasileira da História da Medicina. http://www.sbhm.org.br

Freitas, Afonso A. de. "São Paulo no dia 7 de setembro de 1822". *Revista do Instituto Histórico e Geográfico de São Paulo* (IHGSP), vol. 22, digitalizada em CD-ROM.

Jancsó, István (coord.). *Fundação do Estado e da Nação: Brasil c.1780-c.1850*. Projeto temático com o perfil dos deputados brasileiros às cortes constituintes de Lisboa do Instituto de Estudos Brasileiros da Universidade de São Paulo.

História demográfica do Brasil, com estimativas da população entre 1550 e 2000. http://historia_demografica.tripod.com/pop.pdf

Horta, Maria de Lourdes Parreiras (superv., com coord. de Maria de Fátima Moraes Argon e Neibe Cristina Machado da Costa). *Pedro i: um brasileiro*. cd-rom com parte dos manuscritos originais de dom Pedro i. Petrópolis: Museu Imperial, 1998.

Jefferson's Letters on Brazilian Independence, em Projeto Brasil e Estados Unidos: Expandindo Fronteiras, Comparando Culturas. http://rs6.loc.gov/intldl/brhtml/brhome.html

Mavignier, Diderot. *Simplício Dias da Silva, Irmãos e o Templo*. www.proparnaiba.com.br

Presença portuguesa: de colonizadores a imigrantes, dados do Instituto Brasileiro de Geografia e Estatísticas (ibge) sobre a imigração portuguesa no Brasil. http://brasil500anos.ibge.gov.br/territorio-brasileiro-e-povoamento/portugueses

Rodrigues, Jaime. "Liberdade, humanidade e propriedade: os escravos e a Assembleia Constituinte de 1823". http://www.revistas.usp.br/rieb/article/viewFile/72079/75318

Twigger, Robert. *Inflation: the Value of the Pound 1750-1998*. House of Commons Library. http://www.parliament.uk/business/publications/research/briefing-papers/RP99-20/inflation-the-value-of-the-pound-17501998

AGRADECIMENTOS

ESTA OBRA DEVE GRANDE PARTE de sua consistência e credibilidade ao cuidadoso trabalho de orientação e revisão realizado pelo diplomata, ensaísta, historiador, poeta e acadêmico Alberto da Costa e Silva, um dos mais respeitados intelectuais brasileiros. Entre novembro de 2009 e junho de 2010, período em que escrevi o livro, tive no "embaixador" (como os amigos o chamam de forma carinhosa) um interlocutor atento, generoso e perspicaz. Profundo conhecedor da história brasileira, ele leu e anotou cada um dos capítulos à medida que eu os escrevia. Suas críticas e observações, feitas sempre de forma gentil e ponderada, ajudaram a corrigir enfoques, datas, nomes e informações que, sem o seu crivo, teriam comprometido o resultado final da obra.

Membro e ex-presidente da Academia Brasileira de Letras, Alberto da Costa e Silva é considerado hoje o maior especialista brasileiro em África, autor das várias obras fundamentais para a compreensão da história do tráfico negreiro para a América, entre elas *A enxada e a lança: a África antes dos portugueses* (1992); *A manilha e o libambo: a África e a escravidão, de 1500 a 1700* (2002); *Um rio chamado Atlântico* (2003); e *Francisco Félix de*

Souza, mercador de escravos (2004). Como poeta, ganhou o Prêmio Jabuti, da Câmara Brasileira do Livro, com *Ao lado de Vera* (1997). Também foi embaixador do Brasil em cinco países: Portugal, Colômbia, Paraguai, Benim e Nigéria. Em nome de todos os leitores deste livro, beneficiários finais do seu trabalho, agradeço o privilégio de tê-lo tido como companhia nesta jornada pela história do Brasil.

Além do embaixador, tive contribuições de várias pessoas e instituições brasileiras e portuguesas. Tenho particular dívida de gratidão com a jornalista e escritora Iza Salles. Autora de *O coração do rei*, excelente biografia romanceada de dom Pedro I, Iza forneceu-me parte importante da bibliografia sobre o período, incluindo as obras de Octávio Tarquínio de Sousa, Alberto Pimentel, Helio Vianna, Luís Henrique Dias Tavares, Hugh Owen e Carl Seidler.

No trabalho de pesquisa no Brasil tive ainda a colaboração de alguns historiadores, como Hendrik Kraay, especialista em história brasileira na Universidade de Calgary, no Canadá; Geraldo Mártires Coelho, professor da Universidade Federal do Pará; Antonio Fonseca dos Santos Neto, da Universidade Federal do Piauí; Renata Cristina de Sousa Nascimento, da Universidade Federal de Goiás; Nelly Martins Candeias, presidente do Instituto Histórico e Geográfico de São Paulo; Consuelo Pondé, presidente do Instituto Histórico e Geográfico da Bahia; e Fátima Argon e equipe, que me auxiliaram na busca de documentos no riquíssimo acervo do Museu Imperial de Petrópolis.

Em Portugal, tenho a registrar meus agradecimentos ao professor Jorge Couto, que me abriu as portas da preciosa Biblioteca Nacional, em Lisboa; ao jornalista Carlos Magno, meu cicerone pela linha de trincheiras e fortificações do Cerco do Porto; a Cristina e José Norton, amigos escritores; ao professor Daniel Serrão, pelo acesso aos documentos da Venerável Irmandade de Nossa Senhora da Lapa, responsável pela conservação do coração de dom Pedro I na cidade do Porto; e às equipes do Museu Militar e do Arquivo da Cidade do Porto, que me acolheram de forma tão gentil e prestativa quando lá estive, em meados de 2009.

Devo um reconhecimento especial a um colaborador que se foi ainda durante o trabalho de pesquisa: o almirante e ex-ministro José Maria do Amaral Oliveira, que seria meu consultor para assuntos navais. Infelizmente, o destino impediu que levássemos o projeto adiante. O almirante Amaral morreu em 2009, deixando inconsolável a sua legião de amigos e admiradores, entre os quais tive a honra de ser incluído.

Esta edição revista e ampliada de *1822* teve, por fim, a decisiva contribuição de um grupo de inigualável talento, responsável pela correção de inúmeros equívocos e imprecisões existentes na primeira versão da obra, publicada em 2010. Milena da Silveira Pereira, doutora em história e cultura social e professora da Universidade Estadual Paulista Júlio de Mesquita Filho (Unesp), campus de Franca, cuidou da revisão técnica do texto, que ainda passou por um detalhado trabalho de checagem final de Simone Costa, sob a orientação de Marcos Strecker, Estevão Azevedo e Elisa Martins, da Globo Livros. A todos, minha mais profunda gratidão.

Paranaense de Maringá e sete vezes ganhador do Prêmio Jabuti de Literatura, **Laurentino Gomes** é autor dos livros *1808*, sobre a fuga da corte portuguesa de dom João para o Rio de Janeiro e eleito melhor ensaio de 2008 pela Academia Brasileira de Letras; *1822*, sobre a Independência do Brasil; *1889*, sobre a Proclamação da República; *Escravidão*, em três volumes, além de *O caminho do peregrino*, em coautoria com Osmar Ludovico da Silva — todos publicados pela Globo Livros, com edições também nos Estados Unidos, na China e em Portugal. Formado em jornalismo pela Universidade Federal do Paraná, com pós-graduação em administração pela Universidade de São Paulo, é titular da cadeira 18 da Academia Paranaense de Letras.

ESTE LIVRO, COMPOSTO NA FONTE MERCURY TEXT G1,
FOI IMPRESSO EM PAPEL PÓLEN SOFT 70 G/M², NA COAN.
TUBARÃO, MAIO DE 2022.